Andreas Dresen – Glücks Spiel

Hans-Dieter Schütt

ANDREAS DRESEN
Glücks Spiel

Porträt eines Regisseurs

be.bra verlag

Bildquellen
Archiv Andreas Dresen: S. 7, 47, 97, 101, 105, 108, 114 u., 122 o., 147, 162, 167, 176, 195, 228 / Berlinale: S. 233 / Constantin Film: S. 285 / Peter Hartwig: S. 24, 32, 74, 94, 227, 241, 267, 273, 280, 297 / Andreas Höfer: S. 122 u., 159, 289 / Steffen Junghans/Senator: S. 55, 57, 87 / Anke Neugebauer: S. 303 / Pandora Film: S. 249 / Rommelfilm: S. 69, 62, 235, 239 o., 257 u. / Schweriner Volkszeitung: S. 114 o. / Thomas Spikermann: S. 197 / Manfred Thomas: S. 103, 234, 257 o. / Ufa: S. 141

Bibliografische Information der Deutschen Nationalbibliothek
Die Deutsche Nationalbibliothek verzeichnet diese Publikation in der Deutschen Nationalbibliografie; detaillierte bibliografische Daten sind im Internet über http://dnb.d-nb.de abrufbar.

KulturBrauerei Haus 2
Schönhauser Allee 37, 10435 Berlin
post@bebraverlag.de
Lektorat: Ingrid Kirschey-Feix, Berlin
Umschlag und Satz: typegerecht berlin
Titelfoto: © ullstein bild / Popow
Schriften: Gotham, Minion Pro
Druck und Bindung: Friedrich Pustet, Regensburg
ISBN 978-3-89809-172-5

www.bebraverlag.de

Inhalt

ADOLF DRESEN

Für den kleinen Andreas, als er einmal viel Pech hatte

Am Stock, damit sie stehen kann,
Bindt Andi seine Blume an.
Die Winde Winde wehen,
Die Blume will nicht stehen,
Und eh ihr eine Blüte glückt,
Ist sie geknickt und abgepflückt.

Doch was sind das für Faxen?
Der Stock fängt an zu wachsen,
Der Stock will Stock nicht bleiben,
Will selber Blätter treiben,
Stolz trägt er eines Tags als Strauch
Nun selber eine Blüte auch.

So kommt verflixt und hinterrücks
Doch noch der Augenblick des Glücks.

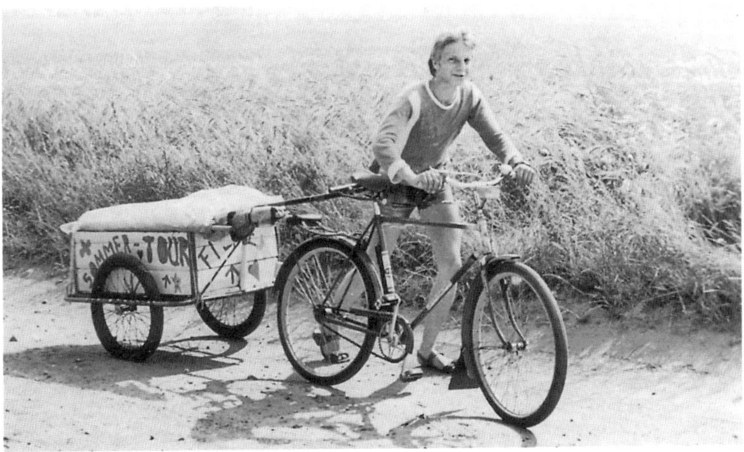

Andreas Dresen auf Sommertour mit eigenen Amateurfilmen

HANS-DIETER SCHÜTT

Kino

1.

Der Schock ist ehrlich. Ich traue meinen Augen nicht. Da, auf der Hollywoodschaukel, sitzt Gerhard Gundermann, im Jogginghosenlook. Ja, er. Das Schniefen, das Schlaksige, der sprachliche Schnodder. Der Zopf. Die Musikalität. Es ist Nachmittag, Kaffeezeit. Der Garten des Hauses in Spreetal.

Aber es ist doch 2017! Fast zwanzig Jahre nach dem Tod des Arbeiters und Sängers. Und Spreetal ist in Wahrheit Gelsenkirchen. Wahrheit? Kino will nicht Wahrheit, sondern Wahrhaftigkeit. Und braucht keine reale Geografie, um Welt zu werden. Unglaublich – als sei das alles nicht wahr. Es ist nicht wahr. Und irgendwie doch.

Gundermann, das ist der Schauspieler Alexander Scheer. Die Zähne sind natürlich eine Prothese, die Scheer eine Weile auch privat trug. Schauspielen? Weit mehr. Und mehr sogar als Verwandlung: Anverwandlung. Besessenheit ist ein Raubtier, es ernährt sich von Einverleibung.

Es ist in jenem Oktober 2017 früh um sieben, gedreht aber wird eine Szene am Nachmittag: Kaffeezeit. Ich stehe in einer der Kulissen zum Film »Gundermann«, den Andreas Dresen gerade dreht. Das Buch schrieb Laila Stieler, die langjährige Arbeitspartnerin. Langgehegt, dieses Projekt. Es hat viel mit Dresen selbst zu tun, mit seinem Blick auf jüngere deutsche Geschichte. Er sei ein Wächter über die Nuancen«, notierte Wolfgang Kohlhaase über Dresen, er meint die Methode der Regie – und eine Lebensweise. Die Weise, Welt zu beobachten, die kleine wie die große.

Filme von Dresen. Sei es jener ungelenk emphatische Theatermann in »Stilles Land«, der sich in DDR-Wendezeiten in der Provinz an Beckett versucht; sei es das Chaos der Paarbildung in »Halbe Treppe«; seien es die beiden jungen Sehnsuchtsfrauen in ihrem »Sommer vorm Balkon«; sei es das Wagnis einer späten Liebe in »Wolke 9« – Kunst, der Verse von Gundermann vorangestellt sein könnte: »ich bin nicht hier um zu gewinnen / ich bin am leben um es zu verliern / wo nichts verloren wird / ist nichts zu finden / und wer sich wärmen will muss erstmal friern.« Dresens Filme: Die Siege stürzend spüren, und den Aufflug erdenschwer erfahren. Aber letztlich springt man beherzt auf den Zug des Lebens auf. Wenn nicht das Sterben gerade gnadenlos trivial und der Krebs kalt zuschlägt und zum »Halt auf freier Strecke« zwingt. Leben, das heißt immer auch: Es wird der Wunsch bleiben, nicht wissen zu wollen, wann uns das Unglück erreicht, das nicht im Kalender steht.

2.

Gundermann: der Poet aus dem Tagebau. Ein anstrengender Avantgardist des sozialistischen Engagements, des unablässigen Drachentötens. Von Johannes R. Becher gibt es eine treffliche Definition für Begabung: Es sei die Fähigkeit, in gesellschaftlich aufschlussreiche Situationen zu geraten. Gundermann, das war Tagebau, Bühne, Armee, Stasi, Umschulungswerkstatt – trächtige Orte für gesellschaftlich sehr aufschlussreiche Situationen, in denen er als Erfahrungssüchtiger lebte. Er war so unbenutzbar, wie er gierig darauf war, nützlich zu sein. Aus Enttäuschungen ging er nicht fliehend, sondern arbeitend. Sein lyrisches Werk weiß viel vom Leben: Aufbau ist Arbeit – am Untergang. Was aber bleibt, ist die Gangart: zum Beispiel, dass man für ein Ziel quer über die Gleise geht. Eine Gangart Gundermanns. Und die Spielart Scheers, dieses faszinierenden Castorf-Spielers. Ein Räudiger des Romantischen. Der akzeptiert für seine Gipfelrouten keine warnenden, mäßigenden Entfernungsangaben. Einer, der nie bereit ist, bloß die Strichfassung von Sehnsüchten zu spielen. Und zu leben.

Scheer als Gundermann, Scheer im Gundermann – das ist doch nichts, was in diese olle Stasimülltüte passt, in den einige Kritiker den Dresen-Film stopften. Dresen und Ensemble wühlen und weben bezwingend im Gleichnis: Du willst gut sein – und wirst schuldig; Verrat, Versagen, das ist nichts, was man absichtlich macht, es ist ein Licht, das dich mitnimmt, ein stechender Blitz. Bis es dir vielleicht schwarz wird vor Augen. Bis Winter in dir umgeht. Kalt ist der Tod, doch kälter ist plötzlich, was dich wärmen sollte: der hohe Sinn, der tiefe Glaube, die große Idee.

Andreas Dresen erzählt davon, dass wir Unvorhersehbare sind, denen der letzte Halt immer fehlen wird – und diese Unbestimmtheit unseres Wesens wird just dort größer, wo wir sie beenden wollen. Leg deinen Kopf in den Schoß eines hehren Ziels – das tut gut. Das tut so gut, dass du die Guillotine nicht ahnst. Hahn im Korb? Ja. Nee! Kopf im Korb. Jetzt heb ihn wieder, den Kopf! Auch wenn es ihn gekostet hat. Das spielt dieser Kerl! Dieser Wahnsinns-Scheer. Ein Schweben und eine Schwere, genau das, was uns zwischen Himmel und Erde so wundersam fassungslos und so ehrenwert schwach hält. Wenn Gundermann außerirdisch ist, ist es Scheer auch. Und Gundermann ist auf jeden Fall außerirdisch. Der Engel über dem Braunkohlenrevier, der an seinen Flügeln besonders die schwarzen Ränder liebte: Tagebau und Trauer, Asche und Phönix. Sonnenflüge wie Ikarus: jener Einzige, dem noch der Sturz als Flug angerechnet wurde. Das alles bringt Dresen im Zuschauer, in mir zum Klingen.

3.

»Gundermann« ist 2019 zum Abräumer beim Deutschen Filmpreis geworden. Es macht Freude, just diesem Film nachzudenken, ihm nachzufühlen. Dem Helden und dem, der ihn spielt. Und der ihn spielt, ist ein Großer – Dresen besitzt in seiner Arbeit seit jeher eine unaufwändige, aber sichere Gabe, Bedeutende deutscher Schauspielkunst mit noch unbekannten (jungen!) Darstellern zu mischen. Michael Gwisdek, Corinna Harfouch, Henry Hübchen, Justus von Dohnányi, Steffi Kühnert, Gabriela Maria Schmeide, Dominique Horwitz, Charly Hübner, Valery Tscheplanowa, und auf der anderen Seite – als Beispiel – die Jungs im Film »Als wir träumten«; das Dresen-Set eben immer auch als Entdeckungsort. Und mag Scheer schon in vielen Filmen mitgespielt haben:

Dresen hat ihn zu einem Gipfel geführt: Auf ein Gesetz, das alles ins gerechte Lot brächte, ist Existenz nicht zu bauen. Im Gewalt-Akt, der die Logik und das Gewohnte sprengt, liegt die rampensäuische Kraft dieses Körperpoeten: Das, was den Unterschied macht im Leben, ist nur in der Verausgabung begreifbar. Ja, schnieft Gundi. Und zu seinem erhebenden Film-Schicksal gehört jenes Eindringliche, das von Gestalten rundum ausgeht – deren Interpreten längst grandioser Dresen-Standard sind: Thorsten Merten, Axel Prahl, Milan Peschel. Und eben Alexander Scheer …, ein Erfinder der ganz neuen Glühbirne: Die muss erst durchknallen, ehe sie dann leuchtet wie eine Sonnenkonkurrenz. Ein krasser

Akrobat – gern in Schlapphut-Pose zwischen Alain Delons Eis- und Humphrey Bogarts Weichgesicht –, der braucht Raum, braucht Publikum. Er reißt auf. Er hat das dritte Geschlecht: ruppig und tänzerisch; uralt und urknäbisch; im Schmächtigen auch eisenstemmsüchtig. Mit einem Tempo, das derart durch Kurven rast, dass man immer auch die Hitze der Bremsbeläge riecht.

4.

Gundermann. Ob auf dem Bagger oder auf der Bühne: Er konnte nicht anders leben als schutzlos. Das hat ihn hervorgebracht. Das hat ihn zerschlissen. Das hält ihn groß, also seine Poesie. Er ist ein großer deutscher Dichter. Es ist, als habe jemand von den Antworten zurück zu den Fragen gefunden, es ist dies stets die schwierigste Expedition. Er hatte eine herrliche Freude daran, sich nicht zu ernüchtern. Gundermann – wieder dieser Punkt, wo er sich mit Scheer trifft: Man muss die Welt nicht leben, wie sie uns gern hätte, aber man kann die Welt gern haben, indem man sie und sich selbst reich hält an unerfüllten Träumen.

Dichter erzählen dir, was Schönheit ist: wenn das Leben an gefährdeten Stellen Glück hat. Die gefährdeten Stellen bleiben. Das Glück nicht. Aber durch das, was dieser grandiose Scheer spielt, hast du ein Bild davon. Nicht nur ein Bild. Einen ganzen Film, Regie: Andreas Dresen.

Dresens Filme liefen niemals nur einfach, sie mussten oft genug kämpfen. Das Renommee dieses Regisseurs, der Charakter seiner Kunst erwiesen sich kaum im Magnetismus der Massentauglichkeit; da wirkte eher die Beharrlichkeit einer Menschenliebe jenseits von Grelle, Glanz und Grandezza. »Nachtgestalten« endet mit dem Bild eines brennenden Autos vor Meeresufer. Der aufwühlend abwehrende, doch ebenso flehende, verlorene Blick der jugendlichen Brandstifter: wie ein früher Brückenschlag zum Film »Als wir träumten« fast zwanzig Jahre später, die Verfilmung des rauen Romans von Clemens Meyer. Auch so ein Film, der sich im Kino durchtrotzen musste, vielleicht, weil er nicht jenen Dresen bot, den viele erwarteten. Andreas Platthaus von der FAZ freilich schrieb von »Weltklassekino«.

5.

Das Kino. »Den Herren Auguste und Louis Lumière ist es gelungen, die mit der camera gemachten Aufnahmen mittels eines von ihnen construirten Apparates unter hellster elektronischer Beleuchtung auf die Leinwand zu projicieren, so daß der Beschauer in dem Wahn ist, den in vollste Bewegung gesetzten Gegenstand in natura vor Augen zu haben.« So beschrieb es die »Hamburger Börsen-Halle« am 10. Juni 1896. Das Kino war ein halbes Jahr alt, Europa schüttelte entsetzt den Kopf: Auf Ideen kommen die Leute … Der erste Lumière-Film zeigt Arbeiterinnen und Arbeiter beim Verlassen einer Fabrik. Den ersten Filmgag erfanden die Lumières im »Begossenen Begießer«: Ein Gärtner blickt in einen Schlauch, aus dem kein Wasser kommt, weil ein böser Bube auf dem Schlauch steht – als er ihn freigibt, wird der Begießer begossen. Alle frühen Filme der Lumières umfassten lediglich eine einzige Einstellung, die mit feststehender Kamera so lange aufgenommen wurde, wie die 17 Meter Film in der Kassette reichten.

Kino. Ist das bald eine aussterbende Art? Verschlungen demnächst von der Technik, die das Ganze doch gebar? In Bälde kein fiebrig genossenes Gemeinschaftserlebnis mehr, sondern nur noch eine Farbdroge für heimische Wände? Schon bieten sich Größtbildschirme an, für die Wohnlager der Endverbraucher, die Entspannungshöhlen der Massen von Individualisten.

Kino. Der große literarische Reisende Bruce Chatwin hat afrikanische Kinder nach ihren Sehnsüchten befragt, und sie erzählten ihm den Traum vom Kino, den ihnen die Eltern erzählt hatten, die ihn wiederum von ihren Eltern gehört hatten – denn diese sehr Alten waren die Einzigen, die je in die ferne Welt des Westens gereist waren, und dort gab es diese seltsamen Häuser, in denen es langsam dunkel wurde, und dann, aus der wundervollen Verteilung von Licht und Schatten, kam von einer großen, anfangs nur weißen Wand Bewegung in den Raum; aus einem unablässig flimmernden Strahl, der von ganz hinten über die Köpfe der Zuschauer auf besagte weiße Wand prallte, erwuchsen plötzlich lebendige Menschen.

Kino. Die Geschichte des Mediums, seiner Mysterien, seiner Magie ist eine Geschichte der menschlichen Emanzipation von der Welt – um die Welt in Erfindungen, als Wunder und Wunde, neu zu begreifen. Immer ist das Kino jener enge düstere Raum, in dem aber ein Aufatmen stattfindet wie sonst nur in luftig-fernsten Weiten.

Der österreichische Erzähler Christoph Ransmayr berichtet in seiner Reportage »The Last Picture Show« von einer vernichteten Gegend im Osten Sri Lankas, ruinös herüberragend aus den Zeiten des Krieges zwischen tamilischen Separatisten und der singalesischen Armee. Ein Mönch zeigt dem Schriftsteller das zerschossene, inzwischen grün überwucherte Kino von Pottuvil, zwischen dessen kaputten, verkohlten Stuhlreihen grasen die Wasserbüffel. »Wer weiß, sagte der Mönch, vielleicht werde das Kino eher wiedererstehen als sein versunkenes Heiligtum. Was sei schließlich schöner und leichter als ein Theater, dessen Krieger, Heilige und Könige, ja sogar Sturmfluten und Elefanten aus Licht! bestünden, aus nichts anderem als Licht.«

In einem anderen Text schreibt Ransmayr über die irische Küstenlandschaft und beschwört mit ausschwingend heiterer Leidenschaft »Die dritte Luft«. Die erste Luft, die der Mensch benötige, enthalte »alle Gerüche und Geräusche des Anfangs, der engsten und geheimsten Umgebung, den Geruch der Wolljacke und der Haut der Mutter, den Klang ihrer Stimme, wenn sie aus dem offenen Fenster den Namen des Vaters in den Wind rief«. Die zweite Luft trage die »Gerüche und Geräusche der gesamten Küste«. Aber erst in der dritten Luft füge sich das Bild der Welt zum Ganzen, erst in der Luft der »Kinos und wohl auch rauchigen Pubs, der Luft der Geschichten und der Verzauberung des Lebens, verwandle sich beispielsweise ein ganzes Meer in ein einziges Wort, in eine Melodie, in Bilder, und rausche daraus wieder hervor«.

Im westjordanischen Jenin wurde vor Jahren das Cinema Jenin wiedereröffnet, ein großes gesellschaftliches Ereignis. Es war, seit Mitte der fünfziger Jahre, das größte Lichtspieltheater der Westbank, es wurde von Bomben zerstört. Der deutsche Dokumentarfilmregisseur Marcus Vetter hat es in mehrjähriger Arbeit geschafft, ein Netzwerk der Spender, Helfer, Enthusiasten und Bauleute zu knüpfen – nun war der palästinensische Ort wieder zum Sinnbild und zugleich Faktum eines erfüllten Traums geworden. Kino, Kulturzentrum, Konzerthaus, die Kunst als Krönung einer Sehnsucht nach dem ganz alltäglichen Heil. Fotos vom Cinema Jenin zeigten junge Leute, auf dem Fußboden sitzend, die Augen aber am Himmel des laufenden Films; Babys an der Flasche, auf dem Schoß der Väter, die in diesem Moment des Zaubers auch Kinder waren.

Die Welt bleibt zerrissen von dem Vielen, das Menschen uneins macht. Aber der Bau eines Kinos ist ein Friedenssieg.

In Fellinis »Amarcord« ist es das Schwüle, fast ein wenig Verworfene eines Kinos von Rimini, wo die pubertär gierigen Blicke der Jugend zum Ausdruck so frecher wie frivoler, so angstmachender wie angstnehmender Sehnsüchte wird. Kino öffnet das Gemüt zur Welt, die eine schönere Welt sein möge, und in prophetischer Überspitzung dieser Veränderungskraft erwächst just das Kino sogar zur Richterstätte: Ein kleines französisches Lichtspieltheater ist der Ort, an dem Hitler, Goebbels und andere Nazigrößen bei einem Brandanschlag getötet werden. Quentin Tarantinos »Inglourious Basterds« adelt das Kino, indem dieses sich gleichsam zum Selbstmordattentäter macht. Ein Kino opfert sich für das, was nur im Kino wahr sein darf. Am Ort der leicht entflammbaren Herzen operiert jenes leicht entflammbare Material, aus dem Kino entsteht, als Vollstrecker einer nur im skurrilen Märchen möglichen Gerechtigkeit.

Der Dichter Peter Handke beschrieb, wie er Anfang der sechziger Jahre Antonionis »La Notte« sah, im Zentrum von Graz, er stand danach »an einer nächtlichen Straßenbahnhaltestelle, und ich erlebte die steirische Stadt als eine Weltstadt, damals erfuhr ich, weil ich im Kino war, zum ersten Mal, weit über alle Selbstgefühle hinaus, so etwas wie ein Weltgefühl«.

Es darf behauptet werden, dass solcherart unmittelbare Verwandlung wirklich nur das Kino schafft. Wo die Lust am Schauen, aber auch die Versunkenheit größer nicht sein können. Ist Theater die Demokratie des Auges, denn man kann die Bühne mit eigener Blickregie ausmessen, so bleibt das Kino eine Diktatur des Auges: Die Bilder bannen, der Blick der Kamera zwingt dich; im Theater bist du mit allen, im Kino jedoch bist du allein – typischerweise beginnt Kino damit, dass der Zuschauer, wenn es dunkel wird, ein wenig tiefer in den Sessel rutscht. Du verabschiedest dich von der Wirklichkeit. Man hat nach Ende der Vorstellung, in jenen ersten Augenblicken nach einem Kinofilm, der in uns eindrang, ein ganz anderes Verhältnis zum Draußen, zum Regen, zum Hochschlagen eines Mantelkragens, zu einem Schluck an einer Bar, zum Anzünden einer Zigarette (auch wenn man Nichtraucher ist) – man wähnt sich selber kurzzeitig in einem Film; »der atlantik passt jetzt in ein glas rotwein«, dichtete Albert Ostermaier, dessen Lyrik ohne Kino nicht denkbar ist.

Also gehört zum Kinobesuch unbedingt – noch einmal Handke – dieses einmalige Nachher, »was für große Heimwege habe ich nach diesem und jenem Film erlebt, was für wunderbare Heimwege. Mit nichts auf der Welt hat es für mich solche Heimwege gegeben wie zuzeiten nach dem Kino. Heimwege, wo das Daheim das Weggehen war, ziellose Heimwege, weiter und weiter. Psalm also des Zuschauers an die Kinogötter: Weitere Filme für weitere Heimwege!«

In Woody Allens »Purple Rose of Cairo« verlässt eine Filmgestalt die Leinwand, es ist dies ein romantisches, heiteres Wechselspiel zwischen Fantasie und Wirklichkeit. Für kitzlig verwirrende Sekunden verfielen wohl auch Zuschauer im US-amerikanischen Aurora, im Vorort von Denver 2012, bei der Vorführung von »The Dark Knight Rises«, einer Illusion: nämlich, dass jener Mann, der da bewaffnet das Kino betrat, ein

Werbeclou sei, eine Verlängerung des künstlich Dämonischen im Film in die schöne Aufgekratztheit einer Premierenshow. Einer mit Gasmaske, da am Seitengang – ähnlich der Maulkorbmaske des Bösewichts im Film. Und im Kino war es dunkel wie auf der Leinwand – die Nachtfarbe als drohende Grundstimmung des Batman-Streifens. Stimmig, so nennt man das. Es war ein – Amoklauf. Der Mörder rief: »Ich bin Joker, der Feind Batmans!« Zwölf Tote. Und jenes Musical-Theater in Moskaus, in dem vor Jahren tschetschenische »Schwarze Witwen« ein Selbstmordattentat verübten, es war zwischenzeitlich – ein Kino.

Dennoch und trotzdem! Heimwege! Lob des Kinos! Kino möge bleiben: ein Wesen mit Seele. Gut, dass die immer wieder nachwächst und solch ein Feld also nicht nur der Hydra überlassen bleibt. Wo eh schon so viel verloren ist: der Eismann zwischen den Reihen, oder: dass das Wort vom »Landfilm« ein besonderes war, ein Freudenruf war das (»Der Landfilm kommt!«), ein Sonntagswort wie Gottesdienst, nur erlaubte dies Heilige – lange her – auch das Klappern mit den Stühlen und altmodische Zwischenrufe wie »Ah!« und »Oh!«. Kino wie Leben: Sie bestehen aus Momenten, wenn der Film reißt; aus Orten, wo die Rollen gewechselt werden; sie haben Schnitte ins Bewusstsein; kennen das Aufblenden der Hoffnungen – kurz vor dem Abspann, der dann alles ganz anders besiegelt.

6.

Einmal drehten die Lumières eine verreisende Familie auf dem Bahnhof. Die Zuschauer hoben abwehrend und unter Schreien die Arme, als sie Menschenmassen und vor allem die Lokomotive bedrängend auf sie zukommen sahen. Die ewige Kraft des Kinos: Fiktion als Wirklichkeit. Wenn das Kino der Bahnhofszene also eines lehrt: Zukunft beginnt mit der Furcht davor. Und es ist gewiss kein Zufall, dass einer der Kurzspielfilme, die Andreas Dresen während seines Studiums in Babelsberg drehte, wesentlich mit Kino und Bahnhof zu tun hat: »Zug in die Ferne«. Sechs Personen warten in Potsdam-West nicht auf einen Autor, sondern auf den Vorortzug. Aber zuerst wird ein anderer Zug durchrauschen: ein Transitzug nach Paris. Die Realität des Nahverkehrs und die Sehnsucht nach dem Fernverkehr. Nahverkehr: ewige Verspätung. Fernverkehr: ewiges Ausbleiben. DDR 1989.

Eine Groteske mit Typen: Ein Mädchen fragt nach der Uhrzeit, die Antwort liegt im Geräusch eines Zugvogelschwarms; an der Bahnhofsbaracke lungert der obligate Stasispitzel, im Trenchcoat und hinterm weit aufgeschlagenen »Neuen Deutschland« versteckt; und ein junger Mann baut seinen Klappstuhl auf, holt die Reiseschreibmaschine heraus, der ewige Eingabenschreiber. Aus dem Mund des Bahnhofsvorstehers die elendigste, giftendste Frage des geplagten DDR-Dienstleisters: »Glauben Sie, mir macht das hier Spaß!?« Die Hauptgestalt des Films, ein etwas entrückt lächelnder Mann (großartig Horst Westphal), wird am Ende seines kurzen Bahnhofaufenthalts dorthin zurückkehren, wo das Träumen weiter möglich, aber zugleich das Trauerspiel des letzten Trostes bleibt: Er ist Filmvorführer im nahe gelegenen, fassadenblätternden Kino, das wunderbar altmodisch und sarkastisch weltbezogen Atlas-Lichtspiele heißt. Vorm Kino wieder der Trenchcoat-Mann hinter der Zeitung und der Eingabenschreiber auf dem Klappstuhl. Das Rotieren der Rollen am Vorführapparat geht ins Rollen der Räder über, die wie die Menschen hier das Weite suchen, es aber im Gegensatz zu ihnen auch finden. Auf Gleisen, die den einen die Welt bedeuten, den anderen nur das Abstellgleis Sozialismus. In diesem Kino, an dem soeben der Zug nach Paris vorbeirauschte, wird »Paris um Mitternacht« gezeigt, ein Thriller von 1950, mit Jean Simmons und Dirk Bogarde. Und der Filmvorführer an seinem Projektor lächelt das erschütternd wehmütigste Lächeln in die Kamera. Kino, schönste Illusion, lügnerischste Erlösung aus der Enge. Es ist, als erzähle Dresen, wie unendlich weh das tut: Leben im falschen Film. Es ist, als regne dunkles Konfetti auf eine Unglücksstelle.

7.

Über all das: Gespräche mit Andreas Dresen. Gespräche mit einem Künstler sind ja – keine Kunst. Denn: Das Reden mit einem Filmregisseur gehört nicht zu dessen Werk. Das Werk steht, unantastbar durch

Kommentar, höher und woanders. Dresen weiß: Die eigenen Filme gar zu sehr in die Nähe der eigenen Biografie zu rücken, das macht diese Filme möglicherweise kleiner; jedes Werk hat ein Recht darauf, klüger und farbiger zu sein als sein Schöpfer. Soll das Werk also von sich selber sprechen. Und für sich selber. Für sich spricht ein Werk dann am besten, wenn es ihm gelingt, vor vielen zu sprechen. Und der Regisseur? Spricht in diesem Buch auch von sich. Andreas Dresen spricht nicht adressiert. Wer adressiert spricht, richtet Sprache ab zum Vokabular. Vokabular neigt dazu, laut zu sein. Dresen steht für die Steigerungsform: Er ist lauter, als redlich, also eher leiser als zu laut.

Gespräche mit einem Künstler, der was zum Sagen hat, sind Gespräche über das, was dieser Künstler gesagt hat – aber was er gesagt hat, es muss erst so werden, wie es im Buche steht: Der O-Ton kommt aus anderen Welten als das Wort aus Buchstaben. Eine Unterhaltung zu zweit, wie schafft sie es in den Essay zu zweit? Das ist die Frage. Das Wesentliche des Filmhandwerks liefert dem Buch die Antwort: Schnitt, Montage. Ein jedwedes Gespräch im Radio, im Fernsehen ist Tonfall; eine Verschriftlichung aber ist Tonaufstieg – ins gesteigert und konzentriert Gedankliche. Etwas Revue passieren lassen? Revue passiert nicht, Revue braucht Choreografie, braucht Dramaturgie, braucht Fantasie für das, was sich zur Ordnung fügen möge.

Intensive Begegnungen mit Dresen. Über Jahre hinweg. Bis April 2020. Meine Wahrnehmungsorgane schienen nach diesen Treffen enger zusammenzurücken. Gespräche in Potsdam, im Haus unmittelbar vor den Toren der Stadt. Tief im Grünen. Von Besuchern ist überliefert, im Garten zeigten Eichhörnchen ihre Kunststücke. Ich sah nur die vielen Gänseblümchen, die mitwirken an der Balance aller Dinge; nichts ist zu gering für diese große Arbeit – was hier wächst, feiert die Zustimmung zur Welt.

Zwischen Dresen und mir ein Aufnahmegerät. Wie ein Zwischenlager, für Erinnerung, Erfahrung, Erkenntnis, Erlebnis, Erzählung, Erfindung, Erwartung, Erörterung, Erbauung. Wir sprachen über des Regisseurs bislang betriebene schöne Arbeit, zu einem unverwechselbaren Leben zu kommen: ein fortwährendes Zur-Welt-Kommen. Was so zur Sprache kam, liegt nun vor. Sammlung, Verdichtung. Keine Biografie, denn Biografien vernichten Leben, mit ihrem Beschluss: Das war's. Nein, Dresen ist unterwegs, und ein Reden über die Routen der Existenz – gleichsam aus dem Lauf heraus – sollte stets Nähe zur Wesensart des Unterwegsseins aufweisen: Sprünge, Innehalten, Umweg, Seitenstraßenlust, erneut Sprünge. Was heute gesagt würde, morgen schon könnte es anders lauten. Gespräch ist Gewebe, der Riss darin gesünder als das Muster. Also Zickzack statt Zielgenauigkeit; Bruchstücke statt Bögen.

»Bilde, Künstler, rede nicht!« Der Satz stimmt noch immer, aber noch immer stimmt auch: »Wer sich ausspricht, betreibt Einkehr.« So Alexander Kluge. Er nennt Gespräche, die buchhandelstauglich werden wollen, »Konstruktionen zwischen Einfühlungsritual und zuspitzendem Zweipersonenstück – ach, was immer sie sein mögen: Hauptsache, sie sind unvollkommen, unvollendet«. Na, vor allem mit Letzterem halten wir doch allemal mit!

8.

Dresen ist un-verschämt freiherzig bei der bewussten Banalisierung von Dingen, denn er mag ihn nicht, den falschen Heiligenschein der Intellektualität. Mit anderen Worten: Er heiligt die Dinge durch Scheulosigkeit, sich »normal und gewöhnlich« zu verhalten – in all dem, was hinter, und in dem, was vor der Kamera geschieht. Über seinen Film »Sommer vorm Balkon« schrieb Christoph Dieckmann in der Wochenzeitung »Die Zeit«: »Am Ende sitzen Katrin und Nike wieder auf ihrem Balkon. Nana Mouskouri singt: ›Die Welt wird sich weiterdrehn, auch wenn wir auseinandergehn.‹ Katrin sagt: So ist das Leben.‹ So könnten alle Dresen-Filme heißen.«

Ja, so ist das Leben wirklich, und Dresen wird während unserer Unterhaltungen den Satz sagen, Kunst wolle ja eh nicht Kunst sein, sondern Leben. Was ist denn Spiel vor einer Kamera? Eigentlich nichts weiter als ein Spiel mit der Oberfläche des menschlichen Gesichts, des Körpers; Kino ist ein Verhüllen und Entblößen – nach Maßgabe der Schatten, die über einen Menschen hinwegziehen, oder des Lichts, das auf ihn fällt. Beim Mühen wider die Lebensspurlosigkeit.

Es geht in den Filmen dieses Regisseurs um die lohnende Utopie des Bedeutungsmangels: Du bist ein Wesen am Grund der Zeitläufe, du bist für vieles ein bestimmter Grund, aber dennoch gibt es für deine absolute Einmaligkeit keinen höheren Grund – was aber kein Grund ist, am Grund des Lebens so zu verzweifeln, dass du den Grund unter den Füßen deiner Seele aufgäbst. Dresen beobachtet und inszeniert gegen die grobe, unbedachte, herablassende Formel vom sogenannten einfachen Menschen; seine Lebewesen erzählen von ihren redlichen, auch vergeblichen Einübungen ins soziale Regelwerk, mitunter auch ein Mahlwerk, und ihnen widerfährt dabei die schmerzensschönste Sehnsucht: Hornhaut runterreißen zu wollen, nicht das Dasein.

Dresen ist kein Erzähler hauptsächlich der Hartgesottenen. Er mag die Weichgesottenen. Die davon erzählen, was das Leben nicht zu bieten hat. Das ist wohl unser ganzer Besitz. In seinen Filmen suchen Unruhige und Verwirrbare eine Bleibe, die in ihnen selbst wurzelt. Noch im Unglück, so der Essayist Georg Seeßlen, seien Dresens Geschichten »perforiert von Magie und Versprechen, um die Gegenwart einer Kamera zu rechtfertigen – als Gegenentwurf zu jener Kamera, die aus dem wirklichen Leben ein Event für eine halbe Fernsehstunde macht und es dann fortwirft.«

In Gesprächen achtet der Regisseur nicht auf die angebliche Bedeutsamkeit. Er hält sich nicht auf bei Etikette, er ist immer schon weiter, in seinen Hoffnungen und Ehrlichkeiten. Er hofft nämlich sehr ehrlich darauf (dies besitzt etwas Freches), nicht missverstanden, nicht ausgenutzt, nicht enttäuscht zu werden vom Zutrauen, das er hergibt. Er ist also ein wahrhafter Handelspartner: Er liefert sich aus. Es ist eine jugendliche Anfänglichkeit an ihm zu spüren, die kein Ende signalisiert, nur weil die Jahre auch ihn einholten. Er behält seine Kraft, die aus Neugier, aus Offenheit, aus Natürlichkeit, aus Unbefangenheit ihre Energie bezieht. Es ist eine Kraft, die sich gibt, als sei sie die Schwester vom Schilf, vom Schilf im Sturm: Das Schmächtige ist das Zähe.

Monika Schindler, eine der besten Babelsberger Schnittmeisterinnen, beteiligt an großen DEFA-Filmen von Roland Gräf bis Egon Günther, erinnerte sich vor Jahren in einer Preisrede für Dresen – es war der Andrzej-Wajda-Preis – an einen sehr jungen Mann in den achtziger Jahren, freundlich, bescheiden der Junge; und als man nach Jahren dann wieder miteinander arbeitete, war der junge Mann noch immer freundlich, bescheiden. Aber wie sie das sagte, da entstand in wenigen Worten die Geschichte eines Künstlers, den man zunächst vielleicht nach seinem Gesicht beurteilte, sehr bald aber nach seinem Kopf – nichts Wertvolleres hat je aufzubieten, was eine Laufbahn genannt werden darf! (Auch wenn Dresen seine Schnittmeisterin ausgerechnet dann an den Schneidetisch für »Nachtgestalten« bat, als die Fußball-WM lief; Schindlers Trick, einen kleinen Fernseher einzuschleusen, stieß auf großen Unwillen des Regisseurs. Psychische Spätfolge eines unglücklichen Andreas D., der auf einer Zugfahrt einmal unter Fußballfans geraten und aus unerfindlichen Gründen als Anhänger der Gegenmannschaft »enttarnt« worden war. Man hatte wohl das Spiel verloren, Dresen verlor in jener Stunde einen Zahn.)

Wenn man mit einem Menschen wie Andreas Dresen geredet hat, dann weiß man, dass Gemeinschaft ein Tätigkeitswort ist.

9.

Ich danke Barbara Bachmann und Christoph Schroth für Begegnung und Bereicherung. Es gibt eine Kunst des genauen kritischen Blicks: Dank an Ingrid Kirschey-Feix.

Danke, Andreas Dresen.

Ich habe wirklich keine Lust,
alle meine Filme Revue passieren zu lassen und zu sagen,
was ich von ihnen halte. Das ist nicht meine Aufgabe,
und außerdem glaube ich auch nicht,
dass Leben und Arbeit ineinander aufgehen.

LUIS BUNUEL

Die Formel für Regie ist ganz einfach:
Man muss beim Drehen eines Films
mit den Menschen leben wollen,
wenn man einmal angefangen hat,
mit ihnen zu arbeiten.

BILLY WILDER

Charlton Heston war am anderen Ende der Brücke,
ich sagte, er möge schnell,
in einem Schwenk, die Brücke überqueren.
Er sagte, gar nicht ironisch oder böse, sondern ganz lieb:
»Kannst du mir sagen, warum ich die Brücke überqueren soll?«
Und ich sagte zu ihm: »Nein, überquere einfach die Brücke.
Ich schau dir zu, und wenn du hier bist, weiß ich es.«

ORSON WELLES

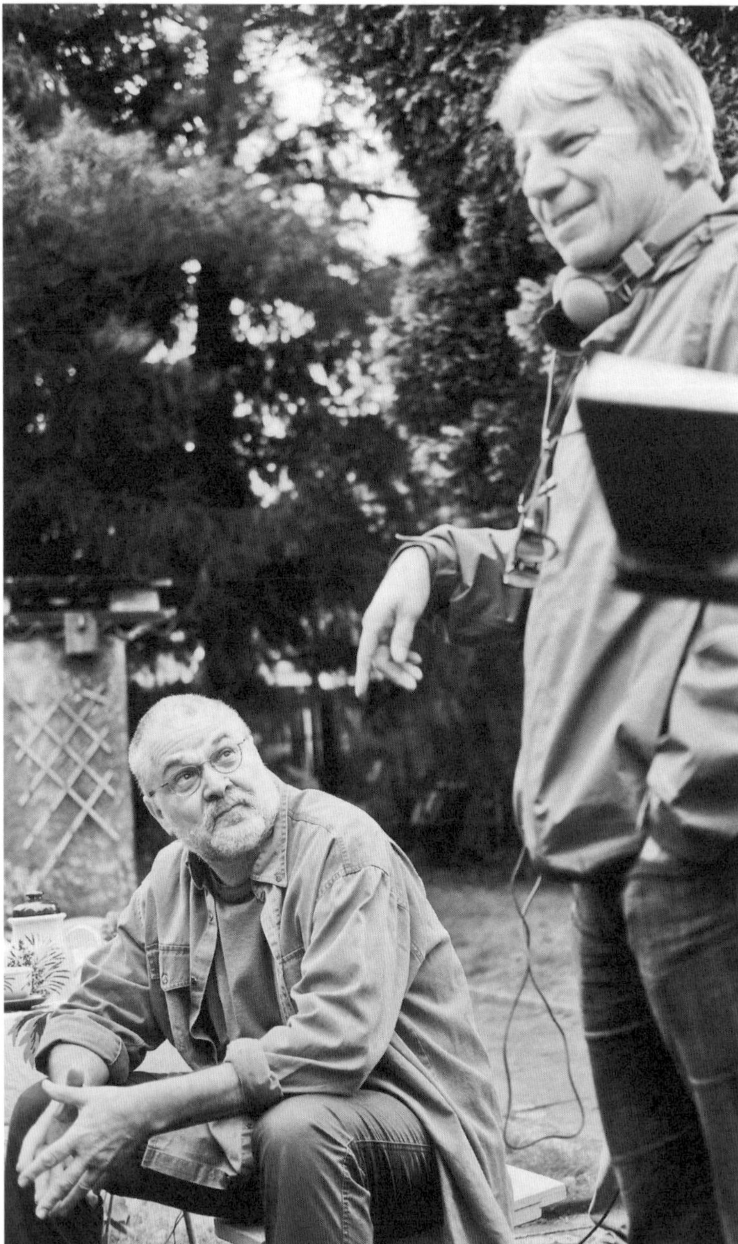

Das erste Gespräch

über

Corona und Kollektivität
Zwölf Jahre Standvermögen
Gundermann und Geschichtsbilder
Kopf in den Wolken, Füße im Schlamm
Gewitter auf der Pferderennbahn
Eine Filmkarriere in den Lüften
Hündchen, Hollywood und Ukulele
Starrsinn eines Leichenwagens
Schöne Verbrüderung in Arbeit

◂ Der Buch-Autor und Kleindarsteller mit Andreas Dresen bei Dreharbeiten zum »Gundermann«-Film

Andreas Dresen, wir treffen uns inmitten der Corona-Krise zum Gespräch, also: in Zeiten notgedrungener Abstandskultur. Mai 2020. Wie ist Ihre Gemütsverfassung?

Soeben wurde mir Rostock abgesagt: Geplante filmpraktische Übungen mit Studenten finden erst mal nicht statt.

Seit Sommersemester 2018 sind Sie Professor für Filmschauspiel an der dortigen Hochschule für Musik und Theater.

Mir fehlt derzeit, was unbedingt zu meinem Leben und meinem Beruf gehört – Geselligkeit. Dieser andauernde Zwang zur physischen Distanz geht mir auf die Nerven. Abstand erschöpft mich. Die Worte »virtuell« und »online« kann ich schon nicht mehr hören. »Homeoffice« schreckt mich ab – Heimarbeit in meinem Beruf? Nee. Obwohl so freilich zusätzliche Zeit entstand, um mit Laila Stieler ein neues Drehbuch zu besprechen. Und was den Alltag betrifft: Ich habe zwar eine Leinwand in meinem Schneideraum, aber ein darauf projizierter Film ist noch lange nicht Kino. Wie auch »gestreamtes« Theater kein Theater ist. Also, kurz gesagt: Das Herunterdimmen des sozialen, des kulturellen Lebens löste bei mir nicht automatisch schöpferische Impulse aus. Nun weiß ich auch: Jede gesellschaftliche Bruchstelle ist Herausforderung und Chance. Entschleunigung befördert Besinnung. Alles schön und gut und nützlich. Aber ich weiß auch: Routine ist noch hartnäckiger als ein Virus, und die alten Hamsterräder werden sich demnach bald drehen wie eh und je. Gelebte Muster bleiben gültig. In Krisensituationen steigt die Sehnsucht der Menschen nach Autorität, gleichzeitig wächst allerdings die Lust, sich gegen diese Autorität zur Wehr zu setzen, zum Gewohnten zurückzukehren. Und Politiker, wie man sah und sieht, genießen in ihrem eifrigen, aufrichtigen Bemühen ums allgemeine Wohl auch den Reiz nahezu ungebremster Machtausübung. Ach, ums wieder herunterzuholen ins Konkrete: Anfang März haben wir mit der Band noch Konzerte gespielt, schöne Feste mit Publikum – auch danach sehne ich mich sehr.

Diese Band ist Begleit- und Folgeerscheinung Ihres bislang erfolgreichsten Films: »Gundermann«. Er räumte beim Deutschen Filmpreis 2019 ab, zählen wir nochmal auf: Alexander Scheer – beste männliche Hauptrolle. Sie selber – beste Regie. Laila Stieler – bestes Drehbuch. Claudia Steffen und Christoph Friedel – bester Film. Susanne Hopf – bestes Szenenbild. Sabine Greunig – bestes Kostümbild. Und nominiert waren zudem Eva Weißenborn – beste weibliche Nebenrolle; Andreas Höfer – beste Kamera; Jörg Hauschild – bester Schnitt; Grit Kosse, Uta Spikermann – bestes Maskenbild.

Unglaublich, ja. Einmal mehr offenbarte sich das Schöne am Filmemachen: Jeder im Stab ist unentbehrlich.

Dennoch: Ein Film gilt landläufig als das Werk eines Regisseurs. Ich weiß, Sie wehren ab.

Ja, und ich tue es auch weiterhin, selbst wenn man Koketterie vermuten könnte.

Vermutet bei Ihnen niemand.

In keinem Abspann unserer Arbeiten stand je: »ein Film von Andreas Dresen«. Dagegen stemme ich mich vehement. Plakate und Trailer vermelden, dass ich der Regisseur bin. Punkt. Meine Regie-Verträge untersagen jene Heraushebung, von der sich Marketing-Leute eine Wirkungssteigerung erhoffen. Ich betreibe das sehr konsequent, und es ist nicht eine besondere Form der Eitelkeit, sondern ein Bemühen, dem Charakter von Filmarbeit gerecht zu werden. Wolfgang Kohlhaase hat das mal sehr schön gesagt: Um einen guten Film zu machen, muss mehr als ein Mensch mehr als nur einen guten Tag haben.

Bei »Halbe Treppe« stand im Abspann: »ein Film von …« – und dann folgte die schier endlose Liste aller Beteiligten. Eine Reihung der Gleichberechtigten.

Jeder bringt sich und seine Persönlichkeit in die Produktion ein, na klar. Auch wenn am Ende einer die Entscheidung treffen und die Verantwortung übernehmen muss. Demokratie funktioniert in künstlerischen Prozessen nur bedingt. Aber im Fall von »Halbe Treppe« war das quasi ein Teil der Improvisations-Idee des Ganzen. Und mit dem Abspann wollte ich ein wenig provozieren, also prononciert auf den Teamcharakter von Filmarbeit hinweisen. Dass die Medien dann trotzdem oft nur von mir reden, unterliegt leider nicht meiner Kontrolle. Ich kann die Lage nur bis zum Ende jener Vermarktungskette beeinflussen, deren Glieder wir selber in den Händen halten.

Bleiben wir bei »Gundermann«. Es gibt ein Papier aus dem Jahre 1917, »Anmerkungen des Regisseurs«, da ist noch alles offen, da schreiben Sie sich die Leidenschaft für den Stoff von der Seele, aber ebenso das Unverständnis, wie schwer es war, für diese Geschichte Gunst und Geld zu erhalten. Fast wäre das Ganze gescheitert.

Selbst bei der Premiere in der Berliner Kulturbrauerei war ich noch äußerst skeptisch. Ein früher Sommerabend, es war enorm heiß – wer würde da freiwillig ins Kino gehen? Fast zwölf Jahre hatten Laila Stieler und ich, mit Unterbrechungen, an dem Filmprojekt über Gundermann gearbeitet. Wenn du ständig hörst, das wolle niemand sehen, bist du irgendwann in der Gefahr, das auch selber zu glauben – und nah dran, alles zu beerdigen. Zum Glück haben wir durchgehalten. Es gab dann tolle Reaktionen: Wir spielten mit der Band in Simmern. Das ist im Hunsrück, in jener Gegend, wo Edgar Reitz seine »Heimat«-Filme gedreht hat. Ein Ehepaar aus Frankfurt am Main sprach uns an, sie hätten Gundermann vor dem Film nicht gekannt, nun seien sie Fans, hätten alles von ihm gehört, gelesen, gesehen und sogar ihren Jahresurlaub in der Lausitz verbracht – inklusive Besuch des Grabes und eines Tagebaus. Wie schräg ist denn das!, dachte ich.

Warum haben Sie durchgehalten?

Was ist Leben? Der Mensch versucht nach Kräften, durchzukommen, anzukommen, weiterzukommen, vorzukommen, davonzukommen, nicht zu kurz zu kommen. Unerwartet geschehen gesellschaftliche Zusammenbrüche, Umbrüche, Aufbrüche. Leben brennt oder brennt aus. Und geht weiter. Muss weitergehen. Wunden sollen deshalb schnell verheilen, Enttäuschungen rasch vergessen werden …

Das war auch eine DDR-Erfahrung.

Aber ich bin überhaupt nicht an einer filmischen Erinnerungskultur interessiert, die mit technischem Kopieraufwand einfach nur eine Welt rekonstruiert, die es nicht mehr gibt. Da gehe ich lieber in ein Museum oder schaue mir alte Fotos an. Deshalb »Gundermann«! Weil mich bei der Frage, was war, die ganz andere Frage bewegt: Was ist? Geschichte als Impuls für heutiges Zurechtfinden in der Welt. – Die Tonart übrigens, mit der ich damals die von Ihnen erwähnten Gedanken aufschrieb, verrät nicht ganz, wie sauer und verzweifelt ich inzwischen war.

(Andreas Dresen zitiert aus den erwähnten Anmerkungen.)

»Nach wie vor bewegt sich das Abbild der DDR in den Medien meist im Rahmen gängiger Klischees von Schuld oder Widerstandskampf. Wir aber möchten eine innerlich zerrissene Figur auf die Leinwand bringen, einen Menschen, der sich nicht etwa deswegen im System verstrickt, weil er verführt oder erpresst wurde (und sich dann darauf herausreden könnte), sondern der aus innerer Überzeugung handelt, aus Glauben an eine gute, gerechte Sache. Und das genau macht es so schwer, darüber zu richten – vor allem hinterher und von außen, wo man sich so bequem überlegen fühlen kann. Nach wie vor gibt es eine moralische Impertinenz von westlicher Seite im Umgang mit widersprüchlichen ostdeutschen Biografien, und gerade deswegen erscheint es uns so wichtig, die Fragen von Schuld oder Verstrickung erneut zu diskutieren – nicht retrospektiv, sondern als Fallbeispiel für heutige Lebensentscheidungen. Gundermanns Geschichte steht für eine Generation, die etwas bewegt und dabei geirrt hat. So aber geht Leben, und wie – verdammt noch mal! – geht man damit nun um? Verdrängen? Bloßstellen? Urteilen? Verzeihen? Das sollten sich die Zuschauer fragen – und dabei durchaus auch mit ehrlichem Blick in den Spiegel. Lange, vielleicht zu lange, hat meine Generation sich defensiv verhalten in den Debatten zum Umgang mit den eigenen Biografien und Geschichten. Dieser Film ist ein Versuch, wieder in die Offensive zu gehen und das Feld nicht Leuten zu überlassen, die naturgemäß die Dinge nur von außen beurteilen können. Wir möchten wieder selbst über unsere Brüche und Fragen reden!«

»Gundermann« erlebte aber nicht nur als Projekt, sondern auch als fertiger Film Gegenwind.

Ich dachte, der Wind würde vorwiegend aus dem Westen kommen – wegen des Stasi-Themas. Aber der Gegenwind kam vorwiegend aus dem Osten – wegen des Stasi-Themas. Die einen nahmen Gundi in Schutz, wollten eher den Umweltaktivisten und mehr noch das Sozialopfer der Abwicklungen und das zweite Arbeitsleben als Tischler sehen; andere empörten sich, dass es Fördergelder gegeben habe, um einen Stasispitzel zu porträtieren. Hoyerswerda hatte Gundis Namen ja zeitweise sogar von der Homepage der Stadt entfernt.

Ihr Hauptdarsteller Alexander Scheer sagte es in einem Interview so: »Andis Film schien 2018 der Markstein zu sein, an dem sich eine Welle brach und man endlich mal sagte: Ach so! Bisher wurde über viele Dinge in der deutschen Geschichte überhaupt nicht gesprochen. Das ist in der deutschen Geschichte ja öfter vorgekommen, dass man sagte, nee, gab's nicht, hatten wir nicht, war nicht!«

Nötig sind Anknüpfungspunkte, die aufzeigen: Von der DDR bleibt mehr als das, wofür ich mich schämen soll. Wenn jeder dort angeblich nur Täter oder Opfer oder Mitläufer war, dann war jeder ein Verlierer. Und wenn nur diejenigen als anständig betrachtet werden, die das Land verließen, dann festigt sich ein Geschichtsbild, das nicht nur falsch ist, sondern Menschen verletzt und sie damit diesem heutigen Land entfremdet. Warum reden wir nur von dem, was wir schon von den Leuten wissen oder zu wissen glauben? Warum so wenig von dem, was wir in ihnen entdecken könnten?

Paradox: Der Film kam spät, verflucht spät, aber vielleicht zur rechten Zeit. Er kam ins verstärkt aufflammende gesellschaftliche Gespräch über Würde und Werdegänge im Osten.

Das hätte ich nie vermutet. Was von den Kämpfen der Menschen im Osten zu bleiben schien, war der Eindruck vom Glück: übernommen worden zu sein. Punkt. Wer aus dem Osten kam, musste im Grunde eine Unmenge integrativer Leistungen bringen, um den Nachweis zu erbringen: Ich bin doch wie ihr! Nein, eben nicht: Ich bin nicht wie ihr! Die einzige Möglichkeit, zu dieser Gesellschaft heute zu gehören, besteht in der Würde einer unverwechselbaren Biografie.

Über Gerhard Gundermann haben Sie gesagt, dieser Baggerfahrer habe selbst beim Singen noch den Staub der Braunkohle an den Schuhen gehabt – »ein Mann mit dem Kopf in den Wolken und den Füßen im Schlamm des Reviers«. Er starb 43-jährig im Schlaf.

In der Mittsommernacht 1998.

Während wir schlafen, sind wir hilflos, ausgesetzt, man hat daher den Schlaf mit Recht einen »Bruder des Todes« genannt. Elias Canetti, den Mythen leidenschaftlich zugetan, schrieb über die Mittsommernacht, sie sei der geheimnisvollste Grat zwischen Märchen und Realität, sie besonders rücke den Menschen in die Nähe von Engeln, die den Gesetzen der Realität »am elegantesten, am kindlichsten, am verwegensten« widersprechen. Gundermanns Lieder waren im Zwiegespräch mit den »Engeln über dem Revier«.

Er brauchte die Kohle, den Dreck. Die reale Welt des Tagebaus benötigte er für seine Poesie wie die Luft zum Atmen. Das war seine unverwechselbare Art von Welterfahrung. Der Baggerfahrer Gundi aus Hoyerswerda saß in seiner Kabine, schaufelte die Kohle und schaute in die weite Mondlandschaft, die wie eine offene Wunde in das Land geschlagen war. Auf dem Schoß ein kleines Heftchen, in das er seine Texte und Gedankenflüge notierte. Später ein simples Diktiergerät. Zwischen den Schichten ging es zu Probe oder Konzert. Kein Mann also, der sein

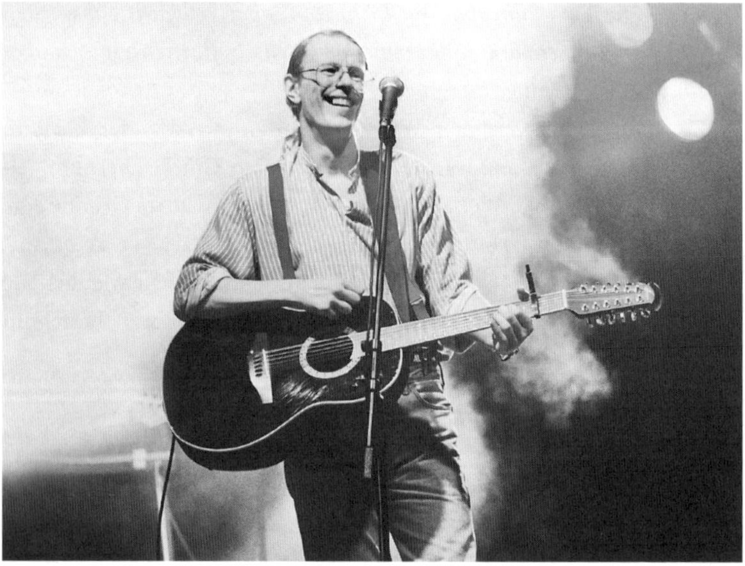

Alexander Scheer als Gundermann

Künstlertum gepflegt hat, auch dann nicht, als er mit Beginn der neunziger Jahre immer bekannter und mehr und mehr zur rockmusikalischen Stimme einer ganzen Wendegeneration wurde.

Indem Sie die Titelrolle mit Alexander Scheer besetzten, haben Sie gewissermaßen einen Jackpot geknackt.

Alex verkörpert eine schöne Art von Anarchie. Er ist alles andere als brav. Ich als Regisseur bringe etwas in die Form, er sprengt die Form. Er geht die glatten Flächen ab und schafft Ausbuchtungen. Am Sturzhelm liebt er sozusagen den Sturz. Dadurch kommt eine inspirierende Unebenheit in die Arbeit. Ich mag das sehr und fordere es ja auch immer ab: dass von meinen Spiel-Partnern Tonlagen, Stimmungen, auch Extempores kommen, die nicht planbar sind. Meine Arbeit als Regisseur ist Bändigung, aber ebenso das Schaffen einer Atmosphäre, in der das Ungebändigte geschehen darf. Eine Gratwanderung.

Was heißt dies: das Ungebändigte?

Alex wollte zum Beispiel am liebsten immer live singen, das war ein Konflikt zwischen uns. Denn bei bestimmten großangelegten Filmszenen geht das nicht. Wenn einer live singt und dazu eine Band spielt, ich aber von der betreffenden Szene mehrere Einstellungen brauche, dann stößt das technisch an Grenzen. Alex hätte ja in jedem Take genau so singen müssen wie im vorherigen, damit man es dann später zusammenschneiden kann. Soundtechnisch ist das unmöglich, und wenn dann hinzukommt, dass Alex auch noch den Text improvisiert, sich mal versingt, etwas wiederholen muss, dann funktionieren die Anschlüsse schon gar nicht. Das mag auf Castorfs Bühne gehen, aber nicht beim Film, und da rede ich noch gar nicht von Haltung und Artikulation von Take zu Take. Der logistische Aufwand erlaubte das Live-Singen also nur in bestimmten Szenen, und da wünschte sich Alex dann auch noch, dass man deutlich sieht, wie er Gitarre spielt. Ich nehme das nur als Beispiel für die Sehnsucht eines Schauspielers nach dem Unmittelbaren, dem Ungeglätteten, dem Untechnischen, dem puren Leben, das sich gegen das Maschinelle, Zurechtstutzende so einer Filmmaschinerie wehrt. Ich war glücklich über diese Sehnsucht – und musste sie doch auch bremsen.

Es ist eigentümlich, wenn man Ihre Arbeit beobachtet, und Sie haben diese Kollektivität von Filmproduktion schon erwähnt: Es gibt eine große, innige Gleichrangigkeit von Protagonisten und Pulk. Die Herstellung von Gleichgesinntheit umfasst wirklich in einem ganz besonderen Maße alle Mitwirkenden. Der fertige Film kann das naturgemäß nicht miterzählen, aber es gehört zum Wesen des Regisseurs Dresen. Oder?

Was soll ich sagen ... Ich bemühe mich ... Die Schluss-Szene zum Beispiel ist Gundis Konzert, er sagt dem Publikum, dass er bei der Stasi war: »Ich wollt‹ nur bitten, wen ihr jetzt Eier schmeißt, dass ihr mich trefft und nicht den Gitarristen.« Wir drehten auf der Freilichtbühne Berlin-Weißensee, es war kalt, Ende Oktober, aber die Atmosphäre sollte noch etwas Sommerliches haben. Wir durften nur bis 22 Uhr halbwegs laut Musik machen, danach ging es noch leiser weiter bis morgens um drei. Zweihundert Komparsen bildeten jene Masse, die im Film mit digitalem Trick auf zweitausend Konzertbesucher anwachsen sollte. Das geht, indem man die zweihundert Leute aufnimmt, sie dann ein Stück weiter nach rechts rückt, wieder dreht, sie wieder verschiebt, sie erneut aufnimmt. Der Pulk wandert sozusagen. Bis man die Blöcke später digital zum Publikumspanorama zusammensetzen kann. Der Filmzauber als technischer Trick. Natürlich dachte ich, dass die Leute frieren werden, und sofort bekomme ich in solchen Momenten ein schlechtes Gewissen. Ich weiß doch: Wenn wir vom engeren Drehstab längst zuhause sind, sind es die Komparsen noch lange nicht – Kostüm und Maske fordern Zeit, bevor es losgeht, und ebenso viel Zeit, wenn alles vorbei ist. Ja, wenn wir früh um acht zum Drehort kommen und anfangen wollen, kann man sich vorstellen, zu welcher Uhrzeit die anderen – bis hin zum Catering – mit ihrer Arbeit anfangen müssen, um allein »nur« zweihundert Komparsen anzuziehen und zu schminken.

Auf der Pferderennbahn bei »Timm Thaler« waren es noch mehr.

Vierhundert Leute insgesamt, alle in historischen Kostümen und mit entsprechenden Frisuren! Dazu gigantische Regenanlagen für ein Gewitter mit Blitz und Donner, die Feuerwehr, Tankwagen, und natürlich, nicht zu vergessen, ein paar hochkarätige Schauspieler. Da hat der Regisseur was von einem Feldwebel, das geht nicht ohne Megaphon und mehrere Assistenten. Ich gebe zu, solche Tage sind nicht eigentlich meine Favoriten. Ich spüre den großen Druck, der immer auch ein finanzieller ist. Im Falle der Pferderennbahn kam hinzu, dass wir diese Szene gleich am Anfang drehten, man war gewissermaßen noch gar nicht richtig warm. Und Leute der Produktionsfirma Constantin saßen auch mit am Set, für sie war ich ein Neuling; ich denke, da war bei ihnen auch ein Moment der verständlichen Unsicherheit oder gar des Misstrauens, was ich so mit ihrem Geld anstelle. Die Summe war nicht klein, und Vertrauen in diesem Gewerbe bekommt man nicht geschenkt, man muss es sich erkämpfen. Aber es gab keine Probleme, alles klappte. Wichtig ist in solchen Situationen, dass ich die mir vertrauten Menschen um mich habe und mich von nichts verrückt machen lasse. Und es ist mir ein Bedürfnis, die Komparsen im wahren Sinn des Wortes einzugemeinden. Ich schiebe sie nicht als Masse durch die Gegend. Sie alle sollen das Gefühl haben, dazuzugehören, denn auch sie sind der Film, manchmal vor allem sie. Und ich muss es nochmal sagen, dass das keine Pose, keine Pflichtgeste ist: Ich versammle die Komparsen vor Drehbeginn, erkläre den Drehtag, bitte sie im Voraus um Verständnis, wie zäh die Abläufe am Set mitunter sind. Und dann rennen alle durchs Gewitter, durch den strömenden künstlichen Regen, der aber insofern so überhaupt nicht künstlich ist, als alle klitschnass werden. So eine Szene kann man nicht zig-mal wiederholen: Nass ist nass. Am Ende des Tages hat mich zu Tränen gerührt, als all diese durchweichten Menschen vor mir standen und applaudierten und »Andi, Andi« skandierten. Sowas ist schön. Es ist wie nach einer gemeinsam geschlagenen Schlacht. Du bist dann auf beglückende Art erschöpft, ja, alle sind eine Gemeinschaft. Wie gesagt: Vor solchen Großtagen ängstige ich mich ein wenig. Du kannst so verflucht schnell in einen verhängnisvollen Zeitverzug geraten – eine Wetteränderung genügt, um sämtliche Pläne zu zerstören. Dann heißt es warten, warten, warten – und reißt dann die Wolkendecke auf, gilt: schnell, schnell, schnell. Ein Leben im Wechselbad. Aber wenn man's geschafft und den Tag gemeinsam gerissen hat, dann ist das durchaus erhebend. Bis es am anderen Morgen wieder losgeht …

Noch mal zu »Gundermann«, einem sich kräftig ausbreitenden Film.

Klingt ja, als wäre er ein Virus. (*Lacht*)

Die Wirkung war enorm – auch international?

Na ja, der Film hat bis heute keinen Weltvertrieb gefunden – das ist eine Firma, die die Auslandsverkäufe organisieren soll. Zum Ausgleich machte er aber eine ziemliche Festival-Karriere – Schweiz, Österreich, Slowakei, Spanien, Niederlande, Frankreich, um nur einige Länder zu nennen. Den Goethe-Instituten bin ich für die Hilfe sehr dankbar. Demnächst sollten wir nach Japan fahren, wo unser Film tatsächlich in die Kinos kommt, Corona verhinderte das. Schöne Fußnote: »Gundermann«

hat zwar keinen Weltvertrieb, aber zahlreiche Airlines kauften ihn. Warum genau, weiß ich nicht. Vielleicht ein populärer deutscher Film, er zeigt keine Katastrophen, er bietet Musik, auch eine Liebesgeschichte. Er unterhält. Ich hoffe nicht, er wird gezeigt, weil er einschläfert. (*Lacht.*) Auf diese Weise kommt der Film aber auch durch die Welt. Zwischen Australien und London, zwischen Asien und Amerika nimmt er Anteil an der Lage in den Lüften. Und Gundi singt dazu das traurige Lied vom sonst lachenden Flugzeug.

Der Film stieß im Ausland nicht auf Verständnisprobleme?

Mein Eindruck: nein. Ich erinnere mich an eine Vorstellung in Marseille, in einem sozialen Brennpunktviertel der Stadt, bewohnt vorwiegend von Nordafrikanern. Schnell lodert es dort, Armut herrscht, die Menschen haben andere Sorgen, als es ein bürgerliches Maß vorgibt. Wir hatten eine Nachmittagsvorstellung für vierhundert Schüler zwischen dreizehn und achtzehn. So ein Publikum ist schon in Deutschland nicht ohne – aber dort? Auch noch mit Untertiteln. Mir war flau zumute, ich malte mir Unruhe, ja sogar Tumulte aus. Und dann die Überraschung: Stille, Aufmerksamkeit, nach dem Abspann Gejohle und Getrampel. Und ein Filmgespräch bar jeder blöden Fragen, eine Diskussion über Verrat und Anpassung, über Druck und Freiheit. Ich war baff.

Eine große Tour führte durch die USA, wo man Sie sogar schon für Ihr Lebenswerk geehrt hat.

Gefährlich früh! (*Lacht..*) Auch dort gab es durchgehend Offenheit und Nähe zum Thema: Wie kann man sich gesellschaftlich engagieren und trotzdem glücklich werden? Oder warum wird man es nicht? Was macht es mit uns, wenn wir uns leidenschaftlich für etwas einsetzen? Das Verhältnis von Staat und Individuum ist in Amerika ja ohnehin ein Thema. Wirklich schräg war Los Angeles. »Gundermann« lief auf einem Festival deutscher Filme, auf einer dieser Prachtstraßen Hollywoods, in einem Kino genau gegenüber dem Palast, in dem die Oscars verliehen werden. Ein Boulevard zwischen mondän und morbid, alles barock und bunt, auf jeden Fall kitschig im Übermaß. Das Kino im ägyptischen Stil, altmodisch bis zur Komik, wir befanden uns gewissermaßen im Epizentrum der roten Teppiche. Draußen das »Gundermann«-Plakat, umrahmt von Palmen, und ein gestyltes Publikum, zu dem natürlich auch aufgehübschte Damen mit Schlauchbootlippen und Hündchen gehörten. Oh Gott!, dachte ich, und dann lief der Film vor absolut konzentrierten Zuschauern, die mitgingen und ihren Gefühlen freien Lauf ließen. Es war der totale Gegensatz zum Vorurteil, das ich hatte, als ich zunächst das Publikum vor dem Kino sah. Zudem erlebte ich eine Aufführung mit einer so perfekten Technik, mit einer solchen Bild- und Tonqualität, wie sie mir bisher – ohne Übertreibung – noch nie vergönnt war. Am Ende war ich derart gerührt, dass ich vor diesem Auditorium zur Ukulele griff und Gundis Lied »Gras« sang. »immer wieder wächst das gras/ klammert all die wunden zu/ manchmal stark und manchmal blass/ so wie ich und du«.

Eine Ukulele?

Ich mag das Instrument. Es nimmt nicht viel Platz weg, man kann es ohne Gewese unterm Tisch oder Sitz hervorholen. Es hat nicht diesen Kunstanspruch, der auch gar nicht zu mir und meinen musikalischen Fähigkeiten passen würde. Es ist das blanke Understatement, niemand erwartet Virtuosität. Sozusagen ein Instrument, das dir auf die Schulter klopft: Wird schon werden, Junge, trau dich!

Als eine der stärksten Szenen im »Gundermann« empfinde ich jenen kurzen Moment nach dem Unfalltod des Kumpels Helmut im Tagebau. Es ist harter Winter, der Leichenwagen kommt, der Sarg wird aufgeladen, das Auto fährt an – und die Räder drehen auf dem Schnee- und Frostboden durch. Die Kumpel müssen schieben, sie alle sind plötzlich Sisyphos: Nichts geht mehr. Helmut will nicht vom Hof, wie man so salopp sagt. Noch im Tod das Festhalten an der Heimat Grube. Die letzte Kraft als Gleichnis: Nicht mal dem Leichenwagen gelingt die Entfernung eines Menschen von der Truppe.

Der Tagebau als Planet, der Furcht einflößt und fasziniert.

Sie haben dort nicht das erste Mal gedreht.

Das stimmt. Vor Jahren, das war Dokumentarfilm. Aber Spielfilm geht dort eigentlich gar nicht, also solche aufwändigen Dreharbeiten bei laufendem Betrieb. Wir hätten keinesfalls drehen können, wenn die Leute vom Tagebau das nicht selber mitgetragen und uns so toll unterstützt hätten. Nur damit wir drehen konnten, haben sie ganze Schichten vom Nachbartagebau übernehmen lassen, sonst wäre ja in Berlin das Licht ausgegangen. Erst wollten wir – das hing mit Fördergeldern zusammen – in einem Tagebau in Nordrhein-Westfalen drehen, aber der dortige Energiekonzern genehmigte das nicht. Als es dann zum ersten Gespräch in Nochten kam, hieß es von Seiten des Tagebaus: Was denn, uns ist zu Ohren gekommen, dass ihr in Nordrhein-Westfalen drehen wolltet, das ist doch unmöglich, Gundermann ist »unser«! Großes Aufatmen bei uns! Und dann hat man uns alles ermöglicht. Eine Woche lang drehten wir, kündigten vorsichtshalber nur fünfzehn Leute an, kamen aber am Ende mit siebzig. So ein Drehstab hat ja immer etwas von einem Heuschreckenschwarm. Die Kumpel haben extra für uns eine Straße gebaut, denn so ohne Weiteres kamen wir mit unseren Gerätschaften und historischen Autos gar nicht rein ins tiefe, weite Gelände. Und alles, ohne Geld von uns zu verlangen. Dreimal am Tag hielt ich eine Rede: Vorsicht, Vorsicht, Vorsicht!, ich hatte Angst vor Unfällen, die Bergleute schlugen die Hände überm Kopf zusammen, denn, wie gesagt: Wir drehten teilweise bei laufendem Betrieb, und dort unten ist das Leben durchaus gefährlich. Und natürlich wurden wir »Filmfritzen« zunächst beäugt. Aber die Kumpel merkten bei Schichtwechseln: He, die sind ja immer noch da! Wir standen tief im Schlamm, sie sahen, dass wir ausdauernd arbeiten können. Aufstehen früh um vier, raus aus dem Tagebau erst abends um zehn. Und dann durfte Alex tatsächlich selbst Bagger fahren, mit einem Viertausend-Tonner hat er sich bewegt, der Schauspieler als Kohleförderer, der wirkliche Baggerfahrer versteckte sich beim Drehen hinterm Sitz, er gab Anweisungen und zugleich beruhigte er »unseren« Gundi – es war eine schöne Verbrüderung in Arbeit. Später haben wir in Senftenberg für die Kumpel ein Konzert gegeben.

Dieser Tagebau – es ist eine verwundete Landschaft. Durch diese Gegend hätten auch die Jungs Ihres Films »Als wir träumten« stolpern können. »Gundermann« hat gleichsam ein archäologisches Denkmal entworfen.

Gewaltiges Brachland. Wahrscheinlich waren wie die Letzten, die in solchem Umfang im Tagebau drehen durften. Für dieses Panorama war Cinemascope genau das richtige Format. Es ist eigentlich nicht so mein Ding, denn das menschliche Gesicht verliert sich schnell – Günter Reisch zitierte gern Billy Wilder: Cinemascope sei das perfekte Format, um einen Dackel von der Seite zu filmen. Aber das Format reißt auf, und für den Tagebau bot es sich unbedingt an.

Der Dokumentarfilm, den Sie ansprachen …

Das war doch nur ein kleiner Porträtfilm für den rbb.

Aber auch diese Marginale zeigte: Tagebau ist etwas Archaisches. »mein rücken ist ein förderband/ und im schein von tausend watt/ sind mir die augenbraun verbrannt// auf raupenplatten krieche ich/ stück um stück nach vorn/ bei havarien blute ich«. So heißt es bei Gerhard Gundermann. Und Volker Braun schrieb vom »tierischen Schrei der Eimerketten«.

Du stehst als Fremdling auf diesen Riesengeräten, gehst über die schmalen Stahltreppen: Eisen, Feuer, Schneegestöber, fauchender Wind, das schwarze Metallgestänge in weißer Landschaft, die Lampen nachts – und das Gefühl, jetzt müsste hier Rammstein spielen! Urgewalt. Die Erde wird von diesem gigantischen Stahlmonstrum auf der einen Seite abgegraben und auf der anderen Seite wieder in die Landschaft geworfen –

Seltsamerweise denke ich jetzt an die Bombastik der Apologeten, die speziell mit Filmbildern falsche Romantik produzieren.

Ja, die Welt kennt zum Beispiel Eisensteins Bilder von der wahrlich massiven Erstürmung des Winterpalastes in Sankt Petersburg. Nachgestelltes Monumentaltheater zum Jahrestag der Oktoberrevolution 1928. In Wahrheit war es 1917 ein kleines Häuflein Bolschewiki, das sich über eine Nebentreppe ins bereits leere Gebäude hineinschlich.

Kino: ein Fluch! Eine glatte Lüge!

(*Lacht.*) Wahrscheinlich werden die Menschen in fünfzig Jahren denken, die DDR sei so gewesen wie in Florian Henckel von Donnersmarcks Film »Das Leben der Anderen«. Oh Schreck, oh Graus. Jede Absolutheit gilt es zu verhindern.

Auch Sie haben mit Ihren eigenen Filmen über diese Vergangenheit namens DDR eine Erfahrung machen müssen: dass schmerzende Erinnerungen wenig beliebt sind. »Gundermann« ausgenommen: Kassensturm findet bei dem Thema kaum statt. Es ist ein wenig wie der Blick auf alte Wohnhäuser, wo noch Reste abgeschabter, verwitterter Buchstaben zu sehen sind, von Kolonialwarenläden und Kohlehandlungen. Wir lassen uns von der falschen Vermutung überwältigen, diese Signale kündeten von »guter alter Zeit«. In der Tilgung solcher Inschriften erkennen wir eine Ahnung von der groben Art, mit der auch unser eigenes Dasein eines Tages betrachtet wird: als eine mehr und mehr verblassende Spur auf bröckelndem Untergrund. Mit Wehmut setzen wir uns gegen das verletzende Urteil zur Wehr, das jede Gegenwart über jedes Gestern spricht. Leider wächst aus dem Anspruch, unserer Geschichte möge doch ein wenig Gerechtigkeit widerfahren, meist nur eine neue Anmaßung, die nicht weniger unangenehm ist als die Kälte von Abrissexperten. Diese Anmaßung, wahrscheinlich in jedem Leben zu beobachten, sucht nämlich nach ewig wetterfesten, unangefochten prangenden Schrift- und Bildzeichen, und wer mit neuen Zeichen auftritt, auf den wird aggressiv oder beleidigt reagiert: Wir haben eine schönere Vergangenheit verdient!

Wie gesagt: Mich interessiert an der DDR, was darin an übertragbarer Existenz gelebt wurde. Wie viel Druck braucht es für einen Verrat, welche verschiedenen Haltungen produziert die Unfreiheit? Wie böse darf, um sich zu verteidigen, das Gute sein? Ist Anpassung ein Menschenrecht? Das sind so Fragen. Mein Vater, Adolf Dresen, wurde als Theatermann Anfang der achtziger Jahre zum DDR-Kulturminister Hoffmann beordert und von ihm wegen einer politischen Äußerung abgekanzelt – währenddessen schob der Minister aber einen Zettel zu ihm rüber, auf dem stand, wer meinen Vater denunziert hatte. Die Standpauke entpuppte sich als Show für die Stasi-Mikrophone im eigenen Büro. So janusköpfig war das alles. Was mich heute abstößt, ist der Blick in eine dämonische Gegend namens DDR, angesichts derer ich nicht eine Minute lang verstehe, wie es ein halbwegs normaler Mensch dort hat aushalten können – es sei denn, man machte umgehend einen billigen Nutznießer oder verbohrten Halunken aus ihm. Nein, viele Menschen haben an einen sauberen Weg im Sozialismus geglaubt und sind in Fallen getappt. Sie ließen sich auf ein System ein, als sei es ein abenteuerliches Ideendrama, und plötzlich war der Weg nur noch »sauber«, weil man so vieles unter den Teppich gekehrt hatte. Das sind Konstellationen, die zur Erzählung reizen. Ich kenne viele Leute, die damals in die Partei gingen, weil sie der Meinung waren, das System sei von innen her änderbar, und sie wollten da mittun. Die Argumente, die in diese Richtung gingen, waren mir durchaus nah. Plötzlich aber steckt man im Dilemma, dass Loyalität eine Vorstufe zur Lüge werden kann – und Charakter wird zerrieben. Gundermann. Ein Thema nur von gestern?

Zu »Gundermann« gehört die Band, mit der Sie bisweilen unterwegs sind: Alexander Scheer (Gesang, Gitarre, Mundharmonika), Jens Quandt (Keyboards, Mundharmonika, Percussion), Jürgen Ehle (E-Gitarre, Gesang), Harry Rosswog (Bass) und Nicolai Ziel (Schlagzeug). Zunächst haben Sie ja im Schatten, im Sog des Films gespielt.

Dessen Resonanz schob und zog uns gewissermaßen. Die Mitwirkung von Alex tat ihr Übriges. Aber mit der Zeit trat ein neuer Effekt ein, plötzlich stieg die Nachfrage massiv, die Konzerte wurden deutlich größer. Ich weiß noch, fürs Geyserhaus Leipzig, eine beeindruckende Freilichtbühne, waren zweitausend Tickets verkauft, draußen saßen weitere zweihundert Leute auf dem Erdboden, die nicht mehr reingekommen waren, und ich spürte irgendwie den Umschlag: Bisher waren wir ein paar Typen, die gern Musik machten – nun sind wir tatsächlich eine Band. Wir spielen nicht mehr einfach nur die Songs – wir leben die Musik zusammen. Das Publikum nimmt uns an, es bringt uns nicht um, und die Aufregung, die freilich nie nachlässt, gehört selbstverständlich dazu. Ich selber bleibe freilich Dilettant, und dieses Eingeständnis ist jetzt hoffentlich keine Antiwerbung.

Im Gegenteil! Im Dilettanten, so schrieb der Feuilletonist Egon Friedell, vereinen sich Mensch und Künstler.

Schön! Denn ich bin kein Sänger, ein professioneller Musiker schon gar nicht. Jürgen Ehle von »Pankow« ist neben unserem Schlagzeuger der einzige erfahrene Profi. Er ist wirklich ein musikalisches Genie. Ich bin schon immer zu vielen Pankow-Konzerten gepilgert und jetzt darf ich mit ihm auf der Bühne stehen. Wahnsinn! Bei uns anderen gibt es die Liebe zur Musik, die Freude an Probe oder Auftritt, den Spaß miteinander. Wir spielen, aber es gibt nichts Gespieltes. Es ist so diese Eins-zu-eins-Wirkung. Auch wenn die Eintrittskarten Geld kosten: Wir haben hauptsächlich was zu verschenken, diese Liebe, diese Freude, diesen Spaß. Und alles strahlt – das merken wir bei den Konzerten – aus dem Publikum zurück auf die Bühne.

Sie sprechen darüber, als seien Sie noch immer etwas ungläubig, ja erschrocken über diesen Erfolg.

Bin ich auch. Ich denke an den Festsaal in Berlin-Kreuzberg, ein wunderbarer großer Konzertsaal, aber die Bühne einladend intim, da spielen gewöhnlich die Angesagten der Szene, und plötzlich tauchen wir da auf, das ehemalige Westberlin ist ja schließlich nicht das Kesselhaus in der heimischen Kulturbrauerei. Vor Beginn schauten wir heimlich hinunter in den Saal – o Gott, tausend Leute. Oder Köln-Bonn – volle Hütte! Das Hamburger Schauspielhaus, das größte deutsche Sprechtheater – volles Haus! Natürlich spielte da auch eine Rolle, dass Alex auf dieser Bühne als Schauspieler gleichsam zu Hause ist. Die einen reisen uns inzwischen nach, die anderen haben Lust auf eine Überraschung, sie haben noch nie etwas von Gundermann gehört. Perspektivisch ist es natürlich an der Zeit, dass wir nicht mehr nur eine Cover-Band sind. Gundermann-Lieder bleiben zwar die Basis, das ist unsere Wurzel, aus der heraus wir »grünen«, aber es soll auch eigene Songs geben. Der Zeitpunkt ist der richtige, denn wir haben durch »Gundermann« ein Publikum, also fangen wir nicht bei Null an, wenn wir das Programm aufmischen und verändern. Es ist, als führe man ein zweites Leben.

Und wer schreibt die Lieder? Sie?

Kann sein, so richtig rangetraut habe ich mich bisher allerdings noch nicht, gerade bei Poesie steht man doch ganz schön nackt da. Aber Jürgen Ehle kann das natürlich, und Alexander kokettiert immer: Er sei Schauspieler, er könne nur mit fremden Texten umgehen – ich glaube ihm das nicht, mal sehen. Außerdem haben wir Freunde, die vielleicht helfen könnten, Gisbert zu Knyphausen oder Hans-Eckardt Wenzel. Auch von Lutz Kerschowski weiß ich, dass er noch einiges in der Schublade hat. Diese Poesie-Profis frage ich immer, wenn wir uns treffen: Wie macht ihr das? Das Songschreiben ist für mich ein Mysterium.

Der Regisseur plötzlich in besonderer Weise im Rampenlicht – wie ist das?

Das Ganze hat auch seine Härte: Du stehst hinterm Vorhang und weißt: Jetzt geht's raus!, du musst liefern!

Das heißt, Sie müssen eine Schamgrenze überwinden, ehe Sie ins Scheinwerferlicht gehen?

Ja.

Der Mann hinter der Kamera erfühlt plötzlich, wie es einem Schauspieler ergeht. Der unmittelbar vor Beginn einer Theateraufführung vielleicht denkt: Ich kann nicht! Es geht nicht! Weil ihm blitzartig das Widernatürliche des nächsten Schritts bewusst wird, nämlich: wie er mit dem Exhibitionismus des Spiels die eigene Scham vergewaltigt und alle natürliche Hemmung missachtet, zerstört.

Genau. Ein unglaublicher Moment der Erregung. Man denkt: Noch kannst du weglaufen! Du kannst natürlich überhaupt nicht weglaufen. Irgendwie bist du supernervös und starr zugleich. Es gibt einen Satz von

Alex über seine Theaterarbeit: Das Stück muss mich spielen, nicht ich das Stück. Das heißt: Man bereitet sich vor, um zu vergessen; man baut sich Halterungen in den Stoff und in den Text hinein, um dann aber, beim Spiel, alle Haltegriffe loszulassen. Die Physis geht in Automatik über. Das geht einem im besten Fall auch bei Konzerten so: Du bist plötzlich im Modus des Autopiloten.

Dies Ungeheuerliche ist einem Nicht-Schauspieler wahrscheinlich nur mit einem absurden Vergleich nahezubringen: Es ist, als springe unsereins nachts halb zwölf auf den Tisch einer voll besetzten Kneipe und brülle laut: He, hört mal alle her! Diese anmaßende Sekunde muss man sich vorstellen: auf den Tisch zu springen und um Gehör zu bitten – und womöglich gar nichts sagen zu wollen! Plötzlich stehst du auf dem Tisch, weltallseelenallein …

Das ist tatsächlich der gefährliche Schwellenpunkt des Schauspielerberufes. Ja, es gibt diesen Sekundenbruchteil vorm ersten Schritt auf die Bühne oder auch beim Gang vor die Kamera, da man von schrecklicher Wahrheit angeweht werden kann: dem Bewusstsein für diese Blöße vor vielen fremden Blicken. Dieses: Was machst du hier eigentlich?! Aber so plötzlich, wie der Schreck kam, geht er wieder: Das Spiel beginnt.

Und wenn der Schreck irgendwann mal, auf offener Szene gar, wiederkehrt?

Müssen Hirn und Nervensystem des Schauspielers eine Hochleistung der sofortigen Verdrängung vollbringen. Und natürlich muss beim Schauspieler letztlich das andere Gen gut ausgebildet sein und zu jeder Zeit verlässlich siegen: jenes Gen, das selbstbewusst an die Rampe drängt und das dafür sorgt, die eigene Körperlichkeit auch als etwas Kostbares zu empfinden – etwas Kostbares, das Öffentlichkeit nicht nur aushält, sondern Öffentlichkeit geradezu bildet.

Am Ende bleibt dein Schicksal des nackte Gesicht, und dafür darfst du doch wenigstens ein bisschen Liebe erwarten. So sagt es Henry Hübchen als seelenbrüchiger, alkoholporöser Schauspieler in »Whisky mit Wodka«.

Das ist nun freilich, um auf unseren Ausgangspunkt zurückzukommen, überhaupt nicht mit meinen kleinen Auftritten in der Band zu vergleichen. Außerdem bin ich – wie ein Schauspieler meist auch – nicht allein auf der Bühne. Man trägt seinen Teil – und wird getragen.

Etwa von Alexander Scheer.

Alex ist in der Band der Anziehungspunkt, wie es vorher lange Zeit Axel war.

Axel Prahl spielt nicht mehr mit?

Er hat sein Inselorchester und ist damit ausgelastet. Es wurde ihm einfach alles zu viel.

Scheer ist der Unverblümte, der Überdosierte.

Alex rast am liebsten auf das Publikum zu, wie Mick Jagger. Wir spielen auch einen Song von David Bowie, da geht Alex auch ungeheuer auf, es ist seine Rolle in »Lazarus« am Hamburger Schauspielhaus. Er ist wirklich das, was man einen Frontmann nennt. Axel Prahl war auch zentral, aber er saß ruhig wie ein Seebär. Das war auf seine Weise auch wunderbar. Alex ist ganz anders, er geht auf Jagd, er holt ab. Ich selber stehe links außen, bin der Stille, kontrolliere ein bisschen die Abläufe, kann in Momenten geringerer Beschäftigung auch mal entspannt in den Saal schauen und mich daran erfreuen, wie jung das Publikum teilweise ist.

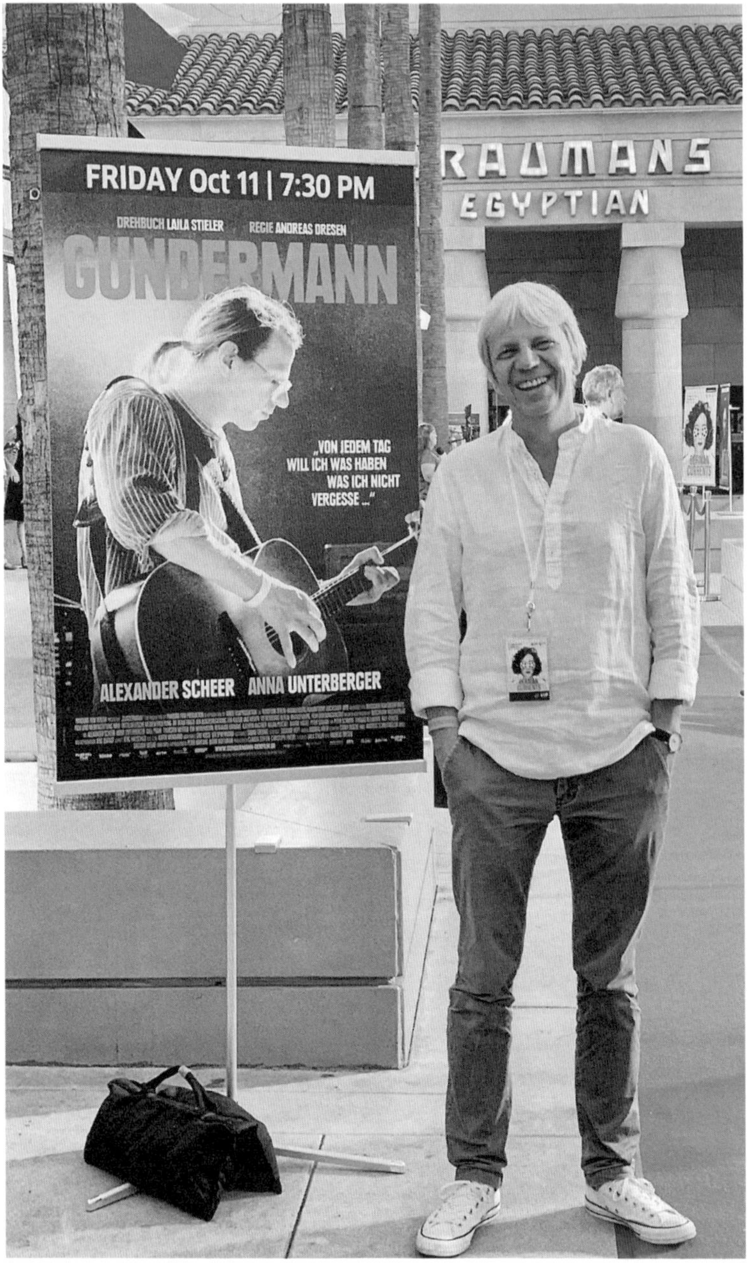
FRIDAY Oct 11 | 7:30 PM
DREHBUCH LAILA STIELER
REGIE ANDREAS DRESEN
GUNDERMANN
„VON JEDEM TAG
WILL ICH WAS HABEN
WAS ICH NICHT
VERGESSE ...“
ALEXANDER SCHEER
ANNA UNTERBERGER
RAUMANS
EGYPTIAN

Das zweite Gespräch

über

Fahrten in Richtung Wasserfall
Alkohol in der Kirche
Ruhm und Axel Prahl
Fehlbesetzungen und Familiensinn
Das schöne Wort vom Spielleiter
Die Tücke des Wolfgang Kohlhaase
Probeaufnahmen und der letzte Anruf
Lebenszeit am Schneidetisch
Becketts Wahrheit

◂ Andreas Dresen am roten Teppich in Hollywood, 2019

Andreas Dresen, was ist das – ein Regisseur?

Nächste Frage bitte.

In Ihrem Film »Whisky mit Wodka« brüllt ein Regisseur während der Dreharbeiten in tiefster, zornesroter Verzweiflung: »Ich bin kein Eimer, in den jeder scheißt!«

Da irrt er sich. So viel zum Berufsbild.

Bei Orson Welles kann man lesen: »Ich mache die verdammt sorgfältigsten und detailliertesten Pläne, aber dann werfe ich sie alle weg. Pläne sind nicht dazu da, realisiert zu werden, ich mache sie nur (aber was heißt: nur!), um mich auf die Improvisation vorzubereiten. Auf diese Weise habe ich dann eine große Menge Denkarbeit schon geleistet, wenn die Kamera zu surren beginnt, und bin offen für das, womit die Schauspieler mich überraschen.«

Schön.

Moment, geht noch weiter: »Wenn ich am Set bin, rutscht alles Bisherige in den Status von Vorübungen. Plan? Plötzlich streckt ein Schauspieler die Hand aus, die Sonne ist da, eine Wolke zieht vorüber, und die ganze Geschichte wird geändert.«

Gefällt mir. Klar, es geht bei solchen sehr absolut wirkenden Auffassungen nicht darum, einen Katechismus daraus zu machen; jede methodische Festlegung lügt.

Wie ist Ihre Verfassung, kurz bevor Dreharbeiten beginnen?

Ich kann schlecht schlafen, esse kaum, bin von innerer Unruhe getrieben. Aber merkwürdigerweise überkommt mich dann unmittelbar vor Drehbeginn das Gefühl totaler Ruhe vor dem Sturm.

Erst Unruhe – und dann totale Ruhe?

Ich habe bei der Vorbereitung eines Films sehr viele Entscheidungen getroffen, die Weichen sind gestellt, mit einem Male habe ich schier nichts mehr zu tun – und verfüge also leider kurz vor Drehbeginn über alle Zeit der Welt, um richtig Angst zu bekommen. Es ist, als verhielte ich mich einzig und allein deshalb so ruhig, damit diese Angst am Körper hochklettern und sich ungestört am Gemüt andocken kann. Und was die Außenwelt betrifft: Funkstille bricht aus, als hätte die Crew mich vergessen – brauchen die mich überhaupt noch? *(Lacht.)* Vielleicht drehen die das Ding schon, und ich sitze in völlig falscher Erwartung daheim rum. Keiner ruft meinen Namen. Keiner ruft an. Die Uhren scheinen auf nichts mehr zuzulaufen. Eine paradoxe Leere um mich herum. Die Wahrheit aber ist: Jeder will jetzt besonders verständnisvoll sein und blockt Technisches, Organisatorisches streng vor mir ab – alle denken, ich sei hektisch überbeschäftigt, und sie schalten auf Schonung. So kommt es zu dieser absurden Lage, dass ich gar nichts zu tun habe und in eine sehr seltsame kurze Einsamkeitsphase hineingerate, die schlimmer sein kann als Überforderung. Ich vergleiche die Countdown-Phase bei einem Film gern mit einem Einbaum: Du sitzt da drin, fährst auf einem großen breiten Strom – und auf einen Wasserfall zu. Der ist zunächst aber noch eine stattliche Entfernung weit weg. Diese Entfernung schrumpft zwar, aber noch kannst du an Land. Beruhigend. Irgendwann jedoch ist der Punkt erreicht, da es kein Zurück mehr gibt. Nach den langen Phasen der Vorbereitung und der scheinbar dauerhaften Chance, Stopp! zu sagen, kommt auch beim Film dieser entscheidende Moment des »No return«. Es gibt eine Grenze – wenn du die überschritten hast, musst du unweigerlich raus, musst neben die Kamera treten und sagen: »Bitte!«

Wird man als Regisseur von Film zu Film selbstsicherer?

Selbstsicherheit wäre furchtbar. Ich gehe immer mit diesen besagten Ängsten zum Set. Wer keine Angst hat, der trägt in sich irgendetwas, vor dem er tatsächlich Angst haben sollte.

Angst auch während der Dreharbeiten?

Die Angst lässt nach, die Spannung bleibt. Oder: Die Ängste lassen nicht nach, aber du kennst sie mit der Zeit immer besser.

Fühlen Sie sich manchmal wie jemand, der zu Unrecht auf dem Regieplatz steht?

Ja, dieser Gedanke kommt mitunter: Hoffentlich merkt niemand, dass ich von der ganzen Sache gar keine Ahnung habe. (*Lacht.*) Dann aber betritt man den Drehort, sieht in die vielen Gesichter und bemerkt, dass auch in deren Augen die besagte Furcht vor dem Ungewissen flackert – und dann hilft man einander.

Staunen Sie über die Macht, die Sie als Regisseur besitzen? Alle tun, was Sie wollen.

Tun sie gar nicht.

Letztlich doch.

Eine Ausschüttung von Glückshormonen nur wegen meiner Funktion, nein, das erlebe ich nicht. Wenn ich, um bei »Whisky mit Wodka« zu bleiben, in ein großes Studio komme, in die aufgebauten Szenerien, unzählige Leute hämmern da, streichen, sägen, statten aus, putzen, rufen, schrubben, verkabeln, tragen Möbel hin und her und rein und raus, richten Lampen ein, hängen Kostüme auf und ab, und hochkarätige Schauspieler warten – da fühle ich mich nicht gerade wie der große Zampano. Ich lass doch keine Puppen tanzen! Ich möchte eher, dass sich alle in jenem Zusammenhang, den wir mit den Dreharbeiten aufgemacht haben, wohlfühlen, und ich selber bin froh, wenn ich heil wieder rauskomme. Der Apparat ängstigt mich, daher versuche ich möglichst lange, ihn bei meinen Filmen möglichst klein zu halten. Den Apparat und die Budgets. Wir sprechen über die Angst: Bis zu einem bestimmten Punkt, so unangenehm sie ist, macht sie produktiv. Diesen Punkt aber nicht zu überschreiten, darauf achte ich sehr – hinter diese Grenze, wo ein Albdruck beginnt, möchte ich möglichst nicht gehen. Angst muss gewissermaßen ein Partner bleiben, sie darf keine Machtgefühle bekommen. Ich darf sozusagen nicht das Raubtier in ihr wecken.

Sie sagten: möglichst kleine Budgets. Längst verbrauchen Sie größere.

Man kann die Bibel nicht für Zweifuffzig verfilmen, sagt mein Produktionsleiter Peter Hartwig immer. Ich mag eigentlich nicht mit zu vielem Geld fremder Leute arbeiten, dieser Druck ist mir nach wie vor unangenehm. Als Regisseur bleibe ich auf der ganzen Linie auf die Zuneigung anderer Leute angewiesen, die möchte ich nicht enttäuschen. Was bei allem bewussten Umgang mit den Mitteln natürlich oberstes Gesetz bleibt, ist die Rücksichtslosigkeit und das Risiko dort, wo es um die zu erzählende Geschichte geht. Kein Film entsteht ohne den Egoismus, den der Stoff sozusagen selber aufbietet, um auf die Welt zu kommen. Jeder Schritt im künstlerischen Bereich muss letztlich existenziell sein, muss süchtig sein nach unwegsamem Gelände, und er darf die Gefahr des Absturzes nicht a priori ausschließen. Wer es bequem und sicher haben möchte, sollte sich einen anderen Beruf wählen. Die alte Bergwanderregel gilt auch hier: Spring ins Geröll – oder meide es!

Ist Lautstärke für Sie ein Autoritätsbeweis?

Mir liegt sie nicht. Sie blockiert mich. Ich merke dann, wie ich mich verschließe. Aber auch hier bestätigen Ausnahmen die Regel.

Erzählen Sie bitte von einer Ausnahme.

Bei meinem Debütfilm »Stilles Land« gibt es eine Szene in der Kirche, Herbst '89 – die Gotteshäuser als Sammlungsorte der Opposition. Es war einer der letzten Drehtage, in der Nähe von Potsdam, und bei Dreharbeiten lässt die Stimmung zum Schluss hin oft ein wenig zu wünschen übrig, alle sind erschöpft und abgekämpft, allen geht die Laune ein wenig flöten, und allen fällt urplötzlich ein, wieder mal zu gering bezahlt zu sein. Die typische Zerreißprobe am Ende mehrerer anstrengender Wochen: Man ist erledigt, und hinter der nahen Horizontlinie locken die Ferien. Dazu kam im konkreten Fall noch die Winterkälte. Ich stehe also neben der Kamera und rieche plötzlich aus allen Richtungen eine Alkoholfahne. Von den Feiern mehrerer »Schnapsklappen« waren Flaschen übriggeblieben, ein findiger Kopf hatte die in die Kirche »geschmuggelt«, und wer gerade nichts zu tun hatte, ging in den betreffenden Raum hinter der Kanzel und nahm einen Wärmeschluck. Und beim Catering gab es zudem Glühwein. Also unverblümt: Die Leute waren reichlich besoffen, und ich hatte zum ersten Mal das Gefühl, meine Gutmütigkeit, mein Langmut würden über Maßen ausgenutzt. Neben der Kamera roch es wie in einer Kneipe. Ich aber stand vor einer Szene mit etwa sechzig Kleindarstellern und malte mir aus, dass der Kameraassistent, der die Schärfen einstellt, einen in der Krone hat. Ich unterbrach, hielt eine Standpauke, die Flaschen wurden rausgeschleppt, und auch für den Glühwein kam das Aus. Im Handumdrehen spürte ich eine feindselige Haltung des Stabes mir gegenüber, ich galt plötzlich als humorlos und als Bürokrat. Die folgenden Stunden der Dreharbeiten gehörten für mich zu den schwersten des gesamten Films. Da ich ein harmoniebedürftiger Mensch bin, litt ich unvorstellbar, hielt diese Strenge jedoch durch.

Kräche gehören zum Geschäft. Filmdonner wie Theaterdonner.

Einer muss halt den Dirigenten spielen.

Jetzt stapeln Sie tief.

Mag sein. Aber ich denke oft: Jedes Orchester würde sehr gut weiterspielen, auch wenn der Dirigent hinausgehen würde. Sie kennen doch die Anekdote: Der Dirigent brüllt und brüllt, bis einer vom Orchester aufsteht und sagt: Pardon, dass wir Ihnen drohen, aber wenn Sie nicht aufhören mit dem Lamentieren, dann spielen wir exakt so, wie Sie dirigieren. Es bedarf bei solchen kollektiven Prozessen eines Konzentrationspunktes, einer Anlauf- und Ausgleichsposition, die jene Schwingungen hervorbringt, die für eine gute Arbeitsatmosphäre unabdingbar sind.

Der besagte Eimer …

Genau. Wenn ich nun aber inmitten aller Lockerheit merke, dass jemand seine Arbeit nicht ordentlich betreibt, dann kann ich das auf sehr unterschiedliche Art zum Ausdruck bringen, nur eben: Zum Ausdruck bringen muss ich es, und unter Umständen auch laut. Ohne dass jedoch

Lautstärke zum entscheidenden Merkmal der Autorität wird. Lautstärke kann Autorität genauso untergraben wie Vertrauensseligkeit. Ganz wichtig für mich ist meine Regieassistentin, sie hat ein sehr sicheres Gefühl für das, was sich am Drehort unter der Oberfläche zusammenbraut. Wie nennt man das? Vorwarnsystem.

Wurde eigentlich Psychologie an der Filmhochschule gelehrt?

Nein, leider nicht.

Sind Sie ein Regisseur, der nach Ende des jeweiligen Drehtages abtaucht, Distanz wahrt?

Nee, ich hänge abends ewig ab, bin also eher der Kumpeltyp. Ich organisiere gern Feiern nach der Arbeit, da verhalte ich mich mitunter ungünstig exzessiv. Das führt dazu, dass ich am nächsten Morgen gespenstisch früh aufstehe und fieberhaft den Drehtag vorbereite. Ich bleibe also auch nach dem Dreh ein geselliger Mensch, und ich empfinde dieses zwanglose Quatschen keineswegs als künstlerisch unbotmäßig oder vergeblich. Es öffnet, es bringt zueinander, es hat etwas freiwillig Familiäres. Als wir in Dresden die Ballsaal-Szenen von »Whisky mit Wodka« drehten, spielten abends die »17 Hippies« für und mit uns. Aus einem Geschäft besorgten wir uns tatsächlich auch noch ein Klavier, das wurde dort auf einen Licht-LKW geschoben und bei uns abgeladen. Thomas Putensen hat dann darauf zusammen mit den Hippies improvisiert. Also: Bei uns geht ganz schön die Lucie ab.

Ganz konkret: Wie ist der erste Drehtag? Sie stehen morgens auf und gehen zum Set?

Der Schalter ist umgelegt: Leben im Betriebsmodus. Meistens gibt es am Abend vorher eine Art Zusammenkunft mit dem Team, wir trinken und essen gemeinsam, dazu ein paar Einstimmungsreden, das Projekt wird gewissermaßen auf die Sprungschanze geschoben.

Und der Regisseur auf die Prüfungsbank?

Selbstredend guckt die Crew, wie der Regisseur Position bezieht. Die erste Stunde kann da schon viel gefährden – oder retten. Mit den Leuten, die mich seit Jahren kennen, ist das natürlich kein Problem, aber bei größeren Truppen mit zwangsläufig unbekannter Kollegenschaft findet zunächst ein Abtasten statt, ganz klar. Ich bin daher in den ersten, sehr fragilen Tagen oft besonders unsicher und dünnhäutig, auch, weil sich schnell herausstellen muss: Habe ich richtig oder falsch besetzt? Wenn dann die erste Woche vorbei ist, merke ich, wie ich gewissermaßen drin bin im Film, ja, ich lebe im Film. Die Spieler der wesentlichen Rollen hatten dann alle schon ihren ersten Auftritt, die Verlässlichkeiten wachsen, der Glaube an ein mögliches Gelingen hoffentlich auch. Dieser Glaube bleibt allerdings der brüchigste – eine Religion lässt sich mit ihm nicht begründen. Vollständig löst sich die Aufregung nie. Allein schon die großen Beleuchtungs-Lkw, die Trecker, die Caravans, diese endlosen Reihen der Garderobenständer mit den Kostümen … Du gehst da lang, staunst, wie das alles rumort und floriert, und du erschrickst gleichzeitig bei dem Gedanken, das Ganze jetzt irgendwie am Laufen halten zu sollen. Und du denkst, mein Gott, hoffentlich bricht jetzt nicht fünf Tage lang Scheißwetter los, so dass wir absaufen mit all diesen Hängern und Trucks. Angst habe ich auch immer vor Unfällen, Verletzungen; es reicht doch ein einziger blöder Verkehrsunfall – es wäre schrecklich, wenn sich jemand womöglich weh tut, nur weil ich irgendeinen entbehrlichen Film drehe.

Sie können noch so sehr die Kollektivität betonen: Alle verlassen sich auf Sie und wollen noch im Herauskehren ihres Eigensinns gut und mit klarer Order geführt werden. Was bedeutet das für Ihre Stunden vor Drehbeginn?

Bei »Whisky mit Wodka«, als wir unser Lager in Binz aufgeschlagen hatten, begannen die Dreharbeiten um acht, ich stand fast jeden Morgen vor vier Uhr auf, bestellte mir Kaffee aufs Zimmer oder kochte selber welchen und saß dann in Ruhe über meinem Drehbuch. Begehrenswerte stillste Zeit – ich kann mich in solchen Vor-Zeiten des jeweils hektischen

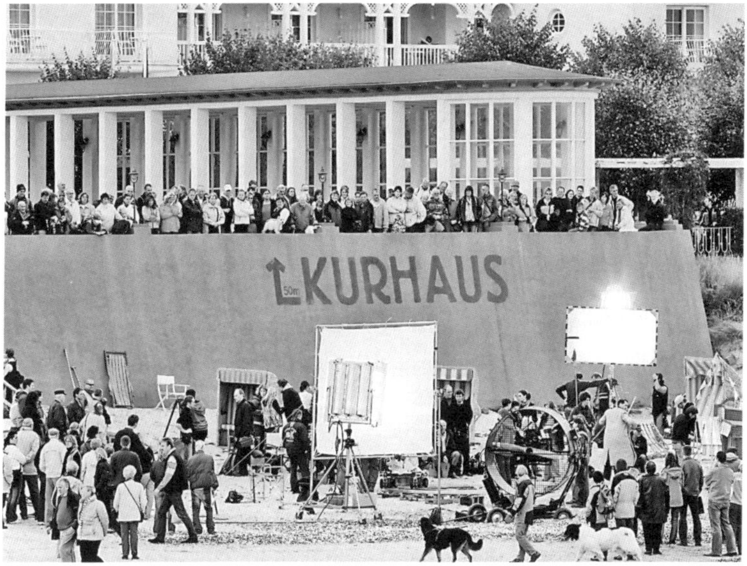

Dreharbeiten zu »Whisky mit Wodka« in Binz

Tages wirklich gelingend konzentrieren, keiner stört mich, und durch die obligatorischen Adrenalinschübe solcher Arbeitsphasen bin ich sowieso in einem ständigen Wachzustand. Ich schaue mir genau das Programm des jeweiligen Tages an, sehe diesen Tag heraufkommen gleichsam in Partnerschaft mit der Sonne, die ihn erhellen wird. (*Lacht.*) Nein, nein, es ist erneut eher beängstigend, wenn ich an das Team denke (mit dieser ewigen Frage: Kann ich meiner Aufgabe gerecht werden?!), aber es ist zugleich beflügelnd, weil ich ja doch ganz bei dem bin, wofür ich arbeite – und was ich an Wesentlichem will mit meinem Leben. Beglückende Stunden, diese Zeit vor den Dreharbeiten. Ich lese mich noch einmal in die Geschichte hinein, schreibe Notate. Und ich gehe nochmal alles durch: Wie sind die Anschlüsse der Szenen? Wie – falls nicht chronologisch gedreht wird – fügt sich alles zum großen Bogen der Figurenführung? Ich fülle Papier, um es im besten Falle nachher nicht mehr brauchen zu müssen.

Tauchen Sie jeweils mit dem gesamten Drehbuch am Set auf?

Das liegt irgendwo am Rand in meiner Tasche. Aber bei der eigentlichen Arbeit habe ich mir angewöhnt, lediglich die für den Dreh benötigten Buchseiten in die Hosentasche zu stecken. Im Notfall hat immer irgendjemand das komplette Buch zur Hand. Alles Notwendige hoffe ich im Kopf zu haben.

Dreharbeiten sind zumeist bestorganisierte Wirrnis: Heute wird der Schluss des Films gedreht, in drei Wochen dann der Beginn. Erst der Schnitt bringt Ordnung. Gab es einen Ihrer Kinofilme, den Sie chronologisch drehten?

Bei den improvisierten Geschichten ist das grundsätzlich so. Aber auch bei »Sommer vorm Balkon« haben wir es ausprobiert. Wir waren nur ein Team von zwölf Leuten und folgten immer genau der Geschichte, wie sie erzählt wird, folgten also auch dem jeweiligen Szenenwechsel. Wir zogen ständig um, von Nikes Wohnung in die Kneipe, dann wieder zurück in Nikes Wohnung. Normalerweise wird ein Motiv ja am Stück möglichst hintereinander abgedreht. Hier also nicht, und das war für alle Beteiligten ziemlich heftig, wahrscheinlich wiederhole ich diese Erfahrung auch nicht – jedenfalls nicht dann, wenn bei einer dramaturgisch so komplex gewirkten Geschichte, wie sie Kohlhaase geschrieben hatte, nur so wenig Leute mitwirken. Für Schauspieler ist das chronologische Drehen freilich ideal, sie können ihre Figuren mählich, logisch, gleichsam auf natürliche Weise auf- und ausbauen. Ken Loach, dieser große Brite, dreht fast immer chronologisch. Ich habe ihn deshalb mal gefragt, wie er die Nachtszenen eines Films mit der chronologisch vorgehenden Arbeitsweise verbindet, denn landläufig wird – das gewerkschaftlich abgesicherte Regelwerk jetzt sehr grob skizziert – ein Nachtdreh aufs Ende der Woche gelegt; am Wochenende kann das Team dann ausschlafen. Der Wechsel von Tag- und Nachtschicht ist ein kompliziertes logistisches Geflecht, und beim chronologischen Drehen kommt diese Logistik ins Wanken – oder aber der Regisseur. Also, ich fragte Ken Loach, und er guckte mich mit seinen verschmitzten Äuglein an: »Sind dir in meinen

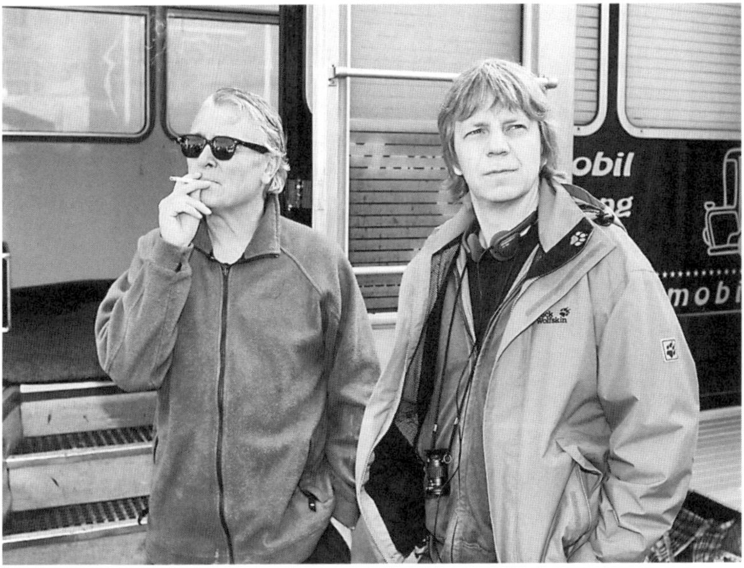

Drehpause mit Henry Hübchen bei »Whisky mit Wodka«

Filmen schon mal Nachtszenen aufgefallen« Klar!, er vermied die einfach, um seine grundsätzliche Arbeitsweise nicht zu gefährden. »Ich hasse Nachtszenen«, sagte er, »ich achte schon beim Drehbuch darauf, dass nur wenige vorkommen – ich kann nachts nicht arbeiten, und wenn's nötig ist, dann wird höchstens bis um elf Uhr abends gedreht, also kann am anderen Morgen ohne gewerkschaftliche Aufstände weitergemacht werden.«

Machen Sie mit Schauspielern, bevor die Besetzung endgültig festgelegt wird, Probeaufnahmen?

Manchmal ja, manchmal nein. Bei Improvisationsfilmen wie »Halbe Treppe« oder »Wolke 9« nicht, die funktionierten gewissermaßen auf Einladung – Leute, denen ich vertraue, fragte ich, ob sie Lust an einer Mitarbeit haben. Dann probiert man, und das Risiko ist ein gemeinsames. Da lauert kaum die Gefahr einer Fehlbesetzung, denn die jeweilige

Gestalt wird vom Schauspieler selbst mitentwickelt. Zur Fehlbesetzung kann es nur dort kommen, wo die festgeschriebene Figurenerfindung eines Autors nicht in Übereinstimmung kommt mit dem, der sie verkörpern soll.

Auch in einer Konstellation zwischen Schauspielern kann es Wirkungsschäden geben.

Ja. Ich muss prüfen, ob Darsteller zueinander passen. Es kommt selten vor, dass ich dabei mehr als zehn oder fünfzehn Schauspieler für eine Rolle ausprobiere. Und wenn Casting, dann arbeite ich meistens sehr lange mit ihnen, meistens zwei, drei Stunden mit jedem – damit man einander wirklich näherkommt. Denn auch die Schauspieler haben ein Recht darauf, den Regisseur kennenzulernen. Ich sage später jedem, der leider nicht dabei sein wird, grundsätzlich selber ab. Der letzte Anruf ist dann immer die Zusage. Die Zusage deshalb zuletzt, weil ich mir die gute Nachricht aufhebe wie eine Belohnung. Denn dieser guten Nachricht gehen für mich schreckliche Tage voraus, die Absagen tun allen Beteiligten sehr weh, auch mir, sie sind so schwer bis gar nicht zu vermitteln. Ich mache schließlich keine Talentproben, es sind doch meistens ganz tolle Leute, die das »Nein« trifft.

Die betreffenden Schauspieler scheitern an Faktoren, die sie nicht beeinflussen können.

Aber sie beziehen es logischerweise auf sich, fühlen sich, fälschlicherweise, in ihrem Talent prinzipiell in Frage gestellt – ach, das ist so ungerecht. Es geht doch meist um Konstellationen, um die Kongruenz mit der geschriebenen Figur und um meine Vorstellungen, nicht jedoch um Begabung.

Gab es auch Probeaufnahmen mit Leuten wie, sagen wir mal: Henry Hübchen?

Mit Henry gab es für »Whisky mit Wodka« sogar dreimal Probeaufnahmen.

Klingt außergewöhnlich bei einem Star.

Es war sein eigener Wunsch. Denn er war sich nicht sicher, ob er diese vom Drehbuch geforderte, für die Geschichte ganz wesentliche Betrunkenheit seiner Figur spielen kann.

Jenes Schauspielers im Film, der die Schmach einer Doppelbesetzung ertragen muss, weil er säuft.

Henry wollte geprüft wissen, ob sein gespielter Suff, ein wesentliches Element der Geschichte, peinlich wirkt oder nicht. Ich selbst war von Anfang an überzeugt, dass er ein wundervoller Tragikomiker sein würde, aber er hatte seine Zweifel. Was nur einmal mehr Henrys außergewöhnliche Professionalität unterstreicht. Professionalität beginnt bei Frage und Zweifel. Auch die Konstellation mit seinem Film-Double, das Markus Hering spielte, musste geprüft werden. Und zweifellos wollte er wissen, mit welchem Regisseur namens Dresen er da auf die Reise geht. Es war unser erster gemeinsamer Film. Ich bin übrigens sehr aufgeregt bei solchen Probeaufnahmen, ich bin überhaupt nicht der unantastbare Herr des Verfahrens, der von oben herab Schicksal spielt. Das wäre menschenverachtend.

Was tun Sie, wenn Sie während der Dreharbeiten plötzlich das untrügliche Gefühl bekommen, falsch besetzt zu haben?

Das ist mir zum Glück erst ein einziges Mal passiert und nicht in einer Hauptrolle. Bei einer Hauptrolle wäre eine solche Erkenntnis der Albtraum überhaupt. Im Prinzip kann man den Film dann wegschmeißen und muss neu beginnen. Die Tage oder Nächte vor einer Hauptbesetzung erlebe ich daher nicht selten schweißgebadet, denn in diesem empfindlichen Punkt erfüllt oder erledigt sich ganz wesentlich das Schicksal eines Regisseurs.

Das ist das Entsetzliche am Beruf des Schauspielers, Sie haben es vorhin angesprochen: diese Abhängigkeit von Dingen, die er nicht beeinflussen kann. Jede Besetzungsliste: eine neue Geburtsurkunde. Für die Absage einer Rolle kann es schon genügen, zu groß oder zu klein zu sein. Man entblößt sich als Schauspieler, man hält seinen Körper hin, präsentiert seine Haut, macht sich angreifbar, aber man braucht, um auf eine Besetzungsliste zu kommen, oft einfach nur Glück. Und irgendwo an einem kleinen Theater spielt der beste Hamlet und wird niemals entdeckt.

Nun glaube ich andererseits daran: Ein Talent ist ein Talent ist ein Talent … Glück allein hilft nie, es hilft vielleicht für den Durchbruch, aber nicht fürs Bestehen. Aber wahr kann trotzdem sein, was Sie da überspitzt anschneiden. Denn wer weiß zum Beispiel, ob Axel Prahl zum Film gekommen wäre, hätte ich ihn nicht zufällig am Berliner Grips-Theater gesehen und für »Nachtgestalten« haben wollen. Axel spielte im Stück »Café Mitte« einen Politiker, einen Punker und einen stotternden Türken. Gut, vielleicht wäre er von einem anderen Regisseur zum Film geholt worden (wie gesagt: Ein Talent ist ein Talent ist ein Talent!), aber dass wir beide einander begegneten, war ein großes, schönes – Glück.

Sie erwähnten eben den konkreten Fall einer Fehlbesetzung.

Es betraf eine mittlere Rolle. Ich merkte es nach zwei, drei Drehtagen; ein verheerendes Gefühl. Einzig mit dem Kameramann habe ich darüber gesprochen. Wir versuchten eine veränderte optische Auflösung der jeweiligen Szenen, so dass die Figur an bestimmten Stellen aus dem Fokus rückte. Wir setzten minimale andere Akzente in der Geschichte, verschoben Gewichte, wir kaschierten. Es gelang nur mäßig. Aber der Darsteller, um den es ging, weiß bis heute nicht, wie wir getrickst haben. Ich wollte nicht, dass er psychisch ausbaden muss, was einzig und allein der Regisseur verantwortet. Besetzung ist ein entscheidender Eingriff ins Leben eines Menschen.

Schauspieler sind unbestritten das vorrangige Ausdrucksmittel im Film? Alles geht durch sie hindurch, alles läuft auf sie zu?

Absolut. Ich habe nie versucht, den Platz des Schauspielers einzuschränken oder ihn anderen Elementen der Inszenierung unterzuordnen. Vor allem nicht mir selber. Und ich hasse diese entsetzlichen Anfangsphasen der Arbeit, in denen die gemeinsame Situation mitunter noch verfälscht ist – weil man vielleicht in der Gefahr steht, einem anderen etwas beweisen zu wollen. Erst wenn sich das gelegt hat, beginnt das Wunder der Reise. Daher reise ich gern mit Leuten, die ich bereits kenne, zu denen bereits eine maskenlose Nähe besteht.

Axel Prahl, um ein markantes Beispiel zu nennen, das Sie selber schon anführten: In »Sommer vorm Balkon« ist er nur kurz als Kneipengast zu sehen. Warum diese prominente Statisterie?

Wir hatten »Willenbrock« beendet, mit ihm als Titelgestalt, ich fing »Sommer vorm Balkon« an, und Axel empörte sich – spaßeshalber hatten wir nämlich mal verabredet, er werde in jedem meiner Filme mitspielen, und sei es ein Dokumentarfilm. Nun begann also »Sommer vorm Balkon« – ohne ihn. Axel wohnte aber in unmittelbarer Nähe eines unserer Drehorte, der Eckkneipe, und so schaute er beim Drehen vorbei, und wir beschlossen, er könne ja im Hintergrund durchs Bild laufen. Wir begannen die Szene, im Vordergrund spielten die Schauspieler, da flog hinter ihnen krachend die Tür zum Klo auf, darin Axel, mit runtergelassenen Hosen: »Tina, Papier is‹ alle!« Ich brach ab und bat im Interesse der Szene um einen schlichten stummen Gang durchs Bild. Zweiter Take: Axel geht stumm durchs Bild, setzt sich an den Tresen und beginnt zu weinen. Ich frage, was er da mache. Axel: »Ich spiele einen Mann, der gerade von seiner Frau verlassen wurde und der sich jetzt betrinkt.« Ich meinte dann, dass ich es schön fände, wenn er einen Mann spielen würde, der einfach nur durchs Bild geht, sich an den Tresen setzt und still sein Bier trinkt. Und so kam es dann, zu Axels Leidwesen. Er ist wohl nicht so der ideale Schauspieler für den Hintergrund.

Um noch eine Frage lang bei Axel Prahl zu bleiben: Was ist, wenn ein Schauspieler Ihrer »Familie«, wie er, eines Tages zu auffällig festgelegt ist in anderen, etwa in Fernseh-Zusammenhängen?

Das ist ein Problem. Ich mag Axel wirklich sehr, wir sind eng befreundet. Aber die Zeiten sind lange durch, da ich den Kerl einfach so in eine Imbissbude stellen kann wie in »Halbe Treppe«. Wenn der da steht, dann

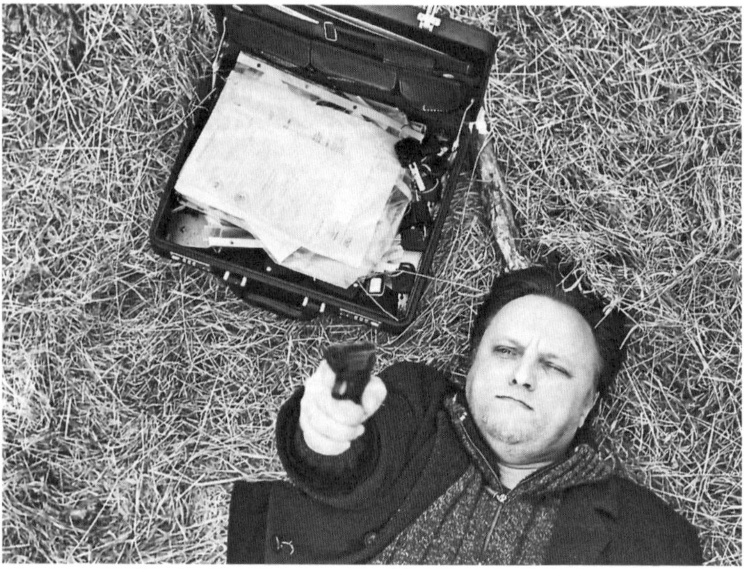

Axel Prahl als Bernd Willenbrock

steht da für die meisten Leute jetzt Kommissar Thiel vom »Tatort« aus Münster, und alle warten, dass auch noch Jan Josef Liefers als Professor Börne dazukommt. Popularität hat ihren Preis, in diesem Falle zahlen wir den beide, Axel und ich. Ich erlebe, wie er auf der Straße angesprochen und um Autogramme gebeten wird – nicht, weil er in »Halbe Treppe« oder »Willenbrock« spielte, sondern weil er jener Kommissar »ist«. Manche Leute reden ihn ja sogar mit »Herr Thiel« an. Axel weiß das, er wollte das, es ist okay – aber ein wenig bedauert auch er, sein Gesicht gewissermaßen »vermietet« zu haben.

Kann man sagen, dass man von einem Schauspieler, mit dem man vertraut ist, schneller das »geliefert« bekommt, was man gemeinsam sucht?

»Geliefert«, ich bitte Sie!, das ist in diesem Zusammenhang ein absolut unzutreffendes, ja beleidigendes Wort! Mit jemandem, den ich kenne, kann ich gewissermaßen vorbehaltloser in die direkte Arbeit einsteigen.

Wieso?

Man verhält sich schutzlos. Für notwendige Entdeckungen gibt man sich ohne Panzerungen hin.

Aber: Produziert diese »Familie«, mit der Sie Filme drehen, nicht zu sehr den gefügigen Schauspieler?

Der allzu »gefügige« Mitarbeiter ist sicher schrecklich, aber noch schrecklicher im Leben und bei der Arbeit ist derjenige, dessen ehrlichen Blick du nicht siehst, der dir also ständig zeigt, dass er verschlossen und abwartend bleibt. Da kann gegenseitiges Vertrauen schon sehr hilfreich sein. Was allerdings nicht heißt, dass man ununterbrochen kuschelt und es keine Kämpfe mehr gibt.

Der Schauspielerberuf verlangt das absolute Vertrauen, denn der gute Schauspieler liefert sich aus, er lässt sich fallen in Bereiche, in denen die meisten Menschen unbedingt bedeckt bleiben wollen.

Der Schauspieler ist ein blinder Maler. Er kann sich nicht zusehen bei dem, was er schafft. Wenn er probt, gleicht er auch einem Musiker, der auf einem Instrument übt, mal entsteht ein hässliches Geräusch, mal ein schöner Klang. Und der Körper des Schauspielers funktioniert nicht automatisch. Um auszuprobieren, braucht er, ja, das absolute Vertrauen, dass die Partner ebenfalls ausprobieren und sich ebenfalls schutzlos geben und es wagen, peinlich zu sein. Dieser Austausch funktioniert besser, wenn die Leute sich kennen. Also: Wenn man mit einem wirklichen Ensemble arbeitet, muss man bestimmte Dinge nicht mehr erklären.

Und das, was ungeklärt bleibt?

Darum kümmern sich die Schauspieler selber. Sie erfinden.

Wenn etwas vollständig erklärt ist, sieht man das der Arbeit an?

Es drückt, es wirkt eng, es ist ohne Leichtigkeit, auch ohne Augenzwinkern.

Ist der Ost-Schauspieler im Spiel und beim Weg hin zur Rolle anders »gepolt« als der West-Schauspieler?

Nein. Er ist genauso gut oder nicht so gut wie der andere.

Einer der größten Spieler unserer Zeit, Burgschauspieler Gert Voss, bescheinigte den Kollegen im Osten »eine große Selbstverständlichkeit, sich in eine Gemeinsamkeit zu begeben, also sich der Aufgabe hinzugeben, als stünde nur sie auf dem Spiel, nicht man selber«. Natürlich, so Voss, gebe es zwischen allen Spielern Konkurrenz, Druck, ein immerwährendes Beäugen, aber auf den Bühnen des Ostens sei eine Gelöstheit spürbar gewesen, die im Westen fehle. Dort könne sich ein Schauspieler noch so sehr ins Gemeinsame werfen – er bleibe, und sei es nur in Ansätzen, auf der Bühne stets auch ein Verkäufer seiner selbst; er weiß immer, dass er sich auf einem Markt mit Angebot und Nachfrage und also nötiger Selbstwerbung befindet.

Die Ausbildung der Ost-Schauspieler war, etwas grob gesagt, sehr limitiert: drei staatliche Schulen. Der Privatweg oder dieses Learning by Doing waren eher die Ausnahmen. So hielten sich Konzentration und Enge wieder mal die Waage, wie bei so vielen Dingen. Natürlich gab es Leute, die total ohne Ausbildung durchgerutscht und aufgestiegen sind, wie der legendäre Kurt Böwe etwa. Das waren Siege eines tollen Eigensinns.

Vielleicht erhielten die Ost-Schauspieler ein Rüstzeug, das prononciert auf sozialen Gestus, auf Konzept, auf solide Tradition zielte?

Es gab durch die besagte, abgestimmte Staatlichkeit der Ausbildung die gute Gewähr, dass man auf einem gemeinsamen, aber hohen Niveau des Handwerks in die Praxis einstieg. Ihre Frage ist mit dem Verdacht besetzt, eine negative Tendenz bestätigen zu wollen. Ich sehe sie nicht. Insbesondere sozialen Gestus finde ich gar nicht falsch, zumindest zu Beginn der Arbeit. Was wahr bleibt, ist eine kulturpolitische Grundsituation im Osten, die – ich denke an meine eigene Erfahrung – gefährlich ins Reich der Unfreiheit führen konnte. Aber das hatte mit dem jeweiligen individuellen Talent nichts zu tun.

Wir sprachen über des Schauspielers Abhängigkeit. Hat es Sie je gestört, auch als Regisseur so »unselbstständig« zu sein? Abhängig von anderen Köpfen, von allerlei Bedingungsgefüge, von jeweils verfügbarer Technik, von so vielen Faktoren, die eine Filmproduktion ausmachen?

Es kann nerven, aber meistens ist das, was Sie aufzählen, ein Gewinn. Es wachsen der Arbeit dadurch viele unterschiedliche Energien zu.

Sie bekennen, ein sehr offener, dennoch eher vorsichtiger Mensch zu sein, sprachen aber vorhin von »Rücksichtslosigkeit«, wenn es um Herz und Wesen einer zu erzählenden Geschichte geht. Absicherungswunsch kontra Risiko – welche Konsequenzen fordert solch ein Widerspruch?

Ich bereite mich aus Gründen, die Sie andeuteten, auf jeden Dreh, auf jede Probe sehr genau vor. Ich weiß also im Prinzip sehr präzis, was ich tun werde. Das führt aber tatsächlich dazu, dass dann, wenn ich mich zu exakt an meine Konzepte halte und keine störenden Einflüsse zulasse, Vieles sehr brav und sehr gezirkelt aussieht – alles am Ergebnis hat dann seine innere Logik, aber es fehlt irgendwie das Feuer. Mehreren meiner Filme in den neunziger Jahren merkt man diesen Makel an. Daher ließ ich bei der Arbeit mehr und mehr Improvisationen zu, die vor allem eine Prüfung für mich selber waren: Ich suchte sozusagen etwas, das mich aus den festen Gleisen warf, das mich trotz aller unverzichtbaren Sorgfalt in die Unsicherheit trieb, in die Gefahr des Offenen. Ich musste mich selber mit Anarchie und Chaos konfrontieren, um mich zu finden. Der Kulminationspunkt dessen war der Film »Halbe Treppe«. Die Methodik wurde dann bei »Wolke 9« und »Halt auf freier Strecke« verfeinert. Das Ziel besteht darin, dass die Schauspieler vergessen, dass sie spielen, und wir hinter der Kamera vergessen, dass wir einen Film drehen. Die Situation möge uns mit ihrer ganz eigenen Kraft forttragen. Es geht um eine Leichtigkeit, die, ja, ich wage die etwas absurde Zuspitzung: von Sinn befreit, von Bedeutung, zunächst jedenfalls. So dass man handelt und nicht mehr störend darüber nachdenkt, was man warum tut. Man tut's einfach und Punkt. Mein Vater hat ein Gedicht geschrieben, darin kommen Zeilen vor, die das Problem sehr genau treffen: »Erreichen wird nur etwas, wer nichts vorhat ... Was keinen Plan hat, das wird da sein ... Die Zeit wird nicht gewinnen, wer die Zeit nur nutzt ... Gefunden wird nur das Nie-Gesuchte ... Erreicht wird nur das Nie-Erstrebte ... Wer sich beeilt, versäumt sich selbst.«

So geschieht in der Kunst die Neuschöpfung einer Welt, die dem Leben nahe bleibt – aber das Leben zugleich übersteigert.

Und zwar durch Fügung – die freilich ihre unsichtbaren Wurzeln in Konzept und Vorbereitung hat. Es muss beim Improvisieren einer Szene sozusagen etwas hinzukommen, von dem man genau weiß: Es hätte auch ausbleiben können. Wenn man auf dieses Spontane hin hofft, dann akzeptiert man, irgendwie hilflos zu bleiben, keinen wirklichen Einfluss zu haben – aber natürlich hat man trotzdem eine gewisse Erwartung. Ehrlich gesagt: dem Leben zu vertrauen, sich dem Leben anzuvertrauen, das Leben durchzuhalten und dabei nicht zu verkrampfen – das schlaucht.

Bei Dingen zwischen Himmel und Erde, die sich allem planenden Einfluss entziehen – was heißt denn unter diesem Aspekt: Regie?

Übertrieben gesagt: zuzulassen, dass man gewissermaßen selber zum Medium wird, in dem sich der Film frei realisiert.

Die Kunstausübung aufs Leben hochgerechnet: die Dinge einfach auch mal nehmen, wie sie sind.

Ja, das Beste aus jeder Situation machen; sich Überraschungen hingeben; den Augenblick leben, ihn nicht einfach nur abhaken als das Resultat einer vorher ausgetüftelten Reißbrettkonstruktion. Es gibt dazu eine kleine Geschichte: Ein Europäer versucht, bei Mönchen in Japan das Bogenschießen zu erlernen. Diese Mönche mit ihren großen Bögen schießen aus der Bewegung heraus, sie senken, die Waffe im Anschlag, die Arme langsam nach unten – und irgendwann, ohne dass die Bewegung gestoppt und also in absoluter Ruhelage gezielt wird, schnellt der Pfeil. Und trifft auf eine magische Weise ins Ziel. Der Europäer versucht nun die Nachahmung, die aber stets in zittriger Verkrampfung endet – weil er sozusagen verendet zwischen Lockerheit und genauem Anvisieren des Ziels. Der Bogen übernimmt das Zittern, und der Pfeil jagt sonst wohin. Der Meister wird wütend, der europäische Lehrling schwankt zwischen reaktiver Wut und peinlicher Berührtheit, er verliert die Fassung, schnappt nahezu jähzornig den Bogen, und zack und wumm: Der Pfeil sitzt im Ziel. Der freudige Ruf hin zum Meister: »Ich habe getroffen!« Der Meister, lächelnd: »Nicht du hast geschossen. Es hat geschossen.« Dieses Es, das ist es. Es kommt darauf an, es zuzulassen, ihm die Lust zu schaffen, über dich zu kommen. Du musst offen sein für das, was dich übersteigen will. Du musst bestimmte Dinge beherrschen, damit du im richtigen Moment deren Diener sein kannst. Nichts bewältigen wollen, aber bereit sein, sich überwältigen zu lassen. Man sollte nicht versuchen, eine Geschichte zu beherrschen, während man sie erzählt. Ich sage das jetzt wie einer, der vor Klugheit birst, aber gemeint ist genau das Gegenteil von Klugheit, es ist das Abenteuer, das Risiko, die Unwägbarkeit. Und diese Offenheit ist bei der Produktion eines Films besonders schwer herzustellen, weil du nicht daheim allein am Schreibtisch sitzt, sondern dich mitten in einem ökonomisch veranschlagten, logistisch geprägten, nüchtern rechnenden Produktionsprozess befindest. Die sogenannte Muse, sie muss am Set Lärm, Trubel, Organisationshektik und viele Leute ertragen. Die Musen gelten als zart, aber die Muse unseres Gewerbes muss wohl die zäheste und lärmresistenteste sein. Manchmal hat sie, das sei zu ihrem Lobe gesagt, ein wahrhaft ledernes Gemüt.

Wie war das Zitat von Orson Welles vorhin? »Plan? Plötzlich streckt ein Schauspieler die Hand aus, die Sonne ist da, eine Wolke zieht vorüber, und die ganze Geschichte wird geändert.«

Du entwirfst eine Geschichte, du schreibst sie auf, du baust sie aus – aber es kommt der Punkt, da schauen sich die Gestalten des Films gleichsam an und übernehmen. Ja, sie übernehmen die Geschichte – und dich. Du wirst zum Diener, aber im besten Fall beginnst du zu fliegen. Als Jörg Hauschild und ich »Wolke 9« schnitten, wussten wir nach sehr kurzer Zeit Aufenthalt in einem gewaltigen Materialberg, wie wir mit diesem Material umzugehen haben und welche Art Montage diese Geschichte verlangt. Sie forderte, abrupt zu sein, rabiat zu werden. Bei diesem Film gehen wir häufig aus Szenen raus, wo man das landläufig nicht tut. Wir schließen nicht ab, wir lassen abreißen. Wir suchen nicht abgerundete Bögen, sondern Abbruch. Wir attackieren mit allen Mitteln das, was man Konvention, Verabredung, Gewöhnung nennt. Es ist ein Film gegen die Hauptart zu leben: sich einzurichten in den Dingen, die sich ab einem gewissen Punkt für die Biografie eines Menschen ergeben. Die Frau im Film, von Ursula Werner gespielt, wird in der beginnenden Spätzeit ihres Lebens noch einmal durchgerüttelt, durch eine Liebe, die ihr unerwartet widerfährt und an die sie nie geglaubt hätte. Ab einem bestimmten Punkt des Lebens wächst Angst, mit Neuem nicht mehr zurechtzukommen, und diese Angst tarnt sich gern als Wille, das Neue gar nicht zu benötigen. In der Liebe funktioniert das aber nicht. Liebe schlägt zu, sie ist Natur und nicht Kultur. Und weil sie Natur ist, ist sie auch grausam, sie drückt den Schwächeren weg. Ihre Erscheinungsform ist die Explosion – und als uns das beim Verfertigen des Films gleichsam ins Gemüt gesunken war, hat sich der Film schneiden lassen, als ginge ein heißes Messer durch die Butter. Zu meiner größten Überraschung schnitten wir relativ schnell, obwohl so überaus viel Material vorlag. Und »Wolke 9« wurde einer unserer kürzesten Filme, etwa anderthalb Stunden. Der Film hat uns an die Hand genommen, mit den Worten: »Passt auf, Leute, so und so möchte ich gemacht werden.«

Sie haben mal gesagt: »Man geht nicht suchen, man geht finden.« Wie geschieht so etwas konkret?

Schwer zu beschreiben, und warum auch.

Wissen tötet Naivität?

Ja. Bei »Wolke 9« zum Beispiel gibt es eine lange Einstellung, bei der Ursula Werner auf dem Wohnungsflur steht, wie verloren zwischen all den Türen, die rechts und links abgehen. Wir drehten den ganzen Tag an dieser Szene, die davon erzählt, wie diese Frau nach einem nächtlichen Streit mit ihrem Mann morgens in der gemeinsamen Wohnung aufwacht.

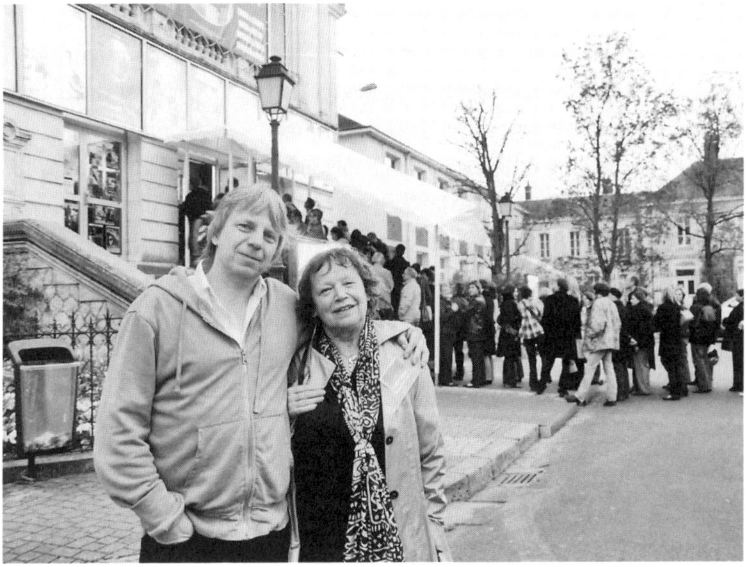

Mit Ursula Werner vor einer Publikumsschlange in Frankreich – für »Wolke 9«

Wie fühlt man sich jetzt, da man in getrennten Zimmern schlief, und wie erledigt man in dieser Niedergeworfenheit die gewohnten alltäglichen Dinge? Frühstückt man zusammen, trotz des Streits? Soll sie den Tisch für beide decken oder nur für sich? Kann sie im Nachthemd in sein Zimmer gehen oder zieht sie sich doch besser einen Bademantel an? Nach dreißig Jahren Ehe ist man plötzlich fremd in den eigenen vier Wänden. Das haben wir also den ganzen Tag gedreht, immer mit der Handkamera hinter Uschi Werner her. Der Mann, das stellt sich später heraus, ist gar nicht zu Hause, er hat unbemerkt die Wohnung verlassen. Wir drehten, alles okay, und doch lag eine merkwürdig fragende, dämpfende Stimmung in der Luft: Man hat sein Bestes getan, empfindet aber, es kam nicht das Beste heraus. Doch keiner von uns verfügte über einen Ansatzpunkt, der Sache eine Wendung zu geben. Und dann saßen wir also in dem Wohnzimmer, der Kameramann, der Tonmeister, Uschi, ich und Sabine Greunig, die Kostümbildnerin, die die Klappe geschlagen hatte. Wir tranken Kaffee, redeten, schwiegen, redeten gegen das Schweigen, schwiegen gegen das Herumreden. Unser Blick ging in den leeren Flur, und ich weiß nicht, wer dann gesagt hat: Guckt mal, ist doch auch eine interessante Perspektive. So – und nur so – entstand die Szene des fertigen Films, in welcher der Zuschauer durch die Kamera in den Flur schaut, und über die Hälfte der Zeit ist Uschi überhaupt nicht zu sehen. Aber was man nicht sieht, kann im Film manchmal spannender sein als das, was gezeigt wird – plötzlich kommt nämlich die Fantasie ins Spiel. Uschi spielte nun zwar alles wie vorher, doch diesmal folgte ihr die Kamera nicht. Die Frau verschwand im Zimmer ihres Mannes, wo wir in der ersten Fassung das zerwühlte, leere Bett aufgenommen hatten. Jetzt hört man sie nur den Namen ihres Mannes rufen – was ist wohl passiert, ist er gar tot? Das Ungefähre, der Verdacht, das Rätselhafte übernimmt. Hätten wir unseren Missmutskaffee irgendwo anders in der Wohnung getrunken, dort, wo sich nicht plötzlich diese Perspektive des Flurblicks ergeben hätte, wer weiß … Unser ratloses Glotzen erfolgte genau in die Richtung der Lösung. Ohne dass wir das zunächst ahnten oder gar wussten. Freilich, wie schon erwähnt, für jede glückliche Fügung gibt es Vorbedingungen – ganz wichtig war schließlich, dass unsere Ausstatterin Susanne Hopf dieses Wohnungsmotiv vorgeschlagen hatte: ein Flur, von dem Türen in alle Räume abgehen. Eine Wohnung, so ein bisschen wie ein Gefängnis, die Türen wie Türen zu Zellen. Das erzählt das Eingefahrene in so einer langen Ehe natürlich mit.

Der Blick in diesen Flur zieht sich durch den Film.

Ja. Vor allem der Blick durch die Türen, durch die man gehen, aber die man auch verschließen kann. Wie ein Ende, das sich früh ankündigt – nur wissen es die Betreffenden, die Betroffenen nicht. Schon in Geburtsstunden lauert das unbekannte Ende.

Weiß man, wenn man arbeitet: Jetzt entsteht Kunst?

Es gibt Situationen beim Drehen, beim Schnitt, da schaut man und ahnt: Es flog ein Engel durch den Raum. Man hat eines zum anderen getan, und aus nunmehr zwei Dingen entstand etwas Drittes. Aber wie nur? Goethe: »Wenn ihr's nicht fühlt, ihr werdet's nicht erjagen.« Dieses Erfühlen von etwas Besonderem muss sich von selbst einstellen, es ist nicht zu beschleunigen, schon gar nicht festzuhalten. Und du spürst es meistens erst, wenn der Engel wieder weggeflogen ist. Kunst ähnelt dem Glück – es schreibt weiß. Nicht lesbar, nicht zu kanonisieren, nicht in einer Lehre zu fassen, die man schwarz auf weiß weitergeben könnte. Aber über Kunst rede ich wirklich nicht gern, nicht über deren Entstehung, nicht über deren Wirkung. Das kommt mir wie Anmaßung vor. Das Handwerkliche ist auch wichtig – und es lässt sich besser erklären.

Wirkung von Kunst? Dazu gibt es ein wunderbares Gedicht, »Nach einem Cembalokonzert«, von Reiner Kunze: »Im gehör/ feingesponnenes silber, das mit der zeit/ schwarz werden wird// Eines tages aber wird die seele/ an schütterer stelle/ nicht reißen.«

Ein Film ist wie ein Brief, in einen Wind gehalten, der alle Himmelsrichtungen will. Wer erhält ihn, wer öffnet ihn, wer liest ihn, wer versteht ihn, wie und wann kehrt Antwort zurück? Alles unwägbar. Ein Glücksspiel.

Über den Schnitt sprachen Sie bereits – noch einmal Orson Welles: »Drehen muss man so, als wenn man alles braucht. Und schneiden muss man wie ein Zensor.«

Stimmt. Es ist schön, wenn man am Schneidetisch aus dem Vollen schöpfen kann, aber am Schluss muss man wirklich knallhart sein – ich gehe da ziemlich gnadenlos mit meinem eigenen Material um. Unempfindlich, unsentimental. Wolfgang Kohlhaase sagt gern: Was wir nicht drin haben, kann nicht durchfallen.

Der letzte Tag im Schneideraum ist zu Ende. Mit welchem Gefühl gehen Sie raus?

Es hat nichts Dramatisches, nichts Pathetisches, nichts Wehmütiges, eher ein wenig schulterzuckend – als eine Vorstufe von befreiender Gelassenheit. Wir gehen was essen, Punkt. Sehr banal also. Nach der Tonmischung dann lassen wir meistens noch mal die Korken knallen, weil das der wirklich letzte Arbeitsgang ist. Danach habe ich mit einem Film, außer Öffentlichkeitsarbeit, im Grunde nichts mehr zu tun. Mir kommen keine Tränen, es ist kein euphorischer, mich wegreißender Moment. Es gibt diese schöne Leere, in der man sich frei fühlt, aber mit der man andererseits auch wenig anfangen kann. Die Aufregung kommt dann erst wieder zurück, wenn die Premiere bevorsteht. Da freilich tobt die Nervosität umso heftiger.

Wie gehen Sie bei den Dreharbeiten mit jenem Koller um, der fast automatisch eintritt, wenn eine Gruppe für längere Zeit an einem Ort gleichsam ein- und abgeschlossen miteinander lebt?

Zunächst versuchen wir, diesen Koller zu vermeiden. Und dass alle Beteiligten die gesamte Zeit über an einem Ort sitzen, das ist eher unwahrscheinlich. Bei »Halbe Treppe« waren wir in Frankfurt an der Oder, und am Wochenende fuhren wir nach Hause. Klar, wenn man so intensiv aufeinander hockt, muss man sehr aufpassen. Da setzt die Kunst des Drehplanes ein, jene Kunst der Logistik, die Technisches und Psychologisches verbindet. Ich achte immer sehr darauf, mit welchen Szenen wir beginnen, wie die Schauspieler am leichtesten den Einstieg schaffen. Auch muss das jeweilige Tagespensum möglichst ausgeglichen sein, nicht, dass dem einen Tag die Überstunden aus dem Leib quillen, und am anderen Tag sind wir womöglich schon mittags fertig, aber der gesamte Tag muss bezahlt werden. Diese Planungsgespräche sind aufregend, auch hochkompliziert. Bis man sagen kann: Okay, jetzt geht's los. Und was heißt das? Wir fangen an, wir sind bestens präpariert – und dann geht ganz schnell irgendwas schief …

Schauen Sie eigentlich beim Drehen sehr oft durch die Kamera?

Selten. Beim Improvisieren eigentlich gar nicht. Es gibt diesen kleinen Monitor, der steht irgendwo in der Ecke, aber selbst da schaue ich kaum hinein. Ich gucke lieber direkt auf die Schauspieler; es ist der menschliche

Kontakt, den die Augen suchen. Irgendwie fühle ich mich direkt neben der Kamera am wohlsten. Ich vertraue dem Kameramann.

Und nach den Wochen am Set – erst mal der Fall ins Bodenlose?

Die begrenzte Zeit Totalanspannung hält man durch, aber meistens wird man nach einem Film eh krank. Ich jedenfalls werde krank. Es ist der natürliche Zusammenbruch nach der totalen Konzentration. Der Körper lässt mich für die Wochen der Dreharbeiten in Ruhe, er erträgt, wie er geschunden und missachtet wird, er sieht ein, dass er nur Diener ist – dann aber fordert er sein Recht.

Werden während der Dreharbeiten Muster des gefilmten Materials gezeigt?

Ja, immer mal wieder nach ein paar Drehtagen, und es ist nicht jedes Mal hilfreich. Mustervorführungen sind für mich furchtbare Stunden der Wahrheit – weil die Träume vom künftigen Film zu zerschellen drohen. Meist hat man sich doch alles ganz anders und viel schöner und viel besser vorgestellt. Es ist oft so, dass die Vision des Filmes, den man im Kopf hat, stark erschüttert wird, wenn man sich das gedrehte Material anschaut. Im schlimmsten Falle scheint alles Gedrehte peinlich schlecht, uninspiriert und mit hoher Wahrscheinlichkeit kaum zu montieren. Es kostet mich Mühe, nach Mustervorführungen meine oft schlechte Stimmung zu verbergen. Bei meinem ersten großen Film, »Stilles Land«, fanden die Mustervorführungen ohne Schauspieler statt. Denn vor allem die jungen Darsteller wollte ich nicht verunsichern. Ich wollte nicht, dass sie sich womöglich durch den merkwürdig zerhackten und technischen Eindruck dieser Vorführungen irritieren lassen oder gar versuchen, aus Eitelkeit bestimmte Eigenarten abzustellen. Vielleicht hatte ich aber auch einfach nur Angst, sie könnten zu stark an ihrer und vor allem an meiner Arbeit zweifeln. Ich halte diese Skepsis gegenüber dem eigenen Material mittlerweile für ein Symptom des Berufes, sie wird mitunter zu einem ernsten Problem. Man vergisst als Regisseur nämlich, dass man als Einziger jene uneingelöste und vielleicht sogar uneinlösbare Vision des Filmes

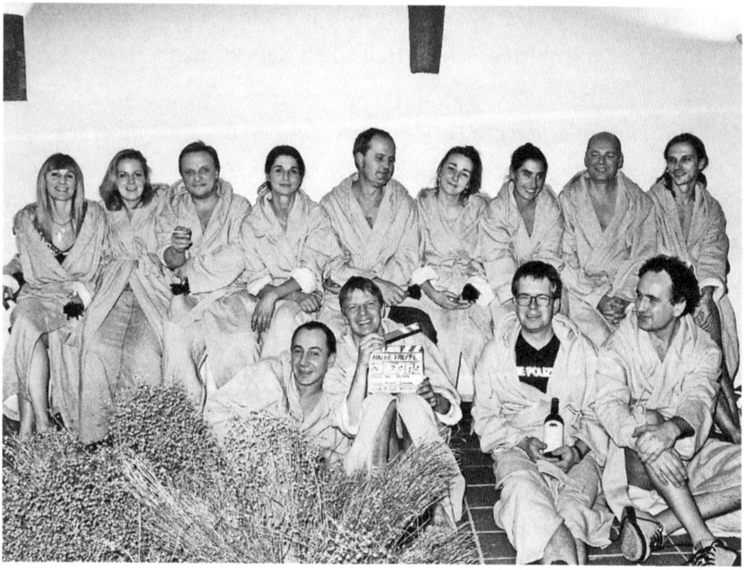

Das Filmteam von »Halbe Treppe«

im Kopf hat – für die Zuschauer aber sind ganz andere Fragen von Bedeutung, vor allem natürlich die Frage, ob das Angebotene dort auf der Leinwand schlüssig, spannend und in irgendeiner Form relevant ist. Bei »Stilles Land« hat es bis lange nach der Premiere gedauert, bis ich mich unvoreingenommen dem Resultat der eigenen Arbeit nähern und nüchtern Gewinn und Verlust bilanzieren konnte.

Gab es Gemütskatastrophen, ausgelöst durch eine Mustervorführung?

Bei »Whisky mit Wodka« verließ mich einmal komplett mein Instinkt. Wir hatten eine große Szene mit Henry Hübchen und Valery Tscheplanowa gedreht, vorm Hotel in Binz, ein langer Dialog. Etwa drei Minuten lang, alles in einer einzigen Einstellung. Mit gutem Gefühl fuhr ich nach dieser Nachtschicht ins Hotel. Zwei Tage später die Muster, ich sah sie in diesem Falle allein, und schon nach Sekunden durchfuhr es mich wie ein Stromstoß: alles sehr gediegen, ja, aber doch total falsch, unstimmig, eingekitscht, zu langsam, kein Rhythmus, elend beleuchtet. Ich hatte mich zu wohl gefühlt mit den Schauspielern und mit dem Kameramann, ich hatte die Distanz verloren. Jetzt saß ich da, frühmorgens in meinem Hotelzimmer, an die zwanzig Minuten, eine Stunde vor dem beginnenden Drehtag. Regungslos. Hilflos. Schuldgefühle hatte ich – wegen eines Aufwandes, der vertan war. Und keine Möglichkeit, die Szene zu streichen, sie in ihrer Präsenz zu dimmen. Mit diesem Bauchgrummeln lief ich dann am Strand entlang, hin zum Drehort. Dann die Überwindung, das Aufsetzen der Alltagsmiene, einzig meine Assistentin fragte, was mit mir los sei, und mein Freund und Produktionsleiter Peter Hartwig hakte nach. In solchen Situationen, es ist nicht übertrieben, denke ich zu wenig an mich, ich denke wahrlich …

… das Leben der Anderen.

Ja! Deren Termine, deren Mühe! Produktionsleiter Peter Hartwig sagte nur: »Na, dann wiederholen wir das.« Das hört sich einfach, logisch, unkompliziert an – war es aber keinesfalls, bei diesem Produktionsvolumen. Aber so ist Peter, diese Leichtigkeit zeichnet ihn aus. Ich muss sagen, ich habe wirklich viele befragt, auch Wolfgang Kohlhaase. Natürlich die Produktionsfirma »Senator«. Der Produzent Christoph Müller fand die Muster gar nicht so schlecht, war aber der Meinung, wenn sie mir nicht gefallen, dann müsste es eben wiederholt werden, auch wenn das Geld kosten sollte. Es ist natürlich toll, solche Partner zu haben! Am Ende wiederholten wir die Szene tatsächlich. Anderer Drehort. Anderes Licht. Anderes Spieltempo. Andere Kameraführung. Anderer Szenenaufbau. Es war anstrengend für die Beteiligten, peinlich für mich und teuer noch dazu. Aber alle haben es verstanden, und am Ende hat es sich gelohnt, weil die nachgedrehte Version tatsächlich um Längen besser war. Auch ein Regisseur macht Fehler, und man sollte in solchen Momenten besser mit offenen Karten spielen. Dann hat man unter Umständen die Möglichkeit zur Korrektur. Natürlich darf so etwas nicht ständig passieren. Dann kriegt man irgendwann keine Arbeit mehr. Bei großen Produktionen in den USA wird nach dem Schnitt häufig noch mal eine Woche

Korrektur nachgedreht. Das ist dort regelrecht üblich – erstaunlich, wie es denen gelingt, das Team nachträglich wieder zusammenzutrommeln. Das funktioniert wahrscheinlich nur, wenn man es von Beginn an mitkalkuliert – und dies beruhigt während der Dreharbeiten ungemein: Aha, Nacharbeiten sind möglich. In der Zeit am Set wache ich nachts manchmal auf, mir rast das Pensum vom Tage durch den Kopf, ich baue in der Fantasie die Takes zur fertigen Szene und bilde mir plötzlich ein, etwas Entscheidendes vergessen zu haben. Irgendeinen Moment im Fluss des Erzählens. Schweißausbruch.

Was verabscheuen Sie eigentlich am meisten?

Bei der Arbeit?

Generell.

Wie kommen Sie jetzt auf so was?

Ihre Kraft für Verständnis, für die Verzwicktheit der meisten Dinge scheint unerschöpflich zu sein.

(*Lange Pause.*) Verabscheuen … Verabscheuen ist ein hartes Wort. Da muss ich wirklich lange überlegen, ob es überhaupt etwas gibt, das ich mit dieser Vokabel belegen würde. (*Noch längere Pause.*) Doch: Verrat. Ja, den verabscheue ich, den Bruch von Loyalität. Und das bezieht sich auf Vieles, auf Loyalität gegenüber der eigenen Arbeit oder gegenüber Freunden oder gegenüber Mitmenschen. Damit kann ich entsetzlich schlecht umgehen – wo ich das wahrnehme, werde ich wahrscheinlich auf anfechtbare Weise ungerecht. Ich kann das ab einem bestimmten Punkt nicht mehr verwinden, beim besten Willen und bei aller rationalen Einsicht in christliche Nächstenliebe und Bereitschaft zum Verzeihen. Ich will in so einer Situation vielleicht auf den anderen zugehen, pralle aber gegen eine innere Wand. Zur Verabscheuung trägt also bei, dass man durch den erfahrenen Verrat möglicherweise zu Verhaltensweisen gedrängt werden kann, die einen selber ungut machen, böse, schlecht – man gerät in Reaktionsmuster, die man eventuell nicht mehr kontrollieren kann. Wer mich verrät, treibt mich also unter Umständen dazu, dass meine fiesen Härten zum Vorschein kommen. Vergeltungsgelüst, Rachesinn, wer weiß. Alles, was sonst tief und unbehelligt ruht im Herz jener Finsternis, die wir alle in uns tragen. Und die zum Glück meist zeugenlos bleibt. Aber sie aufzudecken, dazu will ich nicht gezwungen und verführt werden. Ich möchte freundlich bleiben.

Interessant, dass Sie auch vom Verrat an der eigenen Arbeit sprechen.

Was ist daran außergewöhnlich? Jede Müdigkeit, jede geistige Leere, jeder Zeitdruck und jedes bisschen Erfolg arbeitet doch daran, uns auf Wege des geringsten Widerstandes zu locken. Wir wollen's leicht haben. Wir erheben die Routine zum übermäßigen Teil der Schöpferkraft. Wir beruhigen uns gern. Wir reden von mangelhaften Bedingungen und sind doch nur faul. Der Verrat am Maßstab hat säuselnde Stimmen, er bietet uns Deckung in Fehlern, die außer uns niemand bemerkt. Er beschwichtigt teilnahmsvoll wie kein anderer. Er ist der Krebs, der in jeder Inspiration, in jeder Idee, in jeder Arbeit lauert. Aber man darf ihn nicht zum Ausbruch kommen lassen. Wachheit ist Vorsorge, um nicht zynisch gegenüber den Dingen zu werden, die man tut. Die man doch, ich wiederhole mich, im Verbund mit anderen Menschen tut, mit fremder Zeit, fremdem Geld und fremder Zuwendung – und mit den Erwartungen eines neugierigen Publikums. Natürlich kann man am Drehort mal sagen, ach komm, das lassen wir jetzt, das ist egal oder das kriegen wir schon irgendwie gedeichselt – aber als grundsätzliche Haltung? Das ist etwas, wogegen ich scharf vorgehe. Der Zuschauer macht sich die Mühe, abends das Haus zu verlassen, sich in irgendein nicht funktionierendes öffentliches Nahverkehrsmittel zu setzen, er bezahlt Eintritt und setzt sich in einen dunklen Kinoraum, um dort die Welt zu erfahren. Er hat also ein Recht auf einen Film, in dem Herzblut, Genauigkeit und Leidenschaft stecken. Das kann für diesen Zuschauer am Ende vielleicht enttäuschend und empörend sein, aber doch bitte nicht wegen professioneller Schlampereien. Wir leben in einer so sehr gehetzten Welt, es ist eine so große Unruhe in uns allen, da sollte einem auch als Filmemacher bewusst sein, dass man sich in die Lebenszeit von Menschen einmischt. Das setzt Verantwortungsgefühl voraus.

Nun hat doch garantiert jeder Film auch Leerstellen, Punkte, wo es stockt und wo man dann mit Routine, mit Handwerk die Ratlosigkeit übermalt. Oder schlichtweg nur mit Überleitung befasst ist.

Natürlich. Das hat aber nichts mit dem Verrat am eigenen Maßstab zu tun. Selbstredend kann nicht alles gelingen. Und nicht in jedem gefilmten Augenblick geschieht Kunst. Höhepunkte sind doch keine mehr, wenn man dramaturgisch ein dauerndes Hochplateau daraus macht und sozusagen alles auf gesteigertem Niveau eingeebnet wird. Ja, manches an einem Film ist einfach nur nötig für den Fluss der Erzählung. Und es wäre furchtbar, würde man vor lauter Stil- und Kunstwillen verkrampfen. Man braucht für einen Film also auch Anlauf- und atmosphärische Flächen, über diese Flächen muss man sich schnell hinwegbewegen, um dann wieder einen schönen Absprungpunkt zu erwischen, von wo so ein Film dann erneut zu fliegen oder zu schweben beginnt. Den perfekten Film stellt man eh nicht her. Und beim nächsten Mal probiert man es halt wieder anders. In einem Gedichtband ist auch nicht jeder Vers ein Meisterwerk.

Alberto Giacometti sagte von seinen Skulpturen, er vollende sie nicht, er höre irgendwann einfach nur auf, weiter daran zu arbeiten.

Es gibt einen Spruch, einen Gedanken, den ich liebe, weil er den Weg von Werk zu Werk so wunderbar leicht, so liebenswert ironisch und wahrhaftig beschreibt: »Immer versucht, immer gescheitert. Einerlei. Wieder versuchen. Wieder scheitern. Besser scheitern.« Samuel Beckett. In einem Dokumentarfilm über den Maler Gerhard Richter kann man das, was dieser Spruch erzählt, gut beobachten: der Künstler als sein eigener unbestechlicher Maßstab. Irgendwann im Arbeitsprozess entscheidet er einfach, dass ein Bild fertig ist und prüft es. Und dann? Entweder er schmeißt es weg oder verkauft es für ein paar Millionen. Total verrückt irgendwie, aber der Maler selbst legt eben fest, was ihm gefällt. Wir sehen seine Arbeit an abstrakten Bildern, die mitunter kaum voneinander zu unterscheiden sind – aber das eine Bild wird leben, das andere dagegen wird übermalt. Einzig derjenige, der malt, ist der Maßstab. Sein Maßstab ist seine Freiheit, und er selber ist sein unbedingtes Risiko. Seine Beschränktheit auch. Und weil Sie vorhin von Kunst sprachen: Zuvörderst sieht man im Richter-Film, wie da jemand Farbschichten auf großer Wand aufträgt, kratzt, dann Schichten wieder bloßlegt. Wie er also arbeitet. Eine Oberfläche als Einladung, sie zu zerstören. Kunstausübung als ein Mix sehr lauter, sehr derber Geräusche: das Wegrücken der Leiter, die Schabetöne der großen und kleinen Spachtel, das Farbkarrengepolter. Mühe mit einem Handwerk. Nichts da mit Kunst. Der Maler weiß nicht, was das Bild birgt, aber seine Meisterschaft wird später darin bestanden haben, sich einem Geheimnis genähert zu haben, ohne es zu entblößen.

Gerhard Richter reagiert in dem Film auf Farbreize so, dass er sie verändern muss – indem er das weglässt, von dem er meint, es gehöre nicht zu ihm.

Das heißt: herausbringen, was ich muss – darauf läuft jedes Ausdrucksgewerbe hinaus. Richter sagt im Film, er mag nur Bilder, die er nicht kapiert. Ja, was man lediglich verstandesgemäß erfasst, kann langweilig sein: ob Bilder, Texte oder Weltsichten. Er tritt zurück von seiner bemalten, farbzerfurchten Fläche, sagt: »Jetzt einen Tag lang nicht hingucken«, dreht sich noch einmal um: »Mann, macht das Spaß!« Ist das nicht toll?

Welches Verhältnis haben Sie grundsätzlich zur bildenden Kunst?

Film ist ohne Bilder nicht denkbar, das sagt schon alles zu Ihrer Frage. Ernst Barlach liebe ich besonders. Wie schön, wie einfach, wie klar, wie menschlich. Ich habe jetzt regelrecht Scheu vor zu viel romantisierenden Worten. Aber du stehst vor einer Skulptur von Barlach, und sie wirkt so ganz selbstverständlich aus der Welt geschält. Das überwältigt. Barlach offenbart bei aller feinsten psychologischen Zeichnung doch immer auch ein starkes Abstraktionsvermögen. Und weil Sie Giacometti erwähnten:

Den mag ich auch. In der Nähe von Kopenhagen gibt es ein Museum für moderne Kunst, in dem ich schon mehrere Tage verbrachte. In einem großen Wintergarten befindet sich ein Giacometti-Saal – diese schmalen, grazilen Gestalten des Bildhauers gleichsam in eine Landschaftsarchitektur eingefasst. Das ist fantastisch. Das Museum liegt direkt am Wasser, man gerät dort überhaupt nicht in diese übliche Erschöpfung, die einen in Museen sonst unweigerlich überkommt. Lage und Anordnungen schaffen einen Erlebnisraum, in dem man, Kunst oder Natur schauend, den ganzen Tag verbringen kann und glücklich ist.

Scheitern. Wieder scheitern. Besser scheitern. Wer wie Sie diesen Gedanken mag – welches Verhältnis hat der zur immensen Zeit, die man für einen Film aufwenden muss? Vorarbeiten, Drehbuchfassungen ohne Ende, Kampf ums Geld, dann endlich Dreharbeiten, schließlich Schnitt, letztlich die Postproduktion. Das blanke Elend des zähen Gummibandes.

Es gibt Kollegen, die schneiden ein Jahr lang an einem Film. Das kann ich nicht, das ist für mich undenkbar. Meistens kommt nach maximal vier Monaten am Schneidetisch das Empfinden, nun wirklich alles ausprobiert zu haben. Um es profaner zu sagen: Ich habe dann einfach keine Lust mehr, die Sache ist für mich ausgereizt, so sehr man auch weitere Energien mobilisieren würde. Man hört auf – in dem Sinne, wie Sie Giacometti zitierten. Manchmal hilft der Druck durch einen Termin. Als wir 2011 die Einladung erhielten, »Halt auf freier Strecke« in Cannes zu zeigen, saßen wir noch am Schneidetisch. Das war Mitte April, und so um den 10. Mai herum sollte der Film beim Festival in Frankreich laufen. Knapp vier Wochen für die gesamte Endfertigung – Schnitt, Vertonung, Lichtbestimmung, Tonmischung, Untertitel in Englisch und Französisch, Plakat, all das, wofür man sonst Monate braucht. Unmöglich! Nein, nicht unmöglich, es klappte. Peter Rommel kündigte ich an, nach dem Cannes-Termin alles noch mal »aufzumachen« und sozusagen in nachholender Ruhe die Endfassung herzustellen. Tatsächlich aber korrigierten wir nur noch Lichtbestimmung und die Tonmischung in ein paar Details, sonst blieb der Film, wie er aufs Festival geschickt wurde. Er war irgendwie fertig, und ich war es auch. Schluss. Du kriegst ab einem bestimmten Punkt nicht mehr den Energieschub, der nötig wäre, wirklich noch was Entscheidendes anzustoßen. Dann doch lieber gleich was Neues anfangen, statt Flickwerk zu betreiben. Irgendwann gucken Schnittmeister und ich uns tief in die Augen: Lass es, komm, fertig.

Zum letzten Mal Orson Welles: Er meint, was ein Regisseur können müsse, das sei an einem verlängerten Wochenende zu erlernen.

Ach, das ist nun wirklich pure Koketterie! Klar, die technischen, fotochemischen Zusammenhänge sind erklärbar. Aber einer, der Leichen seziert, ist noch lange nicht jemand, der den Geheimnissen der Seele auf die Spur kommt. Und ein Film ist erst dann entstanden, wenn er eine Seele hat. Das Handwerkliche lässt sich sehr wohl erlernen, es macht einen Großteil der Arbeit aus, aber es ist eben letztlich nicht das Entscheidende.

Alfred Hitchcock spielte in seinen eigenen Filmen mit – aber so, dass man ihn leicht auch hätte übersehen können. Der Magier der Regie als unauffälligster der Kleinstdarsteller, und der absolute Rand der Filme als Nachweisort für eine unübersehbare Aura. So wurde Hitchcock auch als »Schauspieler« berühmt, und das Publikum begann früh, des Regisseurs Werke nach diesem selber abzusuchen. In »Nachtgestalten« sind Sie, kurz im Bild, ein »Lufthansa«-Angestellter im Ankunftsbereich von Berlin-Tegel.

Aber beileibe nicht auf Nachahmungsspuren von Hitchcock! Ich merkte nur, dass sich das Team, wenn ich vor der Kamera auftauchte, wie Bolle amüsiert – auch über meine Ungeschicklichkeit. Es löst die Stimmung, bringt eine spielerische Atmosphäre. Deswegen mag ich Auftritte von Teammitgliedern grundsätzlich sehr gerne. Es gibt ein paar Filme, in denen ich drin bin, am auffälligsten sicherlich in »Willenbrock« – es ist eine Hochzeitsgesellschaft, und ich heirate in einer Szene die Maskenbildnerin des Films. Aber da spielt das gesamte Team mit, auch die Drehbuchautorin Laila Stieler. Und der Regisseur gibt sich eben auch die Blöße – ach, warum denn nicht …

Aber wo es am komödiantischsten ist, in »Whisky mit Wodka«, dem Film übers Filmen – da sind Sie nicht zu sehen.

Es fand sich nichts, ohne krampfig zu werden. Außerdem gibt es in diesem Film den Regisseur, den Sylvester Groth spielt – mein Alter Ego, wenn man so will.

Der ist es, der den Satz schreit: »Ich bin kein Eimer, in den jeder scheißt.«

Ja. Er *ist* aber der Eimer.

Wie Sie?

Klar. (*Lacht.*) Ich bin durchaus auch der seelische Mülleimer, der Kindergärtner, Seelentröster, Witzemacher, Ermunterer. Wenn man das nicht sein will oder sein kann, dann sollte man den Job besser nicht machen.

Befehlen Sie am Set?

Ich unterspiele eher. Ich würde nie zu einem Schauspieler sagen: Du, die Szene heute ist besonders wichtig für den ganzen Film, denk dran!

Sondern?

Ich würde eher sagen: Ach, komm, es ist scheißegal heute – wenn wir's nicht gut machen, versuchen wir's morgen, und wenn wir es morgen nicht schaffen, dann sind wir eben zu doof. Es gibt Regisseure, die arbeiten mit Druck, und sie arbeiten verdammt gut und erfolgreich. Aber für mich wäre das nichts. Ich brauche für den Produktionsprozess die Möglichkeit, mich auch laut und öffentlich irren zu dürfen. Ein Schriftsteller oder Maler ist mit seinen Fehlern allein, ich begehe sie vor vielen Menschen. Das kann peinlich sein, also muss man dann auch öffentlich zurückrudern können. Es gibt ein altes Wort für Regisseur, das mag ich sehr, es lautet: Spielleiter. In dem Begriff steckt Spiel, da ist also nicht dieser heilige Ernst von Kunst, den die Bezeichnung Regisseur umweht. Der Spielleiter ist derjenige, der ein paar Regeln festlegen muss, weil ein Spiel ohne Regeln nicht funktioniert. Spielen wir also! Mein Gott, von einem misslungenen Film geht doch die Welt nicht unter!

Spielleitung – die Ufa benutzte den Begriff.

Deshalb scheute ich mich bislang, das Wort zu verwenden. Man deutschte damals nach Kräften alles ein, und so erhielt durch Hitler auch diese Bezeichnung einen Makel. Aber das Wort ist wunderschön, und bei »Halbe Treppe« stand ich kurz davor, es im Abspann zu verwenden. Die Furcht vor der Nazi-Assoziation siegte. Wobei das Wort trotzdem meine Arbeit trefflich erfasst. Das Leichte und das Logistische. Vielleicht benutze ich die Bezeichnung irgendwann doch – Sprache hat ein Recht, rehabilitiert zu werden. Regie! Mich nervt dieses Kunst-Getue, das damit in Verbindung steht.

Henry Hübchen und Sylvester Groth sagten in einem Making-of zu »Whisky mit Wodka«, Sie seien einer der wenigen Regisseure, die am Drehort auf ungewöhnlich sensible Weise mit Schauspielern arbeiteten.

Was soll ich dazu sagen! Ich bin ja leider nicht dabei, wenn andere Regisseure drehen.

Reden Sie viel am Set?

Ich habe keine Formeln, keine Regeln, keine Modelle. Aber ich weiß, dass man durch zu viel reden einiges kaputtmachen kann. Profan gesagt: Inzwischen habe ich mir angewöhnt, relativ schnell zu drehen, mehr und mehr auch ohne vorherige Proben – oder wir setzen eine Probe an und drehen die gleich mit, gleichsam heimlich. Dies ist die Feier einer Jungfräulichkeit, da noch keine Regieansage das Spiel versaut hat. Aber alles Einzelne, was man tut, es kann heute richtig und morgen falsch sein.

Regieanweisungen »versauen«?

Mitunter, ja. Du sitzt am Schneidetisch, siehst den ersten Take und sagst: »Wunderbar«. Und dann siehst du von der Szene die nächsten Takes, und es wird blasser und blasser. Toll, denke ich, hast die Leute vollgequatscht mit superklugen Bemerkungen, und das Leben ist aus der Szene rausgeflogen wie die Seele aus dem Verstorbenen. (*Lacht.*) Wahrscheinlich ist das die eigentliche Befähigung des Regisseurs: jene

Szenen auszuwählen, in denen er am wenigsten vorkommt mit seinen Belehrungen, Bedrängungen, Beeinflussungen. Das rabiat Lakonische kann manchmal mehr helfen als das sinngetränkte Gelabere. Was überhaupt kein Gegensatz ist zu ausführlichen, tiefen Gesprächen über Film und Figur, über Gott und die Welt. Aber alles hat seinen Ort und seine Zeit. Und man muss hellwach sein, wenn Schauspieler unmittelbar beim Drehen Dispute anstacheln. Das kann Aufschubwille sein, Unsicherheit, Hinauszögern von Praxis. Ich neige dann zur ganz primitiven Volksweisheit: Probieren geht über studieren.

Alles für die Lebendigkeit!

Um die Natürlichkeit einer Szene zu gewährleisten, kann man auch mal zu Tricks greifen. Man setzt zum Beispiel eine Stellprobe am Set an, aber die Kamera läuft listigerweise schon mit. Keine Klappe, kein »Bitte!« Wichtig ist nur, dass die Schauspieler in Kostüm und Maske sind und das Team sicher »funktioniert«, ohne dass die Agierenden vor der Kamera das merken. Und wenn ein Darsteller hinterher sagt: »Mann, ich hab doch noch gar nicht richtig gespielt!«, dann kann man meist davon ausgehen, dass er gut war.

Das heißt, Sie bereden bei der Arbeit gern beiläufig, was im Film aber möglicherweise von entscheidender Bedeutung sein wird?

Ja, schon. Aber wieder: keine Gesetzlichkeit, kein verlässlicher Leitfaden, nein, das überhaupt nicht. Nur eines: Erfahrung, Naturell, Gefühl. Ich weiß von mir: Ich habe kein Talent, Leute unter Druck zu setzen. Susanne Bormann …

… bei Ihnen Hauptdarstellerin in »Raus aus der Haut« und »Nachtgestalten«.

Ja. Susanne erzählte mir Folgendes: Sie arbeitete mit einem bekannten Regisseur, der rannte bei jedem Take wenn die Kamera schon lief noch mal zu ihr ins Bild und machte direkt vor ihrer Nase eine auffordernde, energetische Geste. Nach dem Motto: Jetzt gilt's! Ich neige eher zum

Gegenteil: Angespanntheit lösen, Nervosität rausnehmen! Bei unserem Film »Raus aus der Haut« …

… dem ersten Film übrigens, in dem ein junger Spieler namens Matthias Schweighöfer auftauchte …

Ja. Da gab es eine Szene, in der musste Susanne Bormann weinen. Eine Liebesszene, mit Fabian Busch. Susanne hatte Angst, sie war noch Schülerin – wie sollte sie das packen: die Traurigkeit, die Tränen? Sie kam unter hoher Anspannung nach der Mittagspause in die Dekoration. Das Team war darauf eingeschworen, sich überhaupt nicht um sie zu kümmern und scheinbar den Drehort einzurichten. Alle spielten Chaos, alle hatten zu tun, jeder war emsig beschäftigt, Susanne konnte sich gleichsam bei der Vereinsamung zusehen – und das an so einem wichtigen Tag. Auch ich tat, als gebe es sie gar nicht. Da stand dieses kleine zarte Wesen, total verloren an einem rücksichtslos lauten, unbeteiligten Drehort – Susanne hatte Zeit und fühlte sich unbeobachtet. Ich weiß nicht, woran sie in diesen Minuten gedacht hat, aber irgendwann standen ihr die Tränen in den Augen. Natürlich hatte ich das Team bei aller Simulation gebeten, auf Signal sofort einsetzbar zu sein. Ich brauchte bloß noch leise zu sagen: »Ruhe bitte, wir drehen, Kamera ab!« – Susanne war kurz irritiert, dann ging es los. Und es war wunderbar. Alles ohne dieses grausame »Jetzt gib alles!« Meine Arbeit als Regisseur ist es, Schauspielern den weichen Teppich auszurollen – für solche Situationen.

Am Set geben oft Aufnahmeleiter oder Assistenten die technischen Befehle, dieses: »Ruhe bitte, wir drehen!«

Ich mache das selbst. Zu meinen Handwerks«geräten« gehört die Sprache. Selbst ein »Ton ab!« kann man auf sehr verschiedene Weise aussprechen. Fordernd. Leise. Hastig. Oder eben erst nach einer kleinen, verzögernden Pause. Das möchte ich niemandem überlassen. Der Ton am Set fällt in meine Zuständigkeit. Man soll in jedem Moment spüren, dass ich anwesend bin. Und alle mögen merken, wo sich bei der Arbeit das Zentrum befindet.

Sie improvisierten in einigen Filmen, kein Drehbuch war vorgegeben, und Sie tun dies inzwischen, unter den deutschen Regisseuren, mit preisgekrönter Meisterschaft. Wenn Sie nicht improvisieren, dann ist, neben Laila Stieler, auch Wolfgang Kohlhaase einer Ihrer Drehbuchautoren: ein präzis-poetischer Schriftsteller. Ein Dramatiker. Ein Dialog-Baumeister. Wie haben Sie ihn kennengelernt?

Es muss in den neunziger Jahren gewesen sein, ich war in die Akademie der Künste gewählt worden, und bei der Gelegenheit traf ich Wolfgang das erste Mal. Irgendwie schlich ich um ihn herum, voller Wertschätzung und Bewunderung. Er lobte meine Filme, ich war beglückt, aber ich nahm das für eine nette Geste ohne Bedeutung – so wie die formelhafte gegenseitige Bekräftigung: Man müsse mal was gemeinsam machen. Bis überraschend das dreißigseitige Manuskript »Sommer vorm Balkon« eintraf.

Wertschätzung und Bewunderung: Beschreiben Sie's bitte!

Mit Kohlhaases Filmen bin ich gewissermaßen groß geworden. Dialoge von »Solo Sunny« kann ich heute noch auswendig. Er ist einer der Autoren, bei denen ich als Zuschauer am stärksten erfuhr: Filme bleiben, indem Fragen bleiben. Bei Kohlhaase dürfen die Menschen so sein, wie sie sind. Das ist schön. Und sie müssen bleiben, wie sie sind. Das ist hart. Das zu entdeckende Amerika liegt vorm Küchenfenster – aber fall bloß nicht raus, wir sind im dritten Stock, nicht tiefer, aber auch nicht höher. Er schreibt seine Gestalten nicht in die große Veränderungskurve hinein, er schießt ihnen keine Richtungspfeile ins Herz, so dass sie freudig auf den einzig rechten Weg fallen. Von nichts sieht er ab, jedoch verfolgt er niemanden mit pädagogischer Absicht. Er beobachtet, er liebt, er lässt leben, am liebsten an hinfälligsten Aufenthaltsorten.

In Berlin-Prenzlauer Berg etwa, wo »Sommer vorm Balkon« spielt.

Dort, wo Leben scheinbar stillsteht, geschieht am meisten. Erinnerung: »Der nackte Mann auf dem Sportplatz« mit einem so herzstark leisen, sanften Kurt Böwe – ein mutig stiller, ein leider unterschätzter

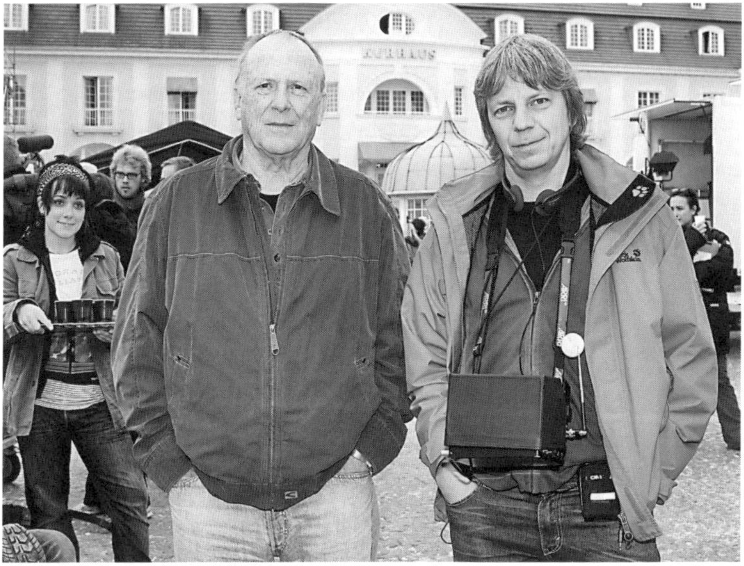

Mit Wolfgang Kohlhaase

DEFA-Film von Konrad Wolf und Wolfgang Kohlhaase über die größte Menschenkraft: einfach das Seine zu tun, ohne sich dem Urteil der Welt unterzuordnen. Schwerste aller Künste. Der Berliner Kohlhaase, der seit Jahrzehnten leidenschaftlich am Sandsack boxt, hat für all seine Arbeiten immer Ehrlichkeit zum Ausgangspunkt gehabt …

… die er mal als »Feind des Schweigens, der Verdrängung, der Entfremdung« bezeichnet hat. Ein Satz von 1976.

Ein Satz für alle Zeiten. Wolfgang ist ein sehr besonderer Mensch, er hat eine wunderbare Gabe, komplizierte Sachverhalte in grandios klarer Sprache auszudrücken, die zugleich höchst poetisch ist. Er sagt: »Dramaturgie ist ein System von Regeln gegen die permanente Bereitschaft eines Publikums, sich zu langweilen.« Aphoristik pur! Und so sind seine Dialoge: lakonisch, echt – und doch große Kunstform.

Die Kunstform. Ist sie schauspielerfreundlich?

Gute Frage. Die Kernfrage. Denn Wolfgang ist von grandioser Raffinesse. Seine Dialoge verführen zur Leichtfertigkeit, sie machen den Eindruck des sogenannten Authentischen, man meint, sie leichthin reden und spielen zu können. Irrtum! Es ist Literatur, der man das nicht sofort ansieht. Er schreibt also genial tückisch. Was nach Alltagssprache klingt, ist eine Kunstsprache, die sich in keinem Moment naturalistisch verhält. Aber doch den Anschein dessen erweckt! Das ist sie, die Tücke. Man darf als Regisseur nicht in die Falle tappen, da irgendwelche Ähs und Alltagsverschleifungen einzubauen. Im Theater ist das ein wenig mit Horváth vergleichbar – es scheitert, wer diese Sprache in darstellerischen Naturalismus ummünzen will. Nein, das lehnen die Figuren ab, das verweigern sie. Sie schützen sich. Sie legen nicht ihre Seele aufs Tablett.

Sie erwähnten die DEFA. Was denken Sie, wenn Sie den Begriff DEFA-Film hören?

Dass ich nie einen gedreht habe. Und nur bei einem einzigen meiner Filme konnte ich in den Babelsberger Studios drehen – aber da gab es schon keine DEFA mehr. In der Summe entstand dort gewiss auch viel Mittelmäßiges, wie in jeder nationalen Filmproduktion, einiges aber hatte große Qualität, etwa Filme von Konrad Wolf und Wolfgang Kohlhaase, von Roland Gräf, Günter Reisch, Egon Günther, Frank Beyer, Rainer Simon oder Ulrich Weiß. Man nennt nur wenige Namen und ertappt sich sofort bei der Ungerechtigkeit, andere weggelassen zu haben. Und: Filme in der DDR konnten gut oder schlecht sein, aber ich kann mich an keinen einzigen Film erinnern, der zynisch gewesen wäre. Bei DEFA denke ich natürlich auch an deren Ende und eine bestimmte Grundgesetzlichkeit, deren Opfer sie wurde: Geschichte wird von Siegern geschrieben.

Das klingt hart.

Es ist hart gewesen, für viele. Ich sage das aber ohne Zynismus oder Gefühlskälte: Es war schon immer so in der Geschichte. Doch ich möchte weder die DDR zurückhaben noch das DEFA-System. Keinesfalls. Besser im Dschungel als im Zoo.

2008 äußerte sich Volker Schlöndorff sehr abfällig über die DEFA-Produktion, Sie schrieben daraufhin eine ganze Seite in der »Zeit« und wurden damit zum empört-leidenschaftlichen Anwalt der ostdeutschen Film-Geschichte.

Mich erzürnte das pauschale Urteil. Aber Volker und ich haben uns längst wieder vertragen, er ist ein kluger, spontaner Mensch, mit großer »Fähigkeit«, sich in herausplatzender Direktheit und Unbedachtheit ins Missverständnis zu verrennen und dann, wenn man zurückrudern sollte, noch eine weitere Ladung Öl ins Feuer zu kippen. Sein Gemüt perlt, und was er sagt, ist manchmal schneller als der Gedanke, der viel differenzierter sein möchte. Und so erkannte er auch die Tragweite seiner Zorn schürenden DEFA-Bemerkung erst mal nicht, die dann fast ein Jahr lang eine Riesenwelle schlug. Die Angelegenheit machte ihm selber arg zu schaffen. Er ist doch eigentlich keiner, der Feinde sammelt. Schließlich hat er sich dafür entschuldigt.

Er war ja in den neunziger Jahren Geschäftsführer der Babelsberger Studios. Er sagte: »Den Namen DEFA habe ich abgeschafft, die DEFA-Filme waren furchtbar. Die liefen damals in Paris, wo ich studierte, nur im Kino der kommunistischen Partei. Wir sind da reingegangen und haben gelacht. Der Name musste weg. Bei der DEFA hatte alles vor sich hingesuppt.«

Mir ging es damals im Text für »Die Zeit« gar nicht so sehr nur um Volker Schlöndorff, sondern um eine Kritik an der generellen Sicht auf Filme aus dem Osten. Die Diskussion um »Das Leben der Anderen« stand noch im Raum, und ich fragte mich, welche Filme werden im neuen Deutschland über die DDR gedreht und welche nicht? Welche Stoffe werden bevorzugt, welche weggedrängt? Und was ist mit jener verlorenen DEFA-Generation, die ihre Laufbahn mit ersten Filmen begonnen hatte, aber nicht mehr wirklich zum Zuge kam. Jörg Foth, auch der erwähnte Ulrich Weiß, Michael Kann, Evelyn Schmidt. Sie verloren sich im Strudel des Umbruchs. Oder sie wurden mit ihren Ideen abgewiesen. Ich empfinde das als bitter und tragisch. Die Produzenten interessierten sich damals weit mehr für die Jüngeren, die gewissermaßen »unbelastet« von der Schule kamen, Leute wie mich. Ich war zum richtigen Zeitpunkt an der richtigen Stelle. So etwas geschieht unabhängig von einem selbst. An die richtigen Partner geraten, nutzte ich meine Chance – konnte sie nutzen, weil es sie gab. Ich profitierte vom Wechsel der Zeitläufe, ein biografisches Glück, ein Zufall – andere aus der fast schon mittleren Generation waren eindeutige Verlierer, und die noch Älteren, schon bewehrt mit einem Lebenswerk, zogen sich in die Trauer zurück. Oder krochen bewusst in eine Schmollecke. Da gab es also wirkliche Würde, falschen Stolz, fehlende Kraft und da und dort wohl auch unproduktiven Hochmut.

Andreas Dresen, ein Film von Ihnen hat Premiere – sitzen Sie mitten unter den Zuschauern?

Ja, so gut wie immer.

Bei Premieren eigener Theaterinszenierungen auch?

Ja. Da aber an einem geschützten Platz mit Fluchtweg im Rücken. (*Lacht.*) Mitten in den Saal wage ich mich nicht. Nur im Deutschen Theater Berlin, 2002, als ich »Zeugenstand« inszeniert hatte, blieb ich ganz draußen und habe mich still betrunken. Ich fürchtete ein totales Desaster. Es war das Jahr nach dem Tod meines Vaters, und plötzlich erschrak ich vor der eigenen Hybris, ausgerechnet an das Haus seiner legendären Inszenierungen gegangen zu sein. Dazu noch mit einem eigenen Stück und einem heiklen Thema: Täter und Opfer der RAF – unter den Zuschauern saßen viele, die jene bleierne Zeit miterlebt hatten, auch Angehörige der damaligen Opfer. Mir war sehr, sehr mulmig.

Mehrfach bereits führten Sie Regie am Theater. Das heißt am Ende der Proben: eine Inszenierung loslassen zu müssen, dann, wenn sie, mit Pub-

likum, zu leben beginnt. Ist der fertige Film ein Endprodukt, so ist es die Theateraufführung beileibe nicht.

Ja, am Theater überkommt mich spätestens bei der Generalprobe ein feierliches Gefühl: So, ich vertraue euch, ich übergebe euch jetzt alles, habt Spaß! Ich bin dann auch nicht der Typ, der kontrollsüchtig in die zweite oder dritte Vorstellung geht, auf gar keinen Fall. Ich freue mich, wenn ich zur fünften oder sechsten Vorstellung komme, alles ist vielleicht ein paar Minuten kürzer und die Schauspieler haben sich die Dinge zu eigen gemacht. Wenn die Arbeit gut war, wird auch die Aufführung mit der Zeit meist besser, leichter. Nur bei meiner ersten Inszenierung, bei »Urfaust« in Cottbus, da setzte ich nach zwei Jahren eine Woche Überarbeitungsproben an. Das war eine sehr pointierte Aufführung, die Schauspieler hatten sich mit der Zeit ein bisschen draufgesetzt auf den Witz, ich fand, einiges sei unpräzise geworden. Christoph Schroth erlaubte mir diese zusätzliche Probenzeit. Und beim Horváth am Deutschen Theater probte ich auch nochmal, als die Aufführung nach zwei Jahren Laufzeit von den Kammerspielen ins Große Haus umgesetzt wurde.

Einen »Unfugladen« nannte Kurt Böwe das Theater. Er hat einen wunderschönen Text darüber geschrieben, und man kann ihn natürlich auch auf den Film beziehen: »Wenn ein Kind beim Spiel, also ganz bei sich ist, kommt absehbar die elterliche, antinaive Aufforderung: ›Hör auf mit dem Unfug!‹ Da haben wir den Urgrund aller Schauspielerei: den Unfug. Der Theatermacher ist ein Mensch, der – so Max Reinhardt – seine Kindheit in die Tasche gesteckt und sich auf und davon gemacht hat. Unterwegs ist er auf Jahrmärkte gestoßen und hat Dinge getrieben, wie Bosch es auf seinem Gemälde ›Der Gaukler‹ zeigt: Während vorn gezaubert und komödiantisch aufgespielt wird, schneidet hinten einer einem Zuschauer den Geldbeutel vom Gürtel. Gar dem, der am meisten staunt, der sich also am tiefsten von der Kraft des Spaßmachers verführen lässt. Ehe also vom hohen Sinn der theatralischen Unternehmungen geredet sein soll, wollen wir doch zunächst vom tiefen Unsinn sprechen, den wir Bühnen-Barden treiben. Das Theater ist keine Schule, keine Kirche, keine Anstalt, es ist ein

Unfugladen. ›Wäsche weg, die Komödianten kommen!‹ So warnte man bei uns in der Prignitz, und hatte Bosch also verstanden. Theater ist zum Staunen. Aber beim Staunen bitte auf den Geldbeutel achten!«

So herrlich komödiantisch und gewieft läuft Kurt auch als Theaterintendant einer Provinzbühne der DDR durch unseren Film »Stilles Land«. Ich mag diese Lust am Gauklertum. Mir haben stets solche Geschichten gefallen wie die von Rolf Ludwig, der im Deutschen Theater in einem tief ernsten Drama spielte und zwischendurch, wenn er eine Weile keinen Auftritt hatte, mal eben aus Spaß, ungeplant und meist auch betrunken schnell in den Kammerspielen nebenan noch einen improvisierten Auftritt auf die Bretter legte. Das ist Theater in seiner ganzen Clownerie und seinem unübertreffbaren Übermut. Ich bin sofort verführbar, wenn es darum geht, in einer laufenden Vorstellung mit besagtem Unfug aufzuwarten. In Basel hatte ich »Don Giovanni« inszeniert, und als die letzte Vorstellung lief, fand gerade die Fußball-Weltmeisterschaft statt. Da verkleideten wir uns – Kostümbildnerin, Dramaturgin, Ausstatter und ich – als Schweizer Fußballfans, beladen mit Fan-Artikeln, und mischten uns ins Finale des 1. Aktes. Diese ziemlich große Szene war als Maskenball inszeniert, eine Menge Leute auf der Bühne – und wir da inmitten. Musikalisch sehr anspruchsvoll diese Szene, wir haben da natürlich nichts zerstört, aber wir fielen auf, und die Sänger starrten recht verblüfft auf diese Typen, in die wir uns verwandelt hatten. Die Zuschauer registrierten das heiter als nationale Selbstironie, sie hielten uns für Kleindarsteller. Ich mag so was. Ich mag auch das Bekenntnis zum Live- Charakter des Theaters, da kann immer mal was schiefgehen, und manchmal werden die Zuschauer erst an solchen Stellen sehr, sehr wach.

Welcher Theaterdichter wäre denn so ein unbekannter Kontinent, zu dem Sie unbedingt hin wollen?

Tschechow. Shakespeare. Das wäre: in die Schule gehen bei den Königen. Tschechow wurde mir schon angeboten von einem Theater, ich sagte aber ab. Alles, was mir dazu durch den Kopf ging, kam mir so elend naheliegend vor.

Und Kleist?

Da fällt mir auch nur eines ein, jedenfalls zum jetzigen Zeitpunkt: Hochachtung, totale Ladehemmung, Angst. Ich habe genügend andere Spielfelder, um zu scheitern.

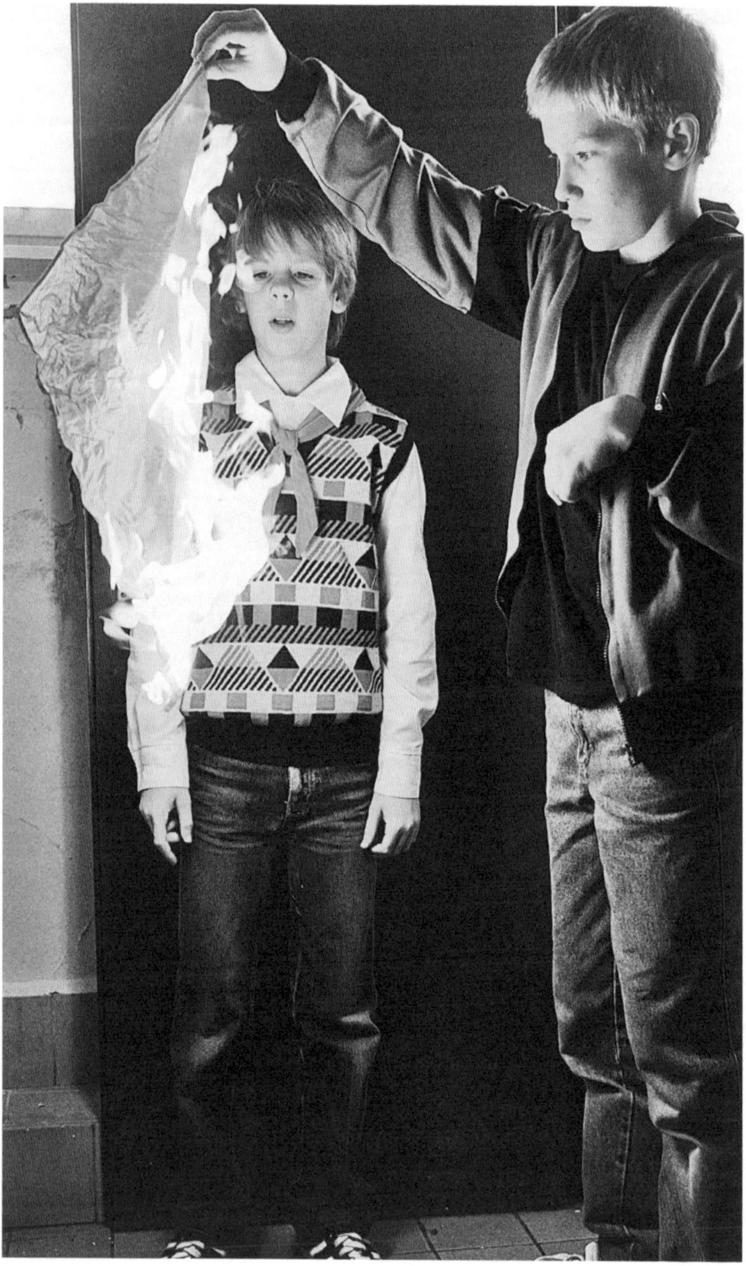

Das dritte Gespräch

über

Regietheater und Marionetten
Teufelsspuk in der Turnhalle
Schweinsköpfe mit Zigaretten
Stasileute am Bett
Die traurige Lokomotive
Eine Widmung für Adolf Dresen
Romantik der Milchausfuhr
Die Universität namens Günter Reisch
Panzer und ein Foto des Elends

◂ »Als wir träumten«: Kindheit – der Wunsch zu zündeln Dani (Chiron Elias Krase) und Rico (Tom von Heymann)

Herkunft ist Milieu. Wie sind Sie aufgewachsen?

Mit meiner Mama wohnte ich einige Jahre in einer Einraum-Neubauwohnung, in einem Hochhaus in Schwerin-Lankow. Meine Mutter, die Schauspielerin Barbara Bachmann, war lange allein, mein Vater Adolf Dresen lebte in Berlin. Beide hatten sich früh getrennt, ich war noch ein Kleinkind. Geschlafen habe ich auf dem Flur, in einem Klappbett. Das Bad war kein Bad, es war so, wie es hieß: eine Nasszelle. Auch die Küche kann man rückblickend nur als Zelle bezeichnen. Aber wir waren glücklich, so eine Neubauwohnung war in den sechziger Jahren ein riesiges Geschenk.

Und wo spielten Sie als Kind?

Im Matsch des Neubaugebiets, das ein schier ewig unfertiges Gelände war. Auf der anderen Seite des Hausflurs wohnten afrikanische Bauarbeiter – wenn wir hinübergingen zu ihnen, glich das einem Abenteuer. Die spielten mit uns, sie waren wirklich nett. Und abends, wenn meine Mutter Vorstellung hatte, betreuten mich Bekannte und Freunde. Am Tag half der Kindergarten des Theaters, wo wir Kleinen unseren Ort hatten, wenn Mütter oder Väter zur Probe gingen. Ich denke, dass ich aufgrund dieser Umstände ziemlich früh selbstständig wurde. Meine Mutter war so unglaublich lieb! Ich sah ihr sofort an, wenn sie das Gefühl überkam, vielleicht nicht in gewünschtem Maße für mich da sein zu können. Es lief abends eine Vorstellung, und daheim wachte ich auf, ohne Mama – für ein Kind schrecklich, diese plötzliche Einsamkeit! Und für eine Mutter eine bleibende Belastung. Ich war es dann oft, der ihr das schlechte Gewissen wegstreichelte. Denn zur Wahrheit gehört, dass ich nachts in meinem Schlafanzug einfach losgehen konnte, zu den Nachbarn – es gab in meinem Leben von früh an das durchgängig gute Gefühl, aufgehoben zu sein.

Als Sohn einer Schauspielerin sind Sie gleichsam mit dem Theater und im Theater aufgewachsen.

Aus einer Seitenloge heraus sah ich in Schwerin meine ersten Märchenvorstellungen. Zwischendurch saß ich bei den kostümierten Schau-

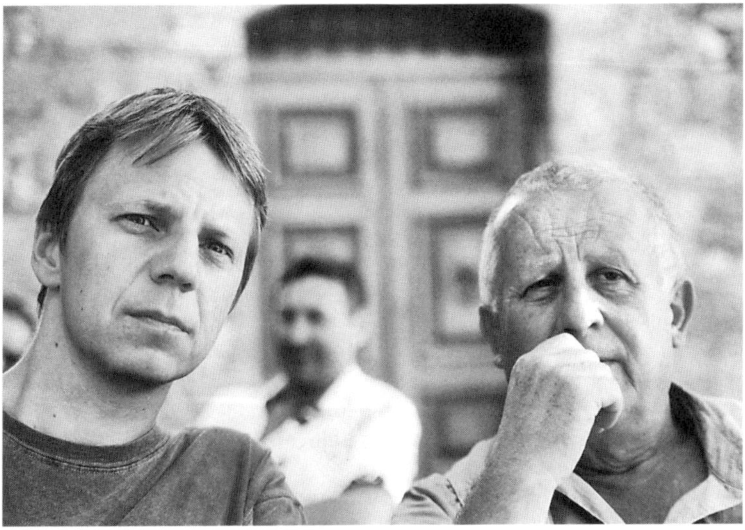

Mit Christoph Schroth

spielern in der Kantine. Sie besaß etwas Absurdes, diese doppelte Welt. Illusion und Desillusion gleichermaßen. Bei »Der nackte König« von Jewgeni Schwarz trugen einige Darsteller Schweineköpfe, und immer kam der Aufruf vom Inspizienten: »Die Schweine bitte auf die Bühne, die Schweine bitte zum Auftritt!« Und ich sah, wie fünf oder sechs lustlose Leute ihre Zigaretten ausdrückten und hinauf ins Märchen stapften. Man kann das verallgemeinern, und im Film »Stilles Land« habe ich es auszudrücken versucht: Draußen schöner Schein, hinten Aschenbecher – das ist sie, die Welt. Zumindest die der Gaukler. Eine Welt, in der alle so tun, als ob – und die dabei doch unabweisbar nach Pappmaché riecht. Die Wahrhaftigkeit der Komödianten besteht darin, dass sie uns etwas vormachen, drinnen im Theater oder im Kino, mit der Hoffnung, wir erkennen irgendeine Wahrheit und lernen so, einander weniger vorzumachen, draußen im Leben.

Eines Tages dann kam Christoph Schroth in Ihr Leben.

Da war ich zehn oder elf. Es gibt ein Porträtbuch über ihn, und darin habe ich beschrieben, wie für mich aus Christoph Schroth »Chrissie« wurde.

Andreas Dresen über Christoph Schroth

»Er drang zuerst als Gerücht an mein Kinderohr, das aus dem Theater herüberschwappte. Eine neue Schauspielleitung sollte es geben, und wie immer bei solch einem Wechsel hatten alle ein bisschen Angst. ›Schroth kommt‹, hieß es etwas aufgeregt, und was das wohl werden würde mit ›Schroth‹. Auch Schauspieler sind manchmal ein wenig konservativ, die Angst vor Veränderungen jedenfalls saß allen in den Knochen. Und auch die Angst, rausgeschmissen zu werden, wenn ›Schroth‹ mit neuen Leuten Einzug hielte. Es war 1974, meine Mutter hatte auf ein Textbuch einen Zug gemalt, in dem ›Schroth‹ mit seiner Berliner Truppe winkend anrückte. Es war ein eher fröhliches Bild, und offensichtlich ist es auch nicht so schlimm wie befürchtet geworden ... Irgendwann jedenfalls tauchte ›Schroth‹ dann plötzlich bei uns zuhause auf, ein kleiner Mann, lustig, energisch, ganz herzlich. Trotzdem dauerte es eine Weile, bis aus ›Schroth‹ für mich Chrissie wurde. Ich wollte meine Mutter natürlich für mich alleine behalten und ging mit dem Egoismus eines bockigen Kindes vor. Einmal warf ich dem Neuen die Wohnungstür vor der Nase zu, was mir den Zorn meiner Mutter einbrachte. Und dann hat mein Vater Adolf mir einen Brief geschrieben. Er spürte wohl, dass ich Angst hatte, ihn zu verlieren, wenn Chrissie zu uns ziehen würde. Und er setzte sich für ihn ein: ›Ich werde wie

früher zu euch kommen und bin und bleibe Dein Papi jetzt und immer … Ich kenne Christoph Schroth nicht so sehr gut, aber was ich von ihm kenne, gefällt mir. Ich würde gerne sein Freund sein, und gewiss könntest du es auch sein.‹ Chrissie war geduldig. Er hatte schließlich selbst schon Kinder, er ließ mir Zeit. Von irgendeiner Erbschaft hatte er ein bisschen Westgeld. Davon kaufte er mir Matchbox-Autos im Intershop. So einen kleinen rosa Jeep und einen Krankenwagen, wo man hinten die Tür aufklappen konnte. Die Autos habe ich heute noch. Zugegeben, es war Bestechung, aber Chrissie eroberte mich natürlich vor allem durch die Fröhlichkeit, die er ganz offensichtlich in unsere kleine Wohnung und in das Herz meiner Mutter brachte. Es machte Spaß, wenn er laut singend kochte oder mit mir tanzend über eine Wiese hüpfte. Plötzlich gab es einen liebevollen Mann in unserer kleinen Familie, der zwar nicht mein richtiger Vater war, aber was machte das schon? Und was ist überhaupt ein ›richtiger‹ Vater? Mir schien jedenfalls, ich hätte plötzlich zwei davon. Und Chrissie war derjenige, der den Alltag mit mir teilte. Es gab Momente, da Chrissie verzweifelt war und die Diskussionen auch zuhause heftiger wurden. ›Franziska Linkerhand‹, eine so wichtige wie angriffslustige Theaterarbeit nach dem Roman von Brigitte Reimann, sie wurde verboten. Für meine Mutter war es nicht immer leicht, an der Seite eines so wichtigen Regisseurs, noch dazu an der Seite des eigenen Direktors. Ein ewiger Konflikt. Sie ist eine großartige, kraftvolle Schauspielerin mit einem ganz eigenen Kopf. Und natürlich, sie wollte gerne spielen. Aber dann war es ein Problem, wenn sie besetzt war, und es war auch ein Problem, wenn sie nicht besetzt war. Wenn sie besetzt war, dann gab es die Angst vor dem Neid der eigenen Kollegen, die Furcht, das könnte den Eindruck erwecken, sie würde nur spielen, weil sie ›die Frau vom Chef‹ ist. Und wenn sie nicht spielte, kam diese große Sehnsucht hoch und das Gefühl, ungerecht behandelt zu werden. Ich habe immer bewundert, mit welcher Integrität sie diesen Konflikt aushielt.«
(Martin Linzer, Hrsg.: »Wo ich bin ist keine Provinz. Der Regisseur Christoph Schroth«, Berlin 2003)

Hatten Sie als Kind ein Puppentheater?

Ja. Ein selbstgebautes, die Bühne war von vorne ungefähr so groß wie ein DIN-A4-Blatt. Damit spielte ich regelrecht besessen. Mit eigens gefertigten Marionetten an Garnfäden. Diese Papp- oder Papierfiguren waren drei bis fünf Zentimeter groß. In selbst gebauter Dekoration spielte ich Märchenstücke, und sogar eine spezielle Beleuchtung hatte ich mir gebastelt; alle meine Freunde mussten zu jeder sich nur bietenden Gelegenheit Vorführungen über sich ergehen lassen. Später nahm ich mir die Klassiker vor, »Hamlet« und »Faust« – ja, darunter ging es eben nicht. (*Lacht.*) Beim »Faust« kam es zu einer kuriosen Situation. Ich gab das klassische Puppenspiel, das lange vor Goethe entstanden war; zahllose Seiten Text hatte ich auswendig gelernt. Chrissie lebte bereits in unserem Schweriner Haushalt, wir waren inzwischen in eine größere Wohnung gezogen, zur Premiere kamen auch mein Vater Adolf und noch ein Regisseur aus Schwerin, Rolf-Martin Kruckenberg. Die drei saßen nun vor meiner winzigen Puppenbühne, drei Theaterexperten starrten in diesen kleinen Kasten hinein – sie müssen ein wenig wie Raubvögel ausgesehen haben, die in ein Nest unschuldiger junger Singvögel hineinblicken und sich absolut sicher sind, dass es für diese Beute kein Entkommen gibt. Es waren zudem Theaterleute, die alle drei sehr spezielle Erfahrungen ausgerechnet mit »Faust« hatten. Kaum fiel mein Schlussvorhang, fiel auch ich. Das heißt: Ich fiel nicht, ich wurde niedergemacht. Ich war zehn oder elf, und mich traf unvermittelt die harsche und geballte Kritik dreier Regisseure, mit Adolf Dresen an der Spitze – aber auch der sonst doch so liebenswerte Christoph und ebenso sein Schweriner Kollege hackten los, was das Zeug hält. Als seien sie die alleinigen Besitzer des »Faust«-Stoffes, es fehlte nur noch, dass sie sich untereinander in die Wolle gekriegt hätten. Sie veranstalteten ein Vernichtungskolloquium allererster Güte. Heulend saß ich danach in der Badewanne, draußen schrie meine Mutter herum, es sei doch unmöglich, wie man nur so gemein mit einem Kind umgehen könne. In ihr tobte der mütterliche Schutzreflex, und zu mir sagte sie tröstend, ich solle mir das nicht zu Herzen nehmen, das seien doch drei Vollidioten. Adolf erwiderte in seiner pommerschen Starr- und Dickköpfigkeit, so etwas müsse ich

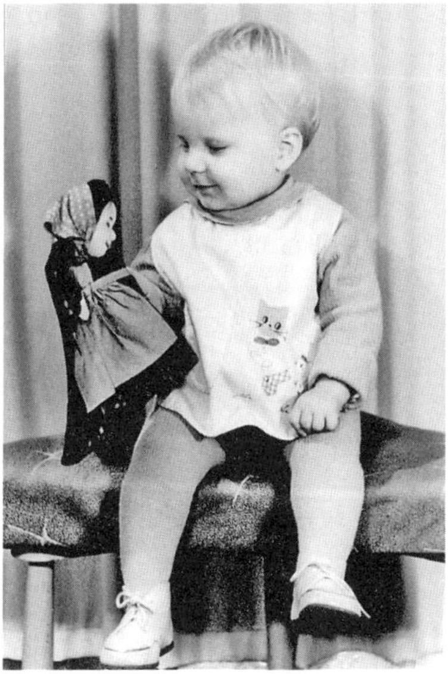

Regie: Andreas Dresen

aushalten, das härte ab, nur so entwickle man eine wahrhaft eigene Sicht auf die Dinge. Jedenfalls wurde mein Werk nie wieder aufgeführt, aber immerhin: Ein Jahr später nahm ich mir den »Faust« noch einmal vor, nun mit durchaus eigenwilligen Auslegungen.

Rache per handfestem »Regietheater«!

Ja, sozusagen. Die Inszenierung schenkte ich meiner Mutter und Christoph zur Hochzeit – und die schauten sich das tatsächlich an. Es war die künstlerische Beigabe für eine bewusst leise Heirat. Beide gingen morgens geradezu beiläufig ins Standesamt. Am Abend zuvor hatte das Ensemble vom Schweriner Theater allerdings Polterabend bei uns gefeiert, Christoph fühlte sich nach dieser ausgiebigen Feier gar nicht gut, und so saß meine Mutter beim Mittagessen allein da. Das war die ganze Hochzeit! Aber abends dann fand der festliche Akt meiner »Faust«-Wiederaufführung statt, mit Rock'n'Roll tanzenden Teufeln, die sich natürlich zum großen Erfolg für mich entwickelte. Wahrscheinlich war Christoph

Barbara Bachmann über Andreas Dresen

Über den eigenen Sohn reden. Gern und ungern. Gern wegen der Liebe. Ungern auch wegen der Liebe. Der eigene Sohn wird älter und bleibt doch immer - das Kind. Wir sind miteinander, wie eh und je. Ich weiß nicht, ob das jede Mutter so sagen kann. Unabhängig davon, dass Söhne wahrscheinlich nie ganz so erreichbar sind wie Töchter. Mit einer Tochter, so höre ich immer wieder, gibt es irgendwann eine regelrechte »Feindeszeit«, dann ist sie die beste Freundin. Männer sind von vornherein nicht so aufgeschlossen, deshalb will ich jetzt nicht herumpsychologisieren über Andi. Seine Generation ist eine sehr kommunikative Generation, aber die Vielzahl und Vielfalt von Kontakten hat offensichtlich auch ihren Preis: eine gewisse Einsamkeit. Andi hat einen großen Freundeskreis, der ähnliche Erfahrungen mit fehlender oder wechselnder eigener Familie hat. Dieser Freundeskreis ist ein Trost, eine große Kraft, aber er zeigt auch das Problem: Es handelt sich um Menschen, die nach dem Ende der DDR ihren Platz in der neuen Gesellschaft suchen wollten und die daher Privates zurückstellen mussten. In so einem kreativen Beruf, wie ihn Andi ausübt, ist es vielleicht doppelt schwer, engste Bindungen aufzubauen. Man lebt in dieser Arbeit mit aller Leidenschaft so viele fremde Leben - wo bleibt das eigene? Eine Weile vermisst man es vielleicht gar nicht. Denn man hat ja in der Kunst die große Gnade, alle Konflikte, alle Lebenslagen spielerisch zu verarbeiten. Da ist das Alleinsein außerhalb dieses Spiels oft sogar der notwendige Ausgleich. Aber wer weiß schon den Punkt genau zu bestimmen, da das, was man braucht, plötzlich in eine Last, in eine Sorge umschlägt? Vielleicht haben wir aus diesem Grunde, in der Familie, nicht unbedingt darauf »hingearbeitet«, dass der Sohn auch in den Kunstbetrieb einsteigt. Andi war ein sehr freundliches Kind, er besaß eine gewisse Sturheit, wenn er etwas durchsetzen wollte. Das ist bis heute so. Er war stets ein aufmerksamer Beobachter. Wenn er mit mir ins Theater kam, sagten die Kollegen lachend, ach, »der Professor« ist wieder da.

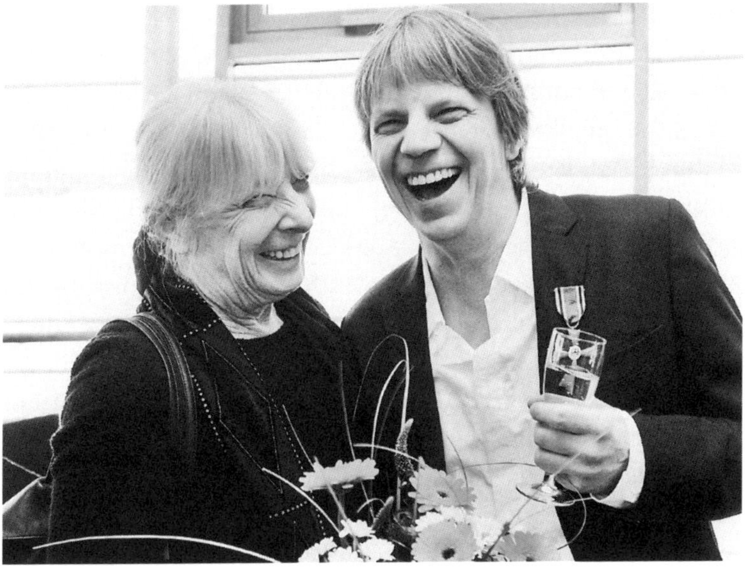

Mutter und Sohn: Barbara Bachmann und Andreas

von meiner Mutter eingeschärft worden, diesmal nur ausgesprochen Positives über mein »Kunstwerk« zu sagen.

War Adolf Dresen denn auch später ein harter Kritiker gegenüber Ihren Filmen?

Mein Vater konnte tatsächlich sehr hart sein, um nicht zu sagen: grob. Ich muss gestehen, dass es mitunter ziemlich schwer für mich war. Schmerzvoll geradezu. Vor allem, wenn ich schnell spürte, dass er Richtiges erkannt hatte – so etwas tut bekanntlich besonders weh. Er kam oft in den Schneideraum, wurde am Ende der Vorführung sehr unverblümt – das waren für mich zum Teil recht happige Veranstaltungen. Zwei bis drei Tage brauchte ich dann, um mich von der Wahrheit zu erholen und wieder halbwegs aufrecht an die Arbeit zurückkehren zu können. Allerdings gehört zu dieser Unnachgiebigkeit der Kritik auch, dass er nach außen hin stets loyal und schützend blieb.

Wann hat er zum letzten Mal einen Film von Ihnen gesehen?

Im Schneideraum, zwei, drei Wochen, bevor er starb. 2001. Es war wieder so ein typischer Adolf-Auftritt: Hoppla, ich bin da! Ein Sonnabend – das Telefon klingelte, ob er mal »reinschauen« könne in den neuen Film, an dem ich arbeite. Am Wochenende! Niemand da im Studio, also rief ich an, der Schlüssel wurde besorgt, mein Schnittmeister erklärte sich zu diesen »Überstunden« bereit. Adolf kam mit seiner Lebensgefährtin, Anna Mülhofer. Ich war aufgeregt. Sie schauten sich die Arbeitsfassung von »Halbe Treppe« an, und Adolf hielt sich für seine Verhältnisse extrem zurück. Er war am Ende geradezu gerührt, aber er wollte und konnte das nicht so erkennbar zeigen. Also knurrte er nur: »Na, Anna, was meinst du? Kann man so was Menschen öffentlich zeigen?« Und ich sah, wie er sich heimlich eine Träne wegwischte. Wenn ich heute daran denke: Hätte bei mir ein Quäntchen zu viel Unlust gesiegt, am Wochenende so einen Aufriss zu veranstalten, nur weil Adolf unangemeldet mit seinen Wünschen hereinplatzte, wenn ich die Vorführung also hätte platzen lassen – ein Leben lang würde mich das bedrücken. Denn eine Woche danach kam die Diagnose: der Tumor, und kurz danach gab es meinen Vater nicht mehr. Ich habe ihm den Film »Halbe Treppe« gewidmet, so etwas mache ich eigentlich nie, aber da war diese letzte Begegnung, da war die begründete Hoffnung, dass er diesen Film wirklich gemocht hätte – die Stunden im Schneideraum waren etwas, das uns auf besondere Weise verband. Seit dieser Zeit bin ich noch aufmerksamer für den Verdacht, in jedem Moment könne ein Abschied, ein Abgrund stecken. Schneller als man denkt ist die Chance, eine versäumte, vertane Freundlichkeit nachzuholen, eine grobe Verletzung zu heilen, unwiderruflich vorbei.

Sahen Sie Adolf Dresens Inszenierungen in Berlin?

Er hat mich mal hinter der Bühne durch die Szenerie seines »Faust« am Deutschen Theater in Berlin geführt, auch ans »Vorspiel auf dem Theater« kann ich mich erinnern, ich saß erneut in der Seitenloge, er spielte in dieser Szene mit. Freilich war ich viel zu klein, war sechs oder sieben – überhaupt sah ich bedauerlicherweise keine der legendären In-

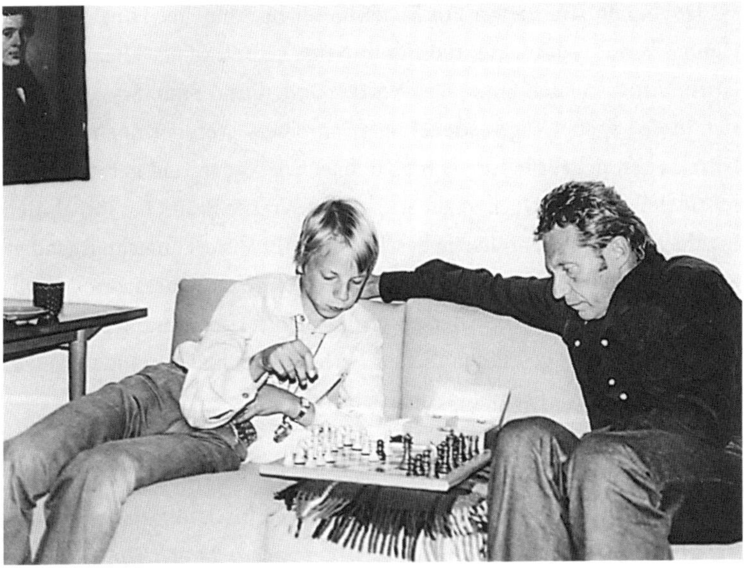

Andreas mit seinem Vater Adolf Dresen

szenierungen von Adolf, außer O'Caseys »Juno und Pfau« in den Kammerspielen. Später, als er in ganz Europa Opern inszenierte, sah ich die Generalprobe von »Peter Grimes« in Paris, aber irgendwie hatte ich den Eindruck, dass er meine Zeugenschaft gar nicht so sehr mochte – gerade bei der Generalprobe, wo alle Sänger nur andeuten und er von allen Beteiligten am nervösesten war. Ich wurde generell das Gefühl nicht los, dass er nicht unbedingt wollte, dass ich seine Musiktheaterproduktionen sehe. Er hat Opern mit sehr großer Akribie inszeniert, aber ich glaube, nicht so sehr mit überschäumender, verzehrender Liebe. Die Oper blieb für ihn der Ersatz für die gescheiterten Ansprüche, mit denen er in Ost wie West das Schauspiel als wirklich demokratisch eingreifendes Stadt-Theater etablieren wollte.

Haben Sie nie daran gedacht, einen Dokumentarfilm über Adolf Dresen zu drehen?

Doch, hab ich. Er war ein Mensch, der in doppelter Hinsicht seine Heimat verlor – das Land und mit ihm den Grund seiner Theaterarbeit. Grund im doppelten Sinne des Wortes: Boden und Sinn. So verlegte er sich in den späten Tagen wieder aufs Schreiben. Wenn er noch ein paar Jahre Leben gehabt hätte – ich glaube, er wäre ganz und gar zu seinen schriftstellerischen Quellen zurückgekehrt. Volker Braun hat ihn als den Erzähler, der er war, großartig beschrieben: »Er wäre, entdeckt, irgendetwas zwischen Bräunig und Hilbig gewesen, ein Nestvermesser und Landbeschmutzer, ein präziser Berserker der Selbsterkundung. Der Mensch das Ensemble der gesellschaftlichen Verhältnisse; hier kann man spitzer sagen: er war das Ensemble seiner selbst.«

Ich sah Ihren Vater oft bei der Leipziger Buchmesse, im Gedränge rief er einmal herüber: »Bakunin lesen!« Immer anarchisch aufgeladen, immer impulsfreudig, immer von Gedanken umzingelt. Er schrieb mir 1999: »Ich mag den Westen nicht, ich kann noch immer nicht über Obdachlose steigen, nicht mal mit den Augen, ich plädiere für Anarchie statt verlogener oder einfach nur müder Parlamente, aber: Mich plagen diese Selbstgewissen des marxistischen Klerus, die noch immer und schon wieder einteilen, wohin welche Wahrheit gehört – lauter Gehirne wie geladene Pistolen, um nur nicht offen sein zu müssen für das, was sie in die Krise ihrer Dogmatik brächte. Tote Seelen, in denen die SED überlebt und weiterhin genau definiert, was sozialistisch ist und was nicht. Für mich bedeutet sozialistisch: rücksichtsloser denken als jeder andere, rücksichtsloser auch gegen mich selbst, das Offene feiern, das mich unsicher macht, mir den Boden wegreißt. Der Ketzer macht die Religiosität, der Glaube nur die Kirche.«

Kritik am Marxismus bedeutete für Adolf nicht, dass sich Marx erledigt hätte. Ich muss noch mal Volker Braun zitieren, Adolf betreffend: »Ein unzufriedner Universalmensch, der es nirgends aushielt in der genauen Scheinwelt der Bühne. Dort, wo die letzte Losung verblasst ist und nie eine Fahne rausgesteckt wird, ist sein krasses Land.«

Krasses Land. Sie drehten einen Film, da war der Osten ein »Stilles Land«.

Adolf nannte es das Land, das ihm nachgekommen sei in den Westen.

Der »unzufriedne Universalmensch« – wohl kaum alltagstauglich, oder?

Ich sah als Kind, wie meine Mutter sich abrackerte zwischen Bühne und Wäschewaschen daheim. Mein Vater war, solange er noch irgendwie, von ferne, zur Familie gehörte, mit patriarchalischer Bravour nur immer ein Wochenendvater. Der kam mit großem Auftritt aus Berlin, aber schwupp, war er wieder weg. Er war ein ganz rührender Vater, mit ausdauerndem Augenmerk für Geschenke. Auch schrieb er mir eine Zeit lang jeden Tag eine Karte, mit Motiven aus dem Berliner Tierpark, hinten drauf Vierzeiler und andere Versformen. Er dichtete gern. Und wenn sich ein Motiv wiederholte, weil er bei den vielen Karten die Übersicht verloren hatte, dann »bestrafte« er sich selbst, indem ich 20 Pfennig von ihm bekam. Nur eben der Alltag, nein, der war nichts für ihn. Er trug den Kopf in den Wolken. Er beobachtete lieber, wie er es nannte, die »Leere zwischen den Sternen«. Das Sternegucken bestimmte später seine Freizeit als Theatermann. Er war vernarrt in das Mathematische, in die Astronomie. Ich besitze noch jede Menge wissenschaftliche Bücher von ihm – auch Biologie, Physik, Logik. Von den Sternen meinte er, sie hätten etwas wunderbar Abstraktes und doch Überwältigendes. Und sie hätten mit seinem Leben nichts zu tun – und doch sehr viel: Sie bedrängten ihn nicht.

Wie erlebten Sie Ihre Mutter auf der Bühne?

Zuerst sah ich sie in den erwähnten Märchenstücken. Zum Beispiel als Giftschlange im »Rotkäppchen« – sie lief mit einer Milchkanne auf dem Kopf herum; die Schlange hatte wohl Milch getrunken, es war ein skurriles Bild, das sich mir einprägte. Später sah ich sie in den Erwachsenen-Rollen, besonders stark: ihre Hekabe in den »Troerinnen« – voller Gefühl und doch ganz und gar unsentimental. Sie strahlte eine bezwingende Ernsthaftigkeit aus, ihr Spiel besaß einen festen realistischen, erdigen, plebejischen Kern.

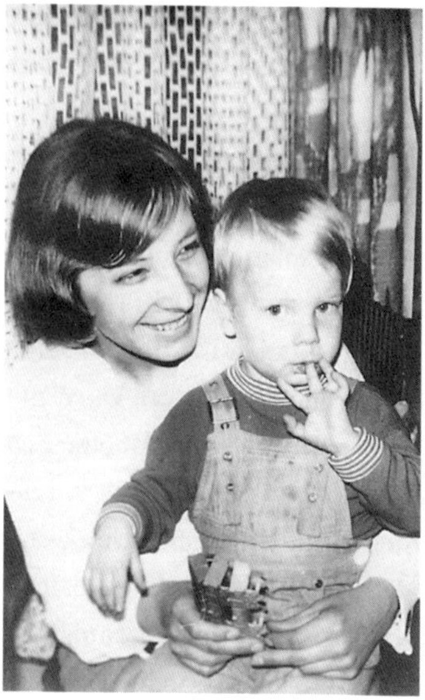

Mutter und Sohn: Barbara Bachmann und »Andi«

Das ist Ihnen doch nah.

Und ob! Das ist mir bis heute sehr nah. Diese Auffassung habe ich auch, ja. Ich mag nicht, wenn große Kunst-Fertigkeit, also die Menge der Mittel, sich vordrängt. Ich bin nicht daran interessiert, dass einer unserer Filme vordergründig wegen atemberaubender Kameraeinstellungen auffällt. Nein, lebendig soll er sein. Künstlerische Mittel sind gut, aber nur, wenn man sie als Zuschauer nicht vorgeführt bekommt. Alles hat da zu sein, um einer Szene größtmögliche Kraft zu geben. Das Publikum möge Leuten auf der Leinwand zusehen, nicht Schauspielern, die ihm zeigen, wie gut sie Leute darstellen können.

Erst die Haltung, dann der Handstand – sagt der Schauspieler Christian Grashof.

Also, ich glaube, meine Mutter traf sich im Geist sehr mit den Anschauungen von Adolf Dresen, es ist kein Zufall, dass diese beiden zueinander fanden, und freilich noch weniger Zufall war es dann, dass sie bei

Christoph Schroth ihr wohl bestes Theater spielte und er ihr ein dauerhafter Lebenspartner wurde.

»In der Kunst genießen die Menschen das Leben.« Solches Motto hatte sich das Schweriner Theater damals gegeben. Das bedeutete eine klare Ansage: dass die angeblich sozialistische Gesellschaft in vielem so gar nicht zu genießen und – genau genommen – kein Leben war, wenn man wirklichen Sozialismus träumte. Oder einfach nur mehr Freizügigkeit wollte. Fast fünfzehn Intendanz- und Regiejahre hat Christoph Schroth auf eine Weise Theater gemacht, die zum Fußball aufschloss: das Publikum kam in Sonderzügen in den Norden. Seinen »Faust«, in dem Ihre Mutter mitspielte, haben Sie bereits erwähnt.

»Faust«, ja: Eine vielfarbige Wollust, die kein einziges Gefühl der Erdenexistenz verheimlichte. Theater, das den Zeitungsausrufezeichen der damaligen Propaganda absolut Hausverbot erteilte. Christoph hatte nie etwas gegen tolldreiste, revuefarbige Inszenierungen, aber er wollte immer auch die tiefdunkle Schicht in der Menschenseele ernst genommen wissen. Und meine Mutter fühlte sich geborgen und herausgefordert in einem Spiel, dessen Geist und Einfallsreichtum sich nie über Dramentexte erhob.

Es gibt eine Intelligenz des Dienens, die lockt ein Stück gleichsam aus sich selbst heraus.

Natürlich war ich als Kind zunächst seltsam berührt, die eigene Mutter spielend auf der Bühne zu sehen, ich musste sozusagen Stück für Stück die private Empfindung loswerden.

Irgendwann wurde sie auch »Ihre« Schauspielerin.

Beim »Puntila« in Cottbus, 1999. Schroth leitete inzwischen das dortige Staatstheater. Ich musste freilich erst lernen, den richtigen Ton zu finden, eine Arbeitssprache, bei der das Mutter-Sohn-Verhältnis völlig draußen bleibt. Ging aber sehr unkompliziert, ohne irgendwelche Animositäten beiderseits. Ich würde gern einen großen Film mit meiner Mutter drehen, vielleicht findet sich ja doch mal die passende Rolle.

Sie sprachen von der Arbeit Ihrer Mutter, das Daheim und die Kunstausübung verbinden zu müssen. Was war mit den schulischen Dingen?

Da entlastete ich sie: (*Lacht.*) Ich musste nicht besonders fleißig sein, um den Anforderungen zu entsprechen. Ich riss mich daher um außerunterrichtliche Angelegenheiten, nutzte also jede nur erdenkliche Gelegenheit, um der Schule fernbleiben zu können. Ich dachte mir, die guten bis sehr guten Noten kriegst du trotzdem, warum dann dauernd da rumhocken. Von daher kam mein Interesse am Amateurfilm, dann an einer Theatergruppe. Meine Fluchtvergnüglichkeit in Sachen Schule hatte schon den Anstrich des Unverschämten.

Die Anforderungen an Schulen sind nur immer dann hoch, wenn man nicht ganz so talentiert ist. Sagt der Komödiant Helge Schneider.

Auch Reitsport betrieb ich, sogar bei der Arbeitsgemeinschaft Kochen hatte ich mich angemeldet, und dann war da eines Tages noch unser kurzzeitiges Schülertheater … also, das Lernen lief wahrlich nebenbei.

Nahmen Sie teil an der Poetenbewegung der FDJ?

Nein. Aber als Kind, kaum dass ich schreiben gelernt hatte, fing ich an, kleine Bücher zu verfassen. Ganze Schulhefte schrieb ich voll. Die erste Geschichte meines Lebens, ein Märchen, schenkte ich Adolf. Ich war sehr gerührt, als ich in seinem Nachlass das uralte Heft fand, ordentlich aufbewahrt, in einem Hefter mit Briefen, Kritiken, auch Drehbüchern meiner Studentenfilme. Dieses Märchen, mit bunten Illustrationen von mir, erzählt zum Teil auch die Scheidungsgeschichte meiner Eltern. Es heißt »Die traurige Lokomotive«. Diese Lok steht nur immer auf dem Abstellgleis und träumt vom Glück einer großen Reise. Endlich darf sie nach Berlin fahren. Das Berlin, das ich dazu malte, bestand hauptsächlich aus dem Hochhaus, in dem mein Vater wohnte. Die Lokomotive will nach Afrika, freilich auch nur ein Traum, und es kommt dann mein schöner achselzuckender Satz: »Man kann ebend nicht alles haben.« Meine Mutter und ich haben nach der Ausgrabung des Heftes oft diesen einen Satz zitiert und über ihn gelacht. Es ist das Lachen eines tiefen Einverständnisses. Es ist der Satz zur allumfassenden Relativitätspraxis. Es ist wahrhaftig – der Weisheit letzter Schluss.

Man kann eben wirklich nicht alles haben.

Falsch! »Ebend«. Mit »d«.

Reitsportler sind Sie gewesen?

Mit großer Leidenschaft. Aber wie das im Osten so üblich war: Alles lief auf Leistung und Leistungssteigerung hinaus, plötzlich musste ich für Springturniere trainieren und wollte doch lediglich zu Pferde durch den Wald galoppieren. Leistungssport mochte ich nicht. Meine Mutter hatte immer Angst, wenn ich mit dem Bus zum Training weit außerhalb von Schwerin fuhr. Ich ritt ein Pferd, das mich tatsächlich auf unterschiedlichste Weise zigmal abgeworfen hatte, ehe wir uns anfreundeten. Stürze vom Pferd sind mit unberechenbarem Aufprall verbunden. Auch herrschte im Reitsport ein ziemlich rauher Ton. Das besaß etwas Vormilitärisches. Ich erinnere mich an zusammengebissene Zähne, die unmittelbare Freude hielt sich in Grenzen.

Man kann ebend nicht alles haben.

Ja. Jetzt haben Sie's. Zwölf, dreizehn Jahre war ich alt, ein Steppke, und dann diese großen Pferde und fortwährend diese schmerzhaften Abwürfe. Der Reitlehrer sagte unerbittlich: Wieder aufsteigen! Und er hatte Recht: Wenn du nicht wieder aufsteigst, frisst sich dir die Angst ins Gemüt und in den Körper. In der Überwindung der Angst liegt der Sieg. Wie beim Fußballer, der nach dem Kreuzbandriss trotzdem wieder, wie es so unerbittlich heißt, »dorthin gehen muss, wo es weh tut«.

So wie bei Ihnen, als Junge, die Sehnsucht nach dem Ausritt stärker war als die Angst.

Na ja, die Vergleiche … Eine Weile jedenfalls hielt ich beim Reiten noch durch. Bis die Turnier-Hindernisse größer und größer wurden und ich den Stress etwa am Doppelochser, der zu überspringen war, einfach nicht mehr wollte. Manchmal musste man das Pferd über das Hindernis quasi hinprügeln. Nach einem Sturz, bei dem ich das Gefühl hatte, nur knapp und durch ein Wunder einer schweren Verletzung entgangen zu sein, nahm ich das Pferd seelenruhig am Zügel, bin mit ihm in den Stall gegangen, habe es abgesattelt – und mich für immer von dort verabschiedet.

Reiten Sie heute noch?

Zu Filmvorführungen war ich in Brasilien, dort konnte man sich am Strand Pferde ausleihen, ohne den hierzulande obligatorischen Begleiter, ich ritt zwei Stunden in die Berge und am Wasser lang. Es war wunderschön. Mit einem Pferd kommuniziert man. In den ersten fünf Minuten findet es heraus, wer da oben sitzt, da definiert sich die Beziehung. Ein spannender Prozess des gegenseitigen Austestens, ganz ähnlich den künstlerischen Kennenlern-Prozessen. Wenn die Beziehung stimmt, kann man dann sehr viel Spaß miteinander haben. Und Glück erfahren. Ein großer Reiter war ich nie, aber ich kann galoppieren und traben und ein Pferd durch die Landschaft dirigieren, das verlernt man nicht. So, wie man die Sehnsucht nicht los wird, warum man eigentlich auf ein Pferd steigen wollte.

Erzählen Sie bitte vom Schülertheater, das Sie ins Leben riefen.

Im September 1981 habe ich einen Zettel an die Wandzeitung der Goethe-Schule gehängt: »Wer hat Lust, Theater zu spielen?« Erstaunlich viele hatten Lust, Schüler aus verschiedenen Klassen. Zunächst gab es endlose Debatten über das mögliche Stück. Irgendwann, bei einem Spaziergang, fragte ich Chrissie um Rat, und wenig später hatte ich den »Urfaust« in der Hand. Wenn schon Theater, dann gleich den »Faust«! Schließlich war unsere Schule nach dessen Autor benannt. Die Begeisterung der anderen hielt sich zunächst in Grenzen. Vor allem: Keiner von den Jungs wollte den Faust, alle wollten den Mephisto spielen. Die »Bösen« sind halt immer interessanter. Und die Mädchen sahen sich natürlich alle als Gretchen. Nach endlosen Diskussionen gelang es mir, einen Schüler für den Faust zu überreden. Leider war er etwas kleiner als Gretchen und litt eine Weile sehr unter diesem Umstand. Die Lehrer betrachteten uns mit Skepsis, vor allem deshalb, weil sie ausgeschlossen blieben. Die Kostüme borgten wir uns vom Staatstheater, ein paar Lampen für die Beleuchtung holten wir aus einem Amateurfilmstudio. Als der FDJ-Sekretär der Schule mal gucken kam, probierten wir ausgerechnet das Religions-Gespräch, er nahm mich zur Seite: Ob das sein müsse, wo es doch solche Probleme mit der Kirche gebe. Der Einwand, das stehe alles original bei Goethe, überzeugte nur mit Mühe. Am Ende dann das Wunder: Alle spielten unerwartet gelöst, die technischen Pannen hielten sich in Grenzen, und nach der letzten Szene minutenlanger Beifall. Wir hatten fünf weitere Vorstellungen, wir sprachen uns sozusagen herum, aber die Schule verbot eine Tournee in Orte der Umgebung – das untergrabe die Disziplin, so kurz vor den Abschlussprüfungen.

Hatten Sie denn für die Aufführung einen Theatersaal?

Nein, das fand alles in einer Turnhalle statt, und es gab auch keine Bühne, wir verzichteten auf den ganzen Theater-Plunder. Dafür gab es zum Glück auch kein Geld – Not macht erfinderisch. Das Publikum saß also in der Mitte, auf Matten, und um die Zuschauer herum haben wir gespielt. Sportgeräte bildeten die Kulisse: ein Fußballtor als Studierstube, ein Sprungbock als Katheder, Kletterstangen als Garten, und wenn man das Fußballtor umdrehte, war es Gretchens Kerker. »Auerbachs Keller« spielte auf Sprungkästen und einem Schwebebalken. Für die Szene »Trüber Tag. Feld«, wenn Faust und Mephisto mit Pferden durch die Nacht preschen, wurde das Trampolin benutzt. Es war alles sehr naiv, aber dadurch sehr spielerisch. Ich hatte mir natürlich einiges von Christoph Schroths legendär gewordenem »Faust« am Theater abgeguckt. In den Ferien hatte ich dort sogar an den Puppen für die Walpurgisnacht mitbasteln dürfen, bediente sie auch mal während einiger Vorstellungen und betreute die Aufführung später als Tontechniker. Chrissie selbst erlebte auf lustige Weise, wie das Publikum seine eigene Aufführung und unseren Versuch miteinander verglich. In der Pause ging er aufs Klo der Turn-

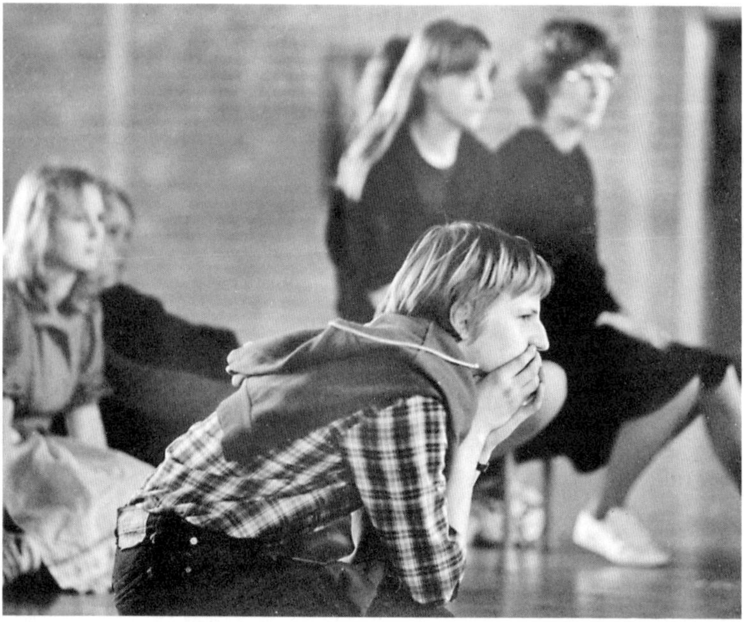

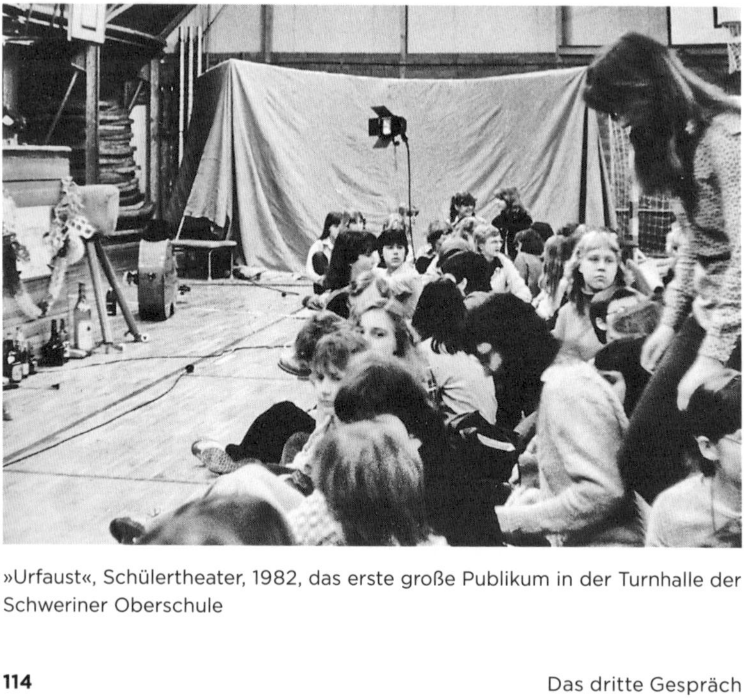

»Urfaust«, Schülertheater, 1982, das erste große Publikum in der Turnhalle der Schweriner Oberschule

halle, stand dort neben zwei Jungs beim Pinkeln, und da sagte der eine zum anderen: »Gut, wa? Haste auch den ›Faust‹ im Stadttheater gesehn?« Antwortet der andere: »Kannste voll vergessen!«

Spürten Sie beim Schülertheater eine erste Befähigung, Regie zu führen, also, grob gesagt: zu befehlen, zu motivieren?

Darüber dachte ich nicht nach, dazu war die Situation viel zu pragmatisch. Schwierig genug, alle regelmäßig und diszipliniert zu den Proben zu bekommen, noch schwieriger, Gretchen und Faust dazu zu bewegen, einander zu küssen. Klar, irgendwann macht man sich, damit nicht alles zusammenkracht, auch mal durch eine erhobene Stimme zum Zentrum der Produktion. Aber doch alles eher unter dem Aspekt der Notwehr, nicht unter dem Blickwinkel: tolle Perspektive fürs Leben.

Sie sagen, im Grunde habe Ihre Filmlaufbahn dann mit einer Schmalfilmkamera begonnen.

Ja, es war eine AK-8. Diese kastenförmige kleine Kamera, mit der man Filme im Normal-8-Format drehen kann. Ohne Batterie, dafür mit Aufziehmechanismus. Am Ende von längeren Einstellungen wurden die Abläufe immer zeitrafferartiger, weil der Kamera der »Atem« ausging. Aber diese Kamera ist unverwüstlich, bis heute. Ich glaube, da könnte ein Panzer drüberfahren – sie würde weiter funktionieren. Mein Vater hatte sie Anfang der sechziger Jahre gekauft und damit als Student ein bisschen gedreht. Es gibt auch Aufnahmen von mir als Baby. Als er sie mir schenkte, war ich zwölf. Von da an ging ich sorgsamer mit dem Taschengeld um – ich sparte und kaufte mir das erste Filmmaterial. Das war teuer, sechszehn DDR-Mark kostete eine Rolle! Entwicklung zwar inbegriffen, aber trotzdem eine Menge Geld, zumal für ein Kind. Hauptsächlich filmte ich zunächst im Zoo. Wenigstens dieser Impuls war wohl von den naturwissenschaftlichen Büchern hängen geblieben, mit denen mein Vater mich geradezu überhäuft hatte. Wilde Schwenks vollführte ich, es waren alles viel zu kurze Einstellungen – aber ich wollte möglichst viele Bilder auf das teure Filmmaterial bekommen. Damals begannen wir auch, im Urlaub ins Ausland zu reisen. Bulgarien! Ungarn! Hohe Tatra! Die Kamera immer dabei. Langsam lernte ich, ein wenig besser mit ihr umzugehen. Es gab ein paar gute Bücher über das filmische Handwerk, speziell für Amateure geschrieben. Auch verschlang ich regelrecht die monatlich erscheinende Zeitschrift »Fotokino-Magazin«. Irgendwann war es soweit, dass Schauspieler des Schweriner Theaters, natürlich ohne Gage, Mitwirkende in meinen Super-8-Stummfilmen wurden. Vom Kassettenrekorder kam die zusammengestellte »Filmmusik«. Leider nie so richtig synchron. Mal war das Bild zu schnell, dann musste ich den Projektor langsamer laufen lassen oder sogar anhalten. Dann wieder lief der Ton vorneweg, und ich musste das Band stoppen. Es war ein bisschen wie in den Anfangsjahren des Kinos.

Sie vollzogen gleichsam die Live-Vertonung von Stummfilmen nach.

Kann man so sagen. 1979 drehte ich mit Schulfreunden die erste richtige Geschichte. »Unser täglich Brot« hieß der Film. Wie der berühmte DEFA-Film von Slatan Dudow. Zwei Leute wollen in einer Gaststätte essen gehen, aber überall dieses abweisende »Sie werden platziert!«. Dazu die Pampigkeit und Willkür der Kellner. Deren Opfer war dieses Ehepaar, das am Schluss resigniert wieder nach Hause trabt und sich zwei Eier, die noch im Kühlschrank lagen, in die Pfanne haut. Es gab keinen Dialog, man konnte das Material zwar schneiden, jedoch nichts wieder anfügen, mit Aceton wurde es chemisch verklebt, es war mühsam, machte aber Spaß, auf diese Weise eine Geschichte zu versuchen. Erst langsam entdeckte ich die geradezu unheimliche Komplexität dieses Mediums Film, bei dem darstellende und bildende Kunst, Musik, Rhythmus und natürlich eine Menge Technik zusammenkommen – mich hat diese Komplexität nicht erschreckt oder abgestoßen, sondern mehr und mehr in Bann gezogen; vielleicht hat sie sich mir zum Glück auch erst mit der Zeit offenbart. Ein wenig war es so, als habe sich mir der Film absichtsvoll vorsichtig genähert, mit seinen übermäßig vielen künstlerischen, technischen, organisatorischen Aspekten – so dass ich betont langsam hineinwachsen konnte. (*Lacht.*) Als wir den Film zum ersten Mal in der

Schule zeigten, brach ziemlicher Jubel los. Zum einen, weil der Film von Klassenkameraden produziert worden war, die zum Teil auch mitspielten, zum anderen, weil jeder die Thematik kannte und es also ein Bedürfnis gab, sich über derart offensichtliche Probleme im Land zu verständigen oder – wie in unserem Fall – auch lustig zu machen.

Sie merkten, dass Filmen nicht nur ein technischer, sondern ein durchaus kommunikativer Vorgang ist?

Ja, und so entstanden in den Jahren bis zum Abitur eine Reihe von Super-8-Filmen: über die Beziehung zwischen den Generationen, die Schwierigkeiten, in der DDR einen Handwerker zu bekommen, über Betonstädte (eine Anregung aus dem erwähnten Roman »Franziska Linkerhand«), über Beziehungsprobleme. Teilweise waren das eher vordergründig agitierende Traktate als wirkliche Filme. Der Drang nach Aussage und Botschaft stand in keinem Verhältnis zum erzählerischen Vermögen, aber das war uns damals egal. Wir hatten Freude an der Sache und an der Einmischung in gesellschaftliche Belange. Ich drehte auch eine Anti-Kriegscollage: Bilder vom Wald und darüber schöne Musik gelegt, die in Kriegsgeräusche überging und in Goebbels' Brüllen: »Wollt ihr den totalen Krieg?!« Filmische Anklänge an John Heartfield – aber es folgte großer Ärger an der Schule, mir wurde das Ganze als Pazifismus ausgelegt.

Es ist immer wieder eine spannende Frage: Wie genau kommt ein Mensch zu dem, was sein Leben bestimmen wird? Wie gerät der eine zur Mathematik, der andere zum Sport, der dritte zum Film? Wer würfelt da?

Wir setzen auf Rot oder Schwarz – die Kugel rollt ins Bunte. Bei mir war es ganz klar der Amateurfilm.

Auch für den muss man sich bewusst entscheiden. Aber meint vielleicht nur, es sei eine Sache des eigenen Willens.

Sagt man in der Liebe ja auch. Was jedoch an tausendfacher Vorgeschichte muss geschehen, dass zwei sich an einem Ort, zu einem bestimmten Zeitpunkt finden. Und warum gerade diese beiden, bei einer

Chance von zahllosen Optionen gleich um die Ecke? Die Dinge geschehen schicksalhafter, als uns vielleicht bewusst ist. Man hält vieles im Leben für eine freie Entscheidung, aber nur, weil man die Gleise nicht sieht, auf die man gestellt wurde. Die AK-8 jedenfalls bekam ich ohne jeden Hintergedanken meines Vaters, mich auf diese Weise etwa für den Beruf des Regisseurs oder Kameramannes zu interessieren. Er hatte wohl eher den Traum, seinen Sohn als künftigen Naturwissenschaftler zu sehen. Mit dem Geschenk der Schmalfilmkamera hat er im Grunde einen Fehler gemacht, denn er lockte mich weg von den Fächern der forschenden Vernunft.

Reizte Sie auch die soziale Komponente: eine Gruppe zu leiten?

Leitung einer Gruppe, das klingt zu bedeutsam. Sie fragten das eben schon im Zusammenhang mit dem Schülertheater.

Ja nun, irgendwann muss Regie doch zum Lebensplan geworden sein!

Ja, mehr und mehr bereitete es mir offenbar Freude, einen Prozess in die Hand zu nehmen, die Dinge zu organisieren bis hin zu einem realen Ergebnis, das man anderen zeigen konnte – um mit ihnen ins Gespräch zu kommen. Das war für mich das, was ich unter einem abwechslungsreichen Leben verstand. Bei einem Filmgespräch in Schwerin lernte ich zum Beispiel den späteren »Golzow«-Chronisten Winfried Junge kennen, er war der erste Filmregisseur, den ich erlebte und den ich im Studiokino der Stadt neugierig ansprach, mit bangem Herzen, sehr scheu – und der sehr ermutigend und freundlich reagierte. Er ist der Zweitvater von Laila Stieler, der Autorin, mit der ich seit vielen Jahren zusammenarbeite. Skurril, wie Lebenswege sich manchmal kreuzen.

Sie machten als Amateurfilmer auch erste Erfahrungen mit der Staatssicherheit.

Zunächst war die Stasi auch für mich nur der obligate Witz am Telefon, wenn es auffällig knackte: Achtung, die Genossen hören mit! Aber wir wurden tatsächlich abgehört – dass Christoph Schroth mit seinem

Ensemble in Schwerin ein außergewöhnliches Theater betrieb, blieb logischerweise nicht unbemerkt bei den »Kunstfreunden« der Gesinnungswächterei. 1984 wurde ich selber mit der Stasi konfrontiert, sehr direkt sogar: Die holten mich ab.

Da arbeiteten Sie für kurze Zeit als Tontechniker am Schweriner Theater.

Ja, und es ging um einen Amateurfilm. Ich war gerade von der Armee zurückgekommen und hatte im »Neuen Deutschland« einen großen Bericht gelesen: »Tausende wollen zurück!« Abgedruckt waren da Statements von Leuten, die in den Westen ausgereist waren und nun wieder in die DDR wollten. Was mich daran verwunderte, war der Umstand, dass offiziell niemals deren Flucht vermeldet worden war. Ein Staat, der Massenausreisen verleugnet, vermeldet plötzlich massenhafte Heimkehrwünsche? Seltsam, komisch, absurd. Das Thema reizte mich, diesen Widerspruch wollte ich in einem Film fassen.

Fanden Sie sich mutig?

Eher naiv, und der Naivität wohnt ja eine gewisse List zur verblüffenden Logik inne. Ich sagte mir, wenn das Thema jetzt im ND auftaucht, dann kann man doch auch anderswo offen darüber reden, anderswo und anderswie, mit einer kleinen Veränderung der Perspektive. Ich wollte von der Voraussetzung erzählen, die nötig war, damit Leute wieder zurückwollen: Sie müssen schließlich erst mal den Wunsch nach Ausreise haben – und so dachten Kai Festersen, ein Freund, der am Theater Regieassistent war, und ich uns die Geschichte eines Mädchens aus, das plötzlich allein auf der Welt ist. Die Welt, das war die DDR. Die Eltern des Mädchens hatten die Reise zu einer Beerdigung in den Westen zur Flucht genutzt. Sie würden nicht wiederkommen. Die Tochter, fünfzehn oder sechzehn, diente den Behörden nun gleichsam als Pfand. Sie stand vor der Entscheidung, innerhalb von vierundzwanzig Stunden ebenfalls auszureisen oder in der DDR zu bleiben, dadurch aber die Eltern womöglich nie wiederzusehen. Immerhin, die Option der Ausreise bot der Staat an, und selbstredend wurde unsere Heldin auch zur Stasi bestellt und dort streng befragt. Diese vierundzwanzig Stunden Qual und Suche und Bedrängung wollten wir erzählen, nur als Stummfilm, eigentlich unmöglich; ich denke, wir haben uns filmisch mächtig überhoben. Aber wir versuchten es trotzdem. Zunächst war für uns ganz klar, dass sich das Mädchen am Ende ihrer Gewissensqualen für die DDR entscheiden würde. Aber da unsere Heldin wegen der dramaturgischen Spannung heftige Probleme mit diesem Land haben musste, wurde schließlich immer unglaubwürdiger, dass sie hierbleiben wollte. Wir hatten sie unwillkürlich in eine Wirklichkeit gestellt, vor der man sich wahrlich nur retten konnte, indem man flugs in den Western abhaute. Also verpassten wir unserem Film einen zweifachen Schluss. Das Mädchen folgte zwar ihren Eltern – aber wir präsentierten dazu noch einen pädagogisch-lehrhaften Zusatz mit Brecht-Zitat, Kernaussage: Es ist trotz vieler Probleme und Konflikte weit besser, im Lande zu bleiben und aktiv an der Veränderung der Dinge mitzuwirken. Tragödie mit Trompetenstoß sozusagen. So war der Plan, aber bis zum Drehschluss kamen wir gar nicht. Eines frühen, sonnigen Freitagmorgens klingelte es, weit vor sieben, bei uns zu Hause an der Wohnungstür. Es war Anfang August. Meine Mutter öffnete die Tür und kam kreidebleich in mein Zimmer. Sie weckte mich mit den Worten: »Andi, die Stasi ist da, die wollen dich mitnehmen.« Für einen Moment dachte ich an letzte Reste eines Albtraums. Aber nein, da standen sie wirklich, die berühmt-berüchtigten Herren im Trenchcoat, sie standen neben meinem Bett, zeigten ihre Klappkarten und sagten: »Herr Dresen, zur Klärung eines Sachverhalts kommen Sie bitte mit, ziehen Sie sich an …« und so weiter. Wie in Trance stieg ich in meine Klamotten und ging die Treppe runter, links und rechts von denen flankiert. Unten parkte ein »Wartburg«, meine Mutter und Christoph standen oben am Fenster. Meine Mutter weinte. Die Männer fuhren mich zwei Straßen weiter, da stand dieser Stasi-Hauptklotz mit Knast hintendran. Gruselig, täglich daran vorbeizugehen – jetzt landete ich selber in diesem Gebäude. Den ganzen Tag wurde ich von einem sehr eloquenten Stasi-Mann verhört, sehr hemdsärmelig wirkte er auf mich, sehr klug, sehr um Vertrauen buhlend. Ich stand freilich wie unter Schock. Der setzte gleich voraus, ich wisse ja, weswegen ich vor ihm sitze. Wusste ich aber nicht. Aha, dieser Film. Wer denn alles beteiligt sei an dem Projekt. Ich verweigerte jeden Namen. »Wie Sie wollen.« Und er griff ganz ruhig zu einem Papier und las mir die nahezu vollständige Stabliste vor. Dann hob er die Augen vom Text und sagte: »Im Übrigen, die sind auch schon alle hier.« Ich wusste natürlich nicht, ob er vielleicht nur bluffte. Aber die Verunsicherungsfalle war zugeschnappt. Im Verlauf des Tages kamen immer wieder Leute ins Zimmer, mit Zetteln, die sie meinem Verhörer wie beiläufig auf den Tisch legten, Mitteilungen offenbar aus anderen, parallel laufenden Vernehmungen. Daraufhin stellte er spezielle Fragen an mich, ich sollte offenbar Aussagen von Freunden bestätigen oder widerrufen. Später erfuhr ich, dass die Stasi tatsächlich, generalstabsmäßig, in ganz Schwerin ausgeschwärmt war und unseren Stab quasi eingefangen hatte. Eine riesige Aktion, um mit Kanonen auf Spatzen zu schießen. Irrwitzig, mit welchem Aufwand da ein monströser Apparat in Bewegung gesetzt wurde. Die haben alles beschlagnahmt, das Drehbuch, selbstredend auch das Filmmaterial, aber zum Glück wenigstens nicht die Kameratechnik, die ich mir bei einem Schweriner Betriebsfilmstudio ausgeborgt hatte.

Wie waren die denn, zum Beispiel, ans Drehbuch gekommen?

Während der Vernehmungen, mittags, zogen die mit mir los, nach Hause zu uns, wieder einer links, einer rechts. Sie waren wohl vorher schon mal dagewesen, aber meine Mutter hatte sich geweigert, das Buch herauszugeben. Ich gab's ihnen, sagte aber auch wütend, dass ich nichts zu verbergen und keine Druckerpresse im Keller zu stehen hätte, und das Drehbuch sei doch in keiner Weise gegen die DDR gerichtet. Offenbar beeindruckt von meiner kleinen Souveränitätsgeste, antwortete einer dieser Typen: Jaja, alles schön und gut, aber ich hätte unerlaubterweise das Gebäude der Staatssicherheit gefilmt. Was denn, wegen eines so kurzen Kameraschwenks ein derartiger Aufriss? Die hätten uns doch einfach nur zu bitten brauchen, das Bild herauszunehmen. Ein unwichtiges Bild, bei dem unsere Hauptgestalt über die Straße geht, nur in der Tiefe der Einstellung war kurz das Stasi-Gebäude zu sehen. Wirklich ohne jede drama-

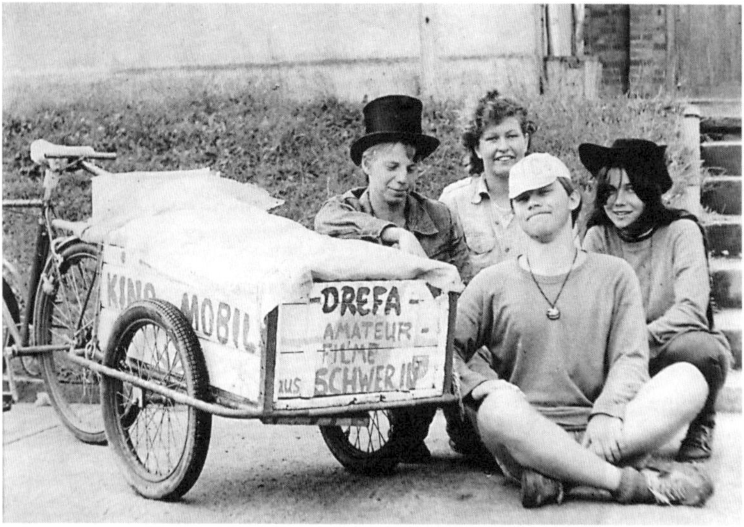

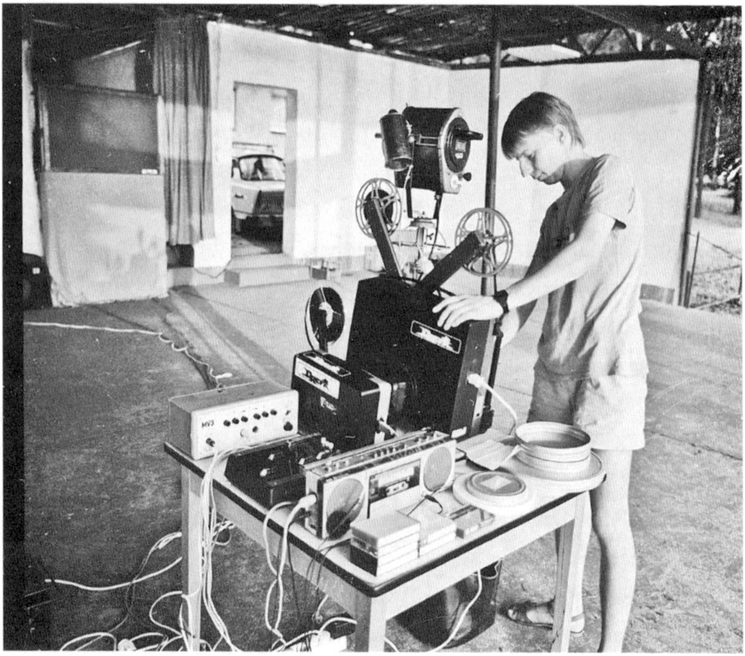

Die DREFA-Sommertour: mit Kameramann Andreas Höfer (v.) und bei Vorführungen auf Campingplätzen

turgische oder sonstige Funktion. Wir hätten die Szene auch woanders drehen können. Nein, nein, denen ging's ums Thema, das weiter ein Tabu bleiben sollte. Ich erlebte einen gespenstischen Tag, gegen Abend entließ man uns, die Filmgruppe traf sich sofort, wir waren aufgeregt, empört, auch verängstigt, natürlich schossen jedem ziemlich beunruhigende Gedanken betreffs der Zukunft durch den Kopf: Würde man studieren dürfen, knallen die uns irgendwelche Steine in den Weg? Das Filmmaterial war auch weg, also, was tun? Es war, wie gesagt, ein Freitag, wahrlich ein sprichwörtlich rabenschwarzer Freitag. Übers Wochenende beruhigte ich mich ein wenig, die Angst wich einer Lust zum Widerspruch: Ich besorgte mir ein Buch über das Amateurfilmrecht und den Gesetzesschutz fürs Volkskunstschaffen, und am Montag bin ich mit Babett, der Hauptdarstellerin, zur Stasi gezogen – ich würde mir das nicht gefallen lassen, wir hatten nichts Unrechtes getan! Also hin zum Pförtner, der saß verdutzt in seiner Bude, hörte sich meine Beschwerde wegen des eingezogenen Filmmaterials an, das ich sofort wiederhaben wollte, und beorderte uns in eine Art Warteraum. Er müsse erst mal telefonieren. Lange, sehr lange saßen wir in diesem Zimmer, wo Zeitschriften wie »Die Sowjetfrau« herumlagen, die kein Schwein je las. Irgendwann kam ein Unteroffizier, der natürlich behauptete, hier wisse niemand was von meinem Fall, ach ja, doch, das Filmmaterial – das sei leider nicht hier, das liege inzwischen in der Bezirksleitung der SED. Wir hielten uns nicht lange mit der berechtigten Frage auf, was denn die Bezirksleitung der Partei mit der ganzen Sache zu tun habe, wir zogen los zum Parteigebäude, einem Klotz, nicht minder mächtig und protzend und burgenhaft wie die »Burg« der Stasi. Die verantwortliche Genossin für Kultur allerdings war in einem ziemlich grauen Kasten in einer Nebenstraße untergebracht. Die hieß wenigstens Goethestraße, was sie aber nicht heller und schöner machte. Erstaunlicherweise kamen wir ziemlich unbehelligt bis ins Sekretariat. Die Sekretärin zeigte sich komplett überrascht, ihre Chefin war nicht da, ich sagte überrumpelnd, es sei aber sehr wichtig, ich solle hier Filmmaterial und ein Drehbuch abholen. Filmmaterial? So was sei hier nicht deponiert. Aber dann ging sie ins Zimmer der Kulturfunktionärin und kam tatsächlich mit dem Drehbuch zurück. Ich nahm es ihr aus der Hand, und wir verschwanden blitzschnell. Es handelte sich zwar um eine Kopie, nicht ums Original, aber das war uns egal.

Und das Filmmaterial?

War nicht da. Aber wir setzten uns als Gruppe noch mal zusammen, wir wollten diesen Film einfach nicht aufgeben, und natürlich hofften wir, das gedrehte Material irgendwann zurückzubekommen. Für eine der entscheidenden Szenen, die noch fehlte, fuhren wir sogar nach Berlin und drehten, aus einer Bäckerei in der Friedrichstraße heraus, heimlich den Tränenpalast. Das war höchster Leichtsinn, nach all dem bereits Erlebten, und später erfuhr ich, dass die Stasi uns beobachtet hatte. Das lag auf der Hand, wir müssen bekloppt gewesen sein, trotzdem weiterzumachen. Das beschlagnahmte Filmmaterial übrigens erhielt ich später aus der Hand eines Stasi-Mannes zurück. Christoph Schroth hatte das vermittelt. Ein graumelierter Herr kam, ich war allein zu Hause, er klingelte und stand plötzlich in meinem Zimmer. Die Szene besaß etwas Komisches, weil dem Mann das Ganze selber unangenehm zu sein schien – ein erwachsener Geheimpolizist musste sich die Zeit mit einem dilettantischen Filmchen vertreiben, dem nun wahrlich jeder Hauch von Subversivität abging. Das Material war übrigens von der Stasi entwickelt worden und in der Reihenfolge der Bilder vorsortiert. Die brachten mir eine Art Rohschnitt zurück, halbwegs nach Drehbuch montiert; die Szene mit dem Gebäude des MfS fehlte erwartungsgemäß. Der Mann diskutierte mit mir. Ich hörte ihn an und sagte: »Sie können mir diesen Film nicht verbieten!« Wieder so eine Naivität. Aber ich hörte nicht auf zu betonen, dass wir keine politischen Gegner seien! Auch keine Widerstandskämpfer, natürlich nicht. Wir wollten die DDR ein bisschen besser haben, deshalb hielten wir Kritik für wichtig. Und nun das! Trotzig planten wir, das Ding zu Ende zu bringen. Eines Tages rief mich der Kameramann des Films an, er wolle mit mir reden. Frank-Michael Wagner arbeitete im Klement-Gottwald-Werk, wo sie Kräne und Schiffsausrüstungen bauten und wo auch ich mich dem dortigen Amateurfilmstudio angeschlossen hatte. Das Studio besaß zwar keine Ideen, aber gute Technik und einen begehrenswerten Kühlschrank voll Filmmaterial, mir wiederum fehlten Technik und so ein Kühlschrank, aber Ideen hatte ich. So waren wir immer gut zueinandergekommen. Frank erzählte mir, ihm sei Gruseliges widerfahren. Der Stasi-Mann des Betriebes habe ihn beim Mittagessen in der Kantine beiseite genommen. Und ihm gesagt, man sähe nicht gern, wenn an diesem Film weitergearbeitet würde – Junge, denk an deine Familie, ihr wollt doch sicher auch weiter mit dem FDGB schöne Urlaubsreisen unternehmen, und einige Mitglieder des Drehstabes wollen doch gewiss studieren … Also gleichsam eine offene Drohung hinter vorgehaltener Hand. Franks Information war für mich der ausschlaggebende Punkt, das Projekt abzubrechen. Schuldig werden an biografischen Brüchen durch staatliche Pression wollte ich auf keinen Fall. Das war mir dieser Film nicht wert. Der im Übrigen auch nicht gut geworden wäre. Aber ein ehrlicher Herzenswurf!

Es war Ihre erste unmittelbare Erfahrung mit einer politischen Gewalt.

Etwas überspitzt gesagt: Den gesamten Rest des Sommers lag ich daheim auf dem Sofa und heulte. Ich war deprimiert und desillusioniert. Ja, zum ersten Mal in meinem Leben hatte ich diese Ohnmacht erfahren, mit der du plötzlich in einem Räderwerk zappelst. Um nicht falsch verstanden zu werden: Im Grunde war nichts geschehen, ein kleiner, ohnehin ungelenker Film war an einem behördlichen Einspruch gescheitert, aber das Darunterliegende entfaltete doch seine einschüchternde Kraft: Da wirst du zu einer Einsicht gezwungen, die dir partout nicht einleuchten will; du warst einem richtigen Gedanken gefolgt, der dir aber harsch und kalt ins Gegenteil verkehrt wurde – die Stasi hat wahrscheinlich nie wirklich begriffen, wie sie auf solche Weise unnötige Feinde schuf, und offenbar war für sie ein Nachschub an Gegnern, der die eigene Vollbeschäftigung garantierte, weit wichtiger als eine Stimmung im Lande, die mit Gestaltungswillen und Enthusiasmus einherging. Nein, man beäugte lieber und bohrte und beschlagnahmte und dockte sich an bei den Ängsten der Menschen. Die Angst würde schon zur Vernunft führen? Zu einer erzwungenen Vernunft, also zu ihrem Gegenteil. So, wie man Moral vergewaltigt, wenn man darunter nur die Folgsamkeit gegenüber staatlichen Vorgaben versteht. »Erst kommt das Fressen, dann kommt die Moral.« Die SED gab das »Fressen« vor: soziale Geborgenheit, Arbeit, Studium, mal mit dem FDGB in Urlaub fahren – und davon leitete sie ab, das Maß für Moral festlegen zu dürfen: Gehorsam. Wer nicht gehorchte, dem wurde ganz schnell mal das »Fressen« entzogen. Wie ich von Franks Kantinengespräch lernen konnte. Der Chef des Amateurfilmstudios übrigens distanzierte sich auf Druck der Stasi schließlich von uns; letztendlich wurde das Studio geschlossen und versiegelt. Auch, weil die drei anderen Mitglieder sich zu uns bekannt hatten und sich hinter unser Filmprojekt stellten.

Ihr Vater schrieb darüber: Der Mensch zeige Moral, indem diese sich nicht erpressen ließe, auch nicht von lockend ausgepolsterten Verhältnissen. Moralität sei nicht vereinnahmbar durch politische Programmatik.

Wirkliche Moral ist unabhängig von den Brotkörben, seien sie leer oder gefüllt. Ich dachte damals, bei der Film-Geschichte, sehr an Adolf, ja, er war in den Westen gegangen, das war traurig, aber dieser Einschnitt wurde von mir bis dahin nie prononciert politisch interpretiert und hinterfragt, ich war ja fast noch ein Kind, als es geschah. Nun aber hatte mich die Stasi aus dem Bett geholt! Das war ein bitteres Erweckungserlebnis. Es liegt etwas entsetzlich Entwürdigendes darin, wenn ein Fremder vorm Bett erscheint. Frühmorgens gehört es zum intimen Recht des Menschen, sich waschend, sich ankleidend, sich mählich streckend zu einer Form zu gelangen, die ihn für das Draußen rüstet und sicher macht.

Nicht zufällig werden Menschen frühmorgens abgeholt, aus diesem langsamen Erwachen herausgerissen, am empfindlichen Recht des Alleinseins gehindert. Das ist die Schockphilosophie der Büttel. In einem Interview sagten Sie, nach 1989 nicht zu jenen Überraschten gehört zu haben, die sich die Augen rieben, was jetzt alles in Sachen SED und Stasi hochkam. Kann man sagen, ein Grundstein für diese Klarsicht wurde in jenem Sommer 1984 in Schwerin gelegt?

Kann man so sagen. In jenen Tagen habe ich wohl meine politische Unschuld verloren.

Jurek Becker schrieb 1990: »Die DDR-Regierung war ein wahrer Glückspilz. Sie hatte es mit einer Bevölkerung mit hoher Unterwerfungsbereitschaft zu tun … Ich glaube nicht, dass die Enthüllungen der letzten Monate fundamental neue Erkenntnisse über das Innenleben der DDR gebracht haben … Dass auf Teufel komm raus überwacht, genötigt und drangsaliert wurde, wusste man. Und dass in der Parteiführung nicht die selbstlosesten und nicht die intelligentesten Personen saßen, wusste man. Jeder konnte sehen und sah ja auch, dass der Kaiser keine Kleider hatte, doch nun, seit der Ruf vom nackten Kaiser nicht mehr von Sanktionen bedroht ist, wird er wie die größte Erkenntnis gefeiert.«

Das sah ich auch so. Übrigens haben wir im gleichen Jahr des Stasi-Vorfalls, im Herbst 1984, einen anderen Film gedreht, »Der kleine Clown«. Das war der Film, mit dem wir uns selber am Schopfe aus dem Abgrund zogen. Wir konnten schließlich nicht einfach aufhören, nur wegen dieser blöden Niederlage! So entstand jene Geschichte von der magischen Figur, die mit einer Handbewegung Harmonie stiften kann. Ein Märchen. In drei Episoden wird vom Misslingen erzählt, aber jedes Mal taucht ein Clown auf, steckt den misslich Betroffenen eine Blume ins Haar – und alles wird gut. Am Ende ist der Clown der Traurigste: Wer Trost spendet, wird selber am wenigsten getröstet.

Der Clown – was ist das für Sie? In einem Ihrer Zimmer hängt ein großes Plakat von Giulietta Masina als Gelsomina: das Clownsmädchenkind in Federico Fellinis »La Strada«.

Der Clown? Das ist der schmächtige Kleine in diesen zu weiten Hosen, in deren Taschen so viele Tragödien Platz haben. In diesen zu großen Schuhen, in denen er gut über sich selbst stolpern kann. In dieser zu großen Arena Leben, wo er Verlassenheit atmen muss, aber auch den Stolz des Außenseiters hervorkehren kann. Der Clown will glücklich sein und überlebt deshalb alle Katastrophen. Er liebt seine Katastrophen, auch wenn er dabei unglücklich bleibt. Er lernt das Fallen, weil man ihn immer wieder zu Boden wirft.

Grauenhafter Beruf.

Genau genommen ja. (*Lacht.*) In der letzten Episode des »Kleinen Clowns« spielte ich übrigens selber mit, ich bin da ein Amateurfilmer, der einen Film zeigt, im Publikum ist der eine eingeschlafen, der nächste findet den Film fürchterlich, und die wieder nächsten gehen gleichgültig und ohne jede Rührung ihrer Wege. Also sitzt er verzweifelt da, aber erneut taucht der kleine Clown auf, und mit neuer Kraft geht es an neue Filme. Wir sprachen uns mit diesem Film selber Mut zu, er war sehr rasch entstanden und eigentlich nur gedreht worden, damit wir uns mit irgendwas selber aus der Trübsal holten. Er war wie Medizin. Mit dem Streifen nahmen wir an einem Amateurfilmwettbewerb zum Thema »Eulenspiegeleien« in Karl-Marx-Stadt teil – und er gewann den Hauptpreis. Mein erster Preis überhaupt! Und der Film machte Furore! Er lief auf weiteren Festivals, bekam Ehrungen über Ehrungen. Seltsam, nicht? Wir waren über den Ausreise-Film gestolpert, hatten uns in die Beschäftigung mit diesem anderen Filmchen gestürzt – und der schlug ein. Anderthalb Jahre später drehte ich eine zweite Fassung auf 16-mm, auch mit technisch einwandfreiem Ton, denn der Film war ausgewählt worden für die UNICA, das Weltfestival des Amateurfilms in Argentinien. Ich selbst durfte natürlich nicht hinfahren, aber der Film gewann tatsächlich auch in Südamerika einen Preis.

Wieder hatte das Glück sein Spiel gespielt.

Vielleicht merkte man diesem Film an: Die ihn gedreht hatten, mussten ihn unbedingt drehen, der Film kam vor allem aus den Herzen, weniger aus den Köpfen. So wie ein Schriftsteller sagt: Nicht geschrieben haben hilft nicht, sondern schreiben hilft – so war hier nicht der Film das Ziel, sondern das Filmen selbst. Deshalb fand ich die erste, die Super-8-mm-Fassung auch ursprünglicher, wahrhaftiger als jene technisch perfektionierte, die für das Filmfestival nachgedreht wurde. Es ist eine seltsame Erfahrung, deren Lehre noch immer für mich gilt: Das Bestmögliche entsteht, wenn man aus einer tiefen Emotion und nicht unbedingt so ganz zielgerichtet arbeitet. Es ist schon eine feine Ironie der Geschichte, dass ausgerechnet die Stasi mir zu solch einer Erfahrung verhalf.

Nahmen Sie nach 1990 Einblick in Ihre Stasi-Akte?

Nein. Ein Freund, der damals in Schwerin mit dabei war, hat sich seine Akte kommen lassen und mir Fragmente jenes Film-Vorgangs überlassen. Mehr habe ich nicht gelesen.

Ihr Eindruck?

Lächerlich und ekelhaft. Lächerlich dieses fortwährende Aufbauschen, als betreibe man Weltpolitik, obwohl man nur Schweriner Mülleimer durchschnüffelt. Und ekelhaft der Tonfall. Menschen sind in diesen Akten Objekte. Da wird nur immer observiert, zersetzt, eingeleitet, gestreut, auseinander dividiert und so weiter. Die Sprache der Kammerjäger, wenn sie über »ihre« Schädlinge sprechen. Oder eher: über sie herfallen. Ich kann das nicht wirklich lesen, es ist so arrogant, so dumm, aber irgendwie auch absurd und lustig. Ich selber fühle mich in keiner Form als »Opfer«. Ich wurde letztlich nicht wirklich drangsaliert, mir ging es gut. Ich durfte Film studieren, obwohl mein Vater in den Westen gegangen und ich selber nur für eine Pflichtzeit lang bei der Armee und zudem nicht in der Partei war. Trotzdem hatte ich, ehrlich gesagt, stets ein wenig Angst – davor, dass ich in diesen Akten möglicherweise Leuten begegne, mit denen ich heute noch zu tun habe und von denen ich lieber nicht wissen möchte, was ich aus den Akten unweigerlich erführe.

Das ist vielleicht auch eine Form von Verdrängung, oder?

Das ist mir klar, aber mich erschüttern solche Einbrüche von Realität, ich gestehe es, ich kann das ganz schlecht verarbeiten. Mit dem Schauspieler Thomas Lawinky zum Beispiel, einem ganz tollen, starken Spieler-Typen, mit dem stand ich zu Wendezeiten auf dem Bahnhof hier in Potsdam, wir drehten gemeinsam »Zug in die Ferne«, und Jahre später sollte er in »Kasimir und Karoline« den Merkl Franz spielen, in meiner Horváth-Inszenierung am Deutschen Theater. Ich habe ihm abgesagt, aber nicht, weil soeben herausgekommen war, dass er unter anderem auch mich bespitzelt hatte, nein, ich hätte mit Thomas trotzdem gearbeitet, zumal mir durch seine Berichte ganz offensichtlich nichts Böses widerfahren war – aber damals, in dieser konkreten Situation, wusste ich doch genau, was passieren würde: Seine Stasi-Verstrickung war über Nacht Medienthema geworden, und das hätte unsere Produktion am Deutschen Theater bedrückend überlagert. Das musste ich mir nicht antun.

Hat man je versucht, Sie für die Stasi zu gewinnen?

Ja, an der Filmhochschule. Aus dem Unterricht heraus wurde ich ins Prorektorat gerufen, dann ging es in einen kleinen Raum, den ich noch nie vorher betreten hatte. Die übliche Klappkarte ging auf, und der Mann dahinter sagte: »Na, das kennen Sie ja, Herr Dresen.« Er knüpfte offensichtlich an das längst vergangene Schweriner Ereignis an. Wollte der mir einreden, Stasi und ich, das sei doch längst eine Vertrauensgemeinschaft? Ich war schockiert und hatte erstmal Angst. Auf dem Tisch zwei Kaffeetassen, und in meinem Kopf raste es. Hatte ich irgendwas gemacht? Bis dann der Satz kam: »Es wäre schön, wenn wir von Ihnen von Zeit zu Zeit erfahren könnten, wie denn so die Stimmung in der Kantine ist.« Ich dachte, dazu können sie sich doch auch selber in die Kantine setzen. Zumal ich den Mann dort immer mal wieder gesehen hatte – und bin gegangen. Hin zum Prorektor, am ganzen Körper zitterte ich: »Ich möchte mit diesen Leuten absolut nichts zu tun haben, und ich weiß auch nicht, wie Sie auf mich gekommen sind.« Dann ging ich zurück in die Klasse, es war gerade Pause, und dort erzählte ich allen brühwarm, was mir eben passiert war. Ich dachte, dekonspiratives Verhalten ist der allerbeste Schutz. Vielleicht war das meine Rettung. Der gesamte Vorgang blieb ohne Konsequenzen. Und bestimmt hielt unser Rektor Lothar Bisky seine schützende Hand über mich.

Den Stasi-Mann der Schule – sahen Sie den wieder?

Ich sah den wieder, ab und zu auf dem Gelände der Hochschule, und ich hatte den, wie gesagt, auch schon vorher oft gesehen. Noch tagelang klopfte mir das Herz. Und manchmal dachte ich, Mann, wenn der Kerl eine geschicktere, eine geschmeidige, eine einfühlsame Taktik eingeschlagen hätte – vielleicht wäre ich umgefallen. Man ist doch nicht absolut gefeit und wie schnell machen einen die eigene Angst oder ein irriger Glaube schutzlos.

Ort, Zeit und Handlung – Konstellationen entscheiden alles.

Ich hatte einen Freund, nach der Wende wurde er als Stasi-Offizier geoutet. Wir waren in Schwerin gemeinsam in die Erweiterte Oberschule gegangen, er spielte übrigens die Hauptrolle in meiner »Urfaust«-Inszenierung in der Turnhalle. Sein Vater war ein hoher Beamter beim MfS, in der Bezirksdienststelle der Stasi in Schwerin. Mein Freund organisierte über seinen Vater Kopien des DIN-A4-Programmblattes vom »Urfaust«, offiziell gab es ja damals keine Kopiermöglichkeit. Später, als seine Stasi-Mitarbeit bekannt wurde, trafen wir uns und redeten. Schon beim Journalistik-Studium in Leipzig, erzählte er mir, war er IM und wurde dann Offizier, wie hieß das?, »im besonderen Einsatz«. Er durchsuchte Wohnungen, wenn die Bewohner nicht zu Hause waren, also ziemlich harte Dinger, auch schlug er einen Kommilitonen für die Spitzeltätigkeit vor, und als der ablehnte, so sagte mein Freund, sei er maßlos enttäuscht gewesen, denn: »Ich dachte immer, der gehört zu uns.« Und während wir uns über die Vergangenheit unterhielten, sagte er sinngemäß zu mir: »Weißt du, du hast in der DDR Glück gehabt, dein Vater war eine Art Dissident, er ging in den Westen, ihr in den Künstlerkreisen wart sowieso tendenziell gegen das System, und irgendwie hast du deine Oppositionshaltung in die Wiege gelegt bekommen – mein Vater war beim MfS, ich wurde also ganz anders sozialisiert, und so wurde für mich Ehrensache, was für euch vielleicht verachtenswert war und nicht in Frage kam.« Nun entbinden Erziehung und familiäre Grundierung nicht vom eigenen Gewissen, aber verschiedene Voraussetzungen können eben doch sehr entscheidend das Gefühl für richtig oder falsch beeinflussen.

Wo man gerade ist, wer einen beeinflusst, wem man ausgesetzt ist, was man zu welchem Zeitpunkt einsieht, wie man in etwas hineinwächst, wann sich welche Wege kreuzen …

Das spielt im Leben eine Rolle, na klar. Ödipus kommt zufällig an einen schicksalhaften Kreuzweg, er wird so der unglückliche Mörder seines Vaters, die Lawine der Tragödie bricht los. Aber, wie gesagt: Mit dem fiesen Verrat, mit dem schmutzigen Geschäft etwa des Schnüffeldienstes steht man am Ende trotzdem allein und unentschuldbar da. Ich muss bei diesem Thema an meine Cousine denken. Wir waren fünf oder sechs, spielten auf dem Hof, plötzlich rannte sie heulend zu meinem Vater: »Onkel Adi, der Andreas hat gesagt, ich bin eine alte Petze.« Adolf hat gelacht und gesagt: »Da hat er wohl recht.«

Einer Ihrer Fernsehfilme lief 1994 im ORB und bei einem arte-Themenabend »Stasi«, es war »Das andere Leben des Herrn Kreins«, Buch: Ulrich Plenzdorf. Es ist das Kabinettstück zweier großer Darsteller: Reimar Joh. Baur spielt den wenig erfolgreichen Autor Kreins, einen Oppositionellen, in dessen Büro nach dem politischen Umbruch plötzlich jener Mann auftaucht (Dietrich Körner), der jahrelang sein Schatten war, im Auftrag der nunmehr niedergegangenen Macht. Stilistisch besitzt dieser Film etwas vom absurden Theater. Tragik und Farce – als hätten O'Casey oder Tabori oder andere Clowns der Dramatik Pate gestanden.

Ich mag das Groteske, die poetische Überhöhung, aber eine Geschichte muss ebenso einen realen Boden haben. Ich sagte ja bereits: Ich finde schwer Zugang zu Filmen, die ihre Künstlichkeit gleichsam ausstellen. Die Unmerklichkeit von Wirkungen sagt mir mehr zu als etwa der Verfremdungseffekt à la Brecht.

Ich weiß, Sie denken da besonders wehmütig an sowjetische Filme.

Weniger wehmütig, eher trotzig – ich denke etwa an Rjasanows »Bahnhof für zwei«, an die Filme Iosselianis und Schukschins. Das war eine Kunst, bei der das Herz, das drin schlug, immer wichtiger gewesen ist als die Kameraführung oder sonstwas. Und die Menschen in diesen

Filmen litten, aber sie jammerten nicht – sie lebten, sie kämpften, sie hatten eine wunderbare Gelassenheit, ließen sich auch mal vom Leben treiben. Weil sie das Leben liebten.

Welches Leben?

Das Leben überhaupt. Leben freilich jenseits einer Gesellschaft wie der jetzigen, die von der Zügellosigkeit ihrer Produktion einfach nicht wegkommt. Und von dieser elenden Beschleunigung. Manchmal weiß ich nicht, warum Menschen durch die Welt rasen, über den Globus jetten. Jede Reise endet in irgendeinem Scheißnest. Jede! Alles bewegt sich, und wohin? Man kriegt ’ne Krise, weil man den Scheißnestern einfach nicht entkommt. Wir suchen nach einem Zentrum, und dabei geht es uns verloren.

»Das andere Leben des Herrn Kreins« – da taucht kein einziges Mal das Wort »Stasi« auf.

Plenzdorf und mich interessierten eine größere Dimension der Thematik. Es geht um zwei Menschen, deren Leben auf merkwürdige Weise miteinander verbunden ist. Obwohl sie auf verschiedenen Seiten der Barrikade kämpften, finden sie sich am Ende auf einem gemeinsamen Scherbenhaufen ihrer Utopien wieder. Im Kampf gegeneinander wurden beide zu Verlierern, und der Roman »Verlorene Illusionen« liefert für dieses Thema den besten Stoff – und einen wunderbaren Titel. Es gibt übrigens eine interessante Arbeit von Engels über den Dichter, in der er feststellt, dass Balzacs konservative Haltung seinem künstlerischen Realismus keineswegs im Wege stand. So wie umgekehrt die Begeisterung für eine gute politische Sache noch lange nicht den guten Dichter ausmacht.

Wie haben Sie 1976 die Ausbürgerung Wolf Biermanns erlebt? Ihr Vater arbeitete noch am Deutschen Theater.

Wir hatten zu Hause eine Biermann-Platte, »Chausseestraße 131«, ich besitze sie noch, das Originalexemplar von damals aus den Siebzigern. Die Liedtexte habe ich noch im Kopf: »So oder so, die Erde wird rot, entweder lebensrot oder todrot.« Meine Mutter mahnte stets, wenn ich Biermann hörte, zur gedämpften Lautstärke. Ich wusste, die Platte ist verboten, also stellte ich sie gerade deshalb ein wenig lauter. Sie war ein Geschenk von Adolf, er wiederum hatte sie von Biermann persönlich bekommen. Es lag also nahe, dass ich mir im Fernsehen auch jenes Kölner Konzert ansah und anhörte, das zur Ausbürgerung führte. Biermann und die von ihm ausgelöste Stimmung im Lande war selbstverständlich ein Thema bei uns zu Hause. Allerdings ahnte ich nicht, was das bei uns für konkrete familiäre Konsequenzen haben würde. Ein Jahr später ging Adolf weg. Es gibt eine Geschichte aus jenen Tagen um die Biermann-Affäre, die hat mit Kurt Böwe zu tun, der in »Stilles Land« den Walz spielte, den Theaterintendanten im Herbst '89. Adolf hatte 1976 am Deutschen Theater den »Michael Kohlhaas« inszeniert, in der Titelrolle: Kurt Böwe. Als Biermann nicht wieder in die DDR hereingelassen wurde, gingen protestierende Unterschriftslisten um. Mein Vater sagte nach einer Probe nur diesen einen Satz: »Kurt, da drüben liegt eine Liste.« Für Böwe reichten diese Worte, um in drei fürchterliche Tage der Selbstbefragung, der Zweifel und der Zerrissenheit gestürzt zu werden. Schließlich unterschrieb er nicht, und nach eigener Auskunft fühlte er sich sehr schlecht. In unserem Film »Stilles Land« gibt es eine Szene, in der Walz seine Unterschrift unter eine Protestresolution des Ensembles gegen die SED-Politik setzt. Er trägt das Schreiben an die übergeordnete Parteileitung sogar selber zum Briefkasten. Beim Anblick des Briefträgers, der den Kasten gerade leert, spürt er gleichsam die Bombe in seiner Hand ticken. Er weiß: Dieses Papier wird unliebsame Reaktionen auslösen. Er lässt den Brief mit der Resolution daraufhin klammheimlich in einer Schublade seines riesigen Schreibtisches verschwinden – und wirft ihn erst in den Kasten, als der neue, quasi nur sekundenlange SED-Chef Krenz im Fernsehen den lächerlichen Satz sagt, die Partei werde eine Wende einleiten, also: als keine direkte Gefahr mehr für Resolutionen besteht. Als wir die Szene mit der Unterschrift unter die Protesterklärung drehten, brauchte ich zu Kurt Böwe nur zu sagen: Kurt, da drüben liegt die Liste. Er spielte das großartig. Er spielte die eigene Erfahrung: an einem Land zu hängen und schlimme Konsequenzen zu ahnen. Mein Vater schrieb damals den Satz: »Es gibt Zeiten, da sind alle Alternativen schwierig.« Und auch wenn die diktatorischen Zeiten für uns vorbei sind: Immer und überall kommt es zu Situationen, in denen das Leben Listen auslegt. Listen im Doppelsinn des Wortes: Fallen aus Papier und andere Listen, also Listigkeiten, um uns zu prüfen. Unterschreibst du oder unterschreibst du nicht? Bist du auf Seiten des Aufrufs oder des Widerrufs? Wie bleibt man frei – unter Druck? Im September '89 saß ich in der gut gefüllten Kantine der Filmhochschule. Es gab Nudeln. Da legte jemand ein Blatt Papier neben mich auf den Tisch: »Hier, unterschreib mal.« Es war der Gründungsaufruf für das Neue Forum. Ich las und wurde innerlich blass. Natürlich stimmte das alles, aber wenn ich unterschriebe, könnte es das auch gewesen sein mit dem Studium. Der Zettel machte die Runde, am Ende unterschrieben wir alle und hatten irgendwie das beruhigende Gefühl, man könne ja schließlich nicht alle Studenten auf einmal exmatrikulieren. Wir schützten uns somit in der Gruppe, das machte die Entscheidung für die Unterschrift leichter. Zivilcourage beginnt aber da, wo man sich gegen den allgemeinen Konsens erhebt und einzig nur der Stimme der inneren Vernunft folgt. Wie Antigone, die gegen Kreon aufbegehrt, nur ihre eigene Moral zum Gesetz erhebt und dafür einen hohen Preis bezahlt. Mutig waren die dreißig Menschen, die in Leipzig zuerst auf die Straße gingen und von Stasi und Polizei niedergeknüppelt wurden. Wie viel leichter war es, dabei zu sein, als es bereits Hunderttausend waren, oder gar eine Million, am 4. November auf dem Berliner Alex. Ich habe großen Respekt vor denen, die in solchen Zeiten wirklich ungesichert vorangehen.

Auch bei der Massendemonstration am 4. November waren Sie mit der Kamera dabei. Nun hat man als Filmstudent eine gewisse Sicherheit, dass Filme, die man dreht, irgendwo auch gezeigt werden. Und sei es nur am Ausbildungsort. Wie war das aber vorher, als Amateur, abgesehen von Festivals? Wo wurden Amateurfilme in der DDR aufgeführt?

Amateurfilme hatten das Problem, nur sehr schwer Publikum zu finden. Im DDR-Fernsehen gab es mal eine Amateurfilmsendung, »Greif zur Kamera, Kumpel!«, aber zu unserer Zeit existierte sie nicht mehr. Was uns blieb, waren ab und zu Vorführungen in Jugendklubs oder bei Festivals, wo die Amateure aber meist unter sich blieben. Wir suchten natürlich nach weiteren Möglichkeiten. Wenn die Zuschauer nicht zu uns kamen, so würden wir eben zu ihnen fahren! So entstand die Idee zur DREFA-Sommer-Tour. DREFA – Dresen-Film-Arbeitsgemeinschaft. Meine erste Firma! Klang etwas nach DEFA, war natürlich eine bewusste ironische Anspielung. Genau besehen, war das nichts weiter als ein kleiner Fahrradpulk mit Anhänger, darin Projektor und alles, was sonst noch für eine Filmvorführung nötig ist. Jeden Abend steuerten wir einen anderen Zeltplatz an. Die Leute besaßen damals noch keine Camping-Fernseher, sie hingen abends rum, diese Langeweile nutzten und füllten wir aus. Wir kamen an, bimmelten mit unserer Glocke, und bisweilen hockten bis zu dreihundert Zuschauer auf der Wiese. Die Urlauber waren dankbar, und einmal, bei starkem Regen, ließ uns einer sogar in sein Zeltkino rein. Die letzte dieser Touren fand 1988 statt, da war ich schon Student an der Filmhochschule, mit dabei mein Freund und Kameramann Andreas Höfer. Wir zeigten auch Filme anderer Amateure, mit der Zeit kamen Musiker dazu, die Sache entwickelte sich mählich zu einer beträchtlich ausladenden Show, die eine immer ausgefeiltere Logistik verlangte und also absehbar an die Grenze unserer Kräfte führte. Wanderzirkus und Open Air im Kleinformat. Zwischen den Filmvorführungen haben wir live musiziert, danach wurde geredet und getrunken. Manchmal bis in den frühen Morgen hinein. Selbstredend gab es irgendwann die obligatorischen misstrauischen Anfragen und wachsende Distanz bei Zeltplatzleitungen – die es merkwürdig fanden, dass Leute Filme zeigten, die doch überhaupt nicht staatlich abgenommen und womöglich gar nicht genehmigt waren. DDR eben.

Herr Dresen, wenn man Fotos von Ihnen aus jenen Jahren sieht und diese neben Bilder von heute legt – viele Porträts strahlen zeitübergreifend Freude aus, Hingewandtheit zu den Dingen, als hätten sämtliche Erfahrungen, auch die bitteren, letztlich eines nie vermocht: Ihnen die Lust aufs

Leben zu verderben. Sie sind ein Mensch, der nicht zu Pathos neigt, aber just dies reizt zur etwas pathetischen Frage: Was ist so schön am Leben?

Der Alltag. Schlicht und ergreifend: der Alltag.

Alltag. Ist das nicht langweilig für die Kunst?

Alltag ist nicht langweilig. Ich könnte jetzt viel aufzählen, um wirklich bei diesem total klischeehaften Satz zu landen: Alltag ist schön. Und das Abenteuer lauert überall.

Alltag ist zumeist undramatisch.

Nur äußerlich! Man muss doch nur mal mit Fabulierfreude einen einzigen Blick aus dem Fenster werfen: Unzählige Menschen überqueren eine Straße, in jedem einzelnen dieser Leben dürfen doch große Dramen vermutet werden – ohne dass man das den Leuten sofort ansieht, ja. Was doch aber bei einem einzigen Gang so Vieler über eine Straßenkreuzung alles mitgeschleppt wird an Liebe und Tod, Glück und Unglück, Lust und Schmerz. Und alles unter dem Deckmantel des Profanen, Unspektakulären. Wir unterhielten uns doch über die Kraft von Sekunden, die über unser Schicksal entscheiden. Im Alltag nisten die großen Fragen, und was zufällige Begegnungen für Lebensweichen stellen können! Man begegnet einander an einer Straßenecke, aber weil man einen Termin hat, hastet man am wahren Glück vorbei.

Sie haben zum Film »Halt auf freier Strecke« schon einiges gesagt, aber natürlich provoziert Ihre ungebrochene Haltung zum Leben, jetzt sofort den Kontrast anzusprechen: das Sterben, den Tod, das Weiterleben mit Verlusten – Themen dieses erwähnten Films. Sie haben gesagt, Sie hätten bei »Halt auf freier Strecke« eines begriffen: dass es etwas Gutes sei, den Schmerz an sich heranzulassen. Kam diese Erkenntnis wirklich erst mit diesem Stoff?

Natürlich besteht ein wichtiges Motiv für Schreiben, Filmen, Malen, Singen in dem Versuch, das Sterben zu überlisten, das Sterben von Kräften, von Hoffnungen, von Zielen, von Ansprüchen, von Beziehungen.

Letztlich, am bittersten, am schmerzhaftesten, am ungerechtesten, am grausamsten: das Sterben naher Menschen. Diesem Thema war ich in noch keinem meiner Filme so unerbittlich nah. Seit diesem Film denke ich, in Abständen, anders über das Leben. Es ist so verletzlich, so brüchig, so schnell zerstörbar. Es gibt keine Dauer im Sinne einer Bewahrung vorm Sterben. Und doch gibt es eine mögliche Dauer: nämlich die Feier aller Flüchtigkeiten, den bewussten Genuss von profanen Dingen, also: die Umwertung dessen, was uns permanent nervt, in einen positiven Sinn.

Das kann nicht immer gelingen.

Es kann aber öfter gelingen, als man gemeinhin annimmt. Im Umweltschutz beispielsweise: Wir entwickeln alle Kraft aus der Überbetonung der Sorge. Die katastrophische Ahnung und Befürchtung macht uns notgedrungen vernünftig. Warum aber entwickeln wir Widerstand nicht lieber aus dem Gegenteil: der Freude am Leben, dem Staunen über die Natur? Wir waren mit »Halt auf freier Strecke« in den USA unterwegs. Viele Publikumsgespräche. Überall die erste Meinungsäußerung: Das sei doch ein realistischer Film – wieso könne es dann aber sein, dass Ärzte zu einer gewöhnlichen Mittelklasse-Familie nach Hause kommen? Das sei doch unbezahlbar. Wirklich: in jeder Stadt diese Frage. Und dann jedes Mal eine heftige Debatte, weil die US-Amerikaner einfach nicht dieses utopisch anmutende deutsche Krankenversicherungssystem begreifen konnten. Nicht begreifen konnten, dass man zu Hause sterben kann. Ich gehöre bestimmt nicht zu den Apologeten des Bestehenden hierzulande, aber ein Gefühl für gesellschaftliche, soziale Errungenschaften in diesem Deutschland bekommt man in solchen Augenblicken durchaus. Ich bin gegen die Erniedrigung durch Hartz IV, aber ich bin, beim Blick in die Welt, weit wacher geworden für soziale Leistungen, die es hier bei uns gibt.

Was heißt für Sie: Seelenfrieden – in künstlerischer Hinsicht?

Nicht vom Zwang zerfressen zu werden, ständig ein Meisterwerk schaffen zu müssen. Einfach nur: einen nächsten Film zu machen, der

Spaß macht. Es gibt ja diesen Satz: Man solle jeden Tag so leben, als ob es der letzte wäre – denn irgendwann kommt der Tag, an dem man damit Recht hat. Der Mensch entkommt seinem Naturell und seinem Geworfensein nicht. Ich auch nicht. Ich bin behütet in die Welt gekommen und behütet durch die Welt geleitet worden. Das hatte Folgen, klar, ich verfechte gern und mit ganzem Herzen den Mut zur Freundlichkeit. Aber ich weiß natürlich: Dagegen steht der absehbare Tod und eine soziale Welt der tiefen Risse, und man darf da – so wie die Dinge aussehen – nicht leichtfertig falschen Optimismus verbreiten.

Klingt jetzt ein wenig wie ein Selbstvorwurf.

Nein, überhaupt nicht. Aber ich habe in einigen Filmen nicht weit genug in den Abgrund geschaut.

Ein Wunsch nach Boshaftigkeit?

Nein, nach Radikalität. Ich bewundere zum Beispiel Luis Buñuel sehr. Seine Filme reiten harte, konfrontative gesellschaftliche Attacken, gleichzeitig ist er ein liebender Erzähler. Er findet bitterböseste Wendungen, ohne seine Figuren preiszugeben.

Octavio Paz spricht bei Buñuel von einem »Doppelbogen der Schönheit und der Rebellion«.

Diese Goyasche Welt von Dieben, Bettlern, Wahnsinnigen, Krüppeln, Huren und Mördern unterläuft jedes Mitleid, aber in ihrer Grausamkeit hat sie auch etwas Aufständisches gegen jede Scheinmoral – auch gegen die ideologische Heiligsprechung der sozial Ausgebeuteten. Die ebenso grausam und egoistisch und mörderisch sein können wie ihre Peiniger. In »Viridiana« etwa, der Geschichte einer Novizin, die einen Gutsbesitz gutherzig den Armen öffnet – und eine Orgie der Verwüstung und Gewalt erleben muss. Einer meiner Lieblingsfilme. Bei Buñuel gibt es eine grandiose Lust daran, in jedem Wert sein Gegenteil aufzuspüren, Lust am schwarzen Humor, an der gezielten Irritation des Zuschauers – durch den plötzlichen und unverhofften Einbruch des Schreckens, der jeden Alltag traumatisiert, und des grotesken Witzes, der alles Heilige in den wohlverdienten Schmutz zieht. Schmutz ist Leben.

Tun Sie sich schwer damit, unsympathische Gestalten zu erzählen?

Ich denke, der Kinozuschauer braucht Identifikation. Aber die Kunst besteht natürlich darin, das Publikum auch mit solchen Figuren zu packen, die unangenehm sind. Zum Beispiel den Willenbrock …

… im gleichnamigen Film nach dem Roman von Christoph Hein.

Ja, den hätte ich weit abstoßender zeichnen müssen. Dem fehlen die Abgründe.

Schauspieler Axel Prahl sagt: »Bei Willenbrock hatte ich zunächst das Gefühl, dass das eigentlich nicht ich bin. Aber Andreas Dresen war nach dem Casting anderer Meinung. Vielleicht hat er sich gesagt, wir nehmen mal lieber einen an sich sympathischen Typen, um einen Unsympathischen darzustellen.«

Stimmt. So ist eine Unentschiedenheit entstanden, von der ich glaube, dass sie dem Film Publikum kostete. »Willenbrock« ist halb ein konventionelles Kinostück, indem sich der Film nicht radikal genug verhält, und dann wiederum, für so ein Kinostück, zu düster. Obwohl Laila Stieler ein starkes Drehbuch nach einem starken Roman schrieb.

Würden Sie denn auch einen »Tatort« drehen?

Einen »Polizeiruf« habe ich ja mal gedreht. Aber ehrlich gesagt, ich bin für Krimis nicht sehr geeignet. Zumindest nicht für solche, die an einen bestimmten Kommissar-Typ gebunden sind – wo also Festlegungen bestehen, an die ich mich halten muss. Diese Festlegungen sind wahrscheinlich stärker, als ich stark sein darf, um bei mir selber bleiben zu können. Hitchcock hat wunderbare Krimis gedreht, die aber anderen Konstellationen folgen: Jemand wird unschuldig verdächtigt, ist auf der Flucht oder man darf sich vollständig und irritierend mit dem Täter identifizieren. Es gibt so viele mögliche Konstellationen beim Kriminal-

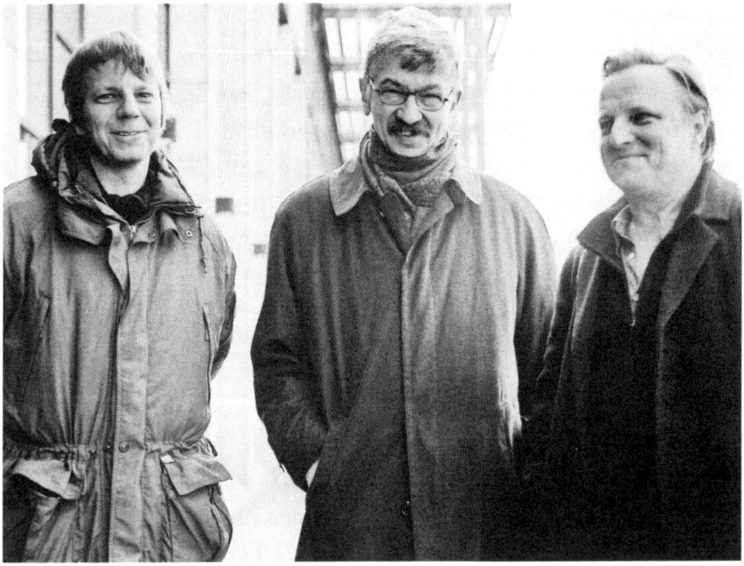

»Willenbrock«: mit Autor Christoph Hein und Axel Prahl (r.)

film, die jedoch bei so einer Einrichtung wie »Tatort« meist kaum zum Tragen kommen dürfen – weil man vor allem diese Kommissare und ihre Marotten durchschleppen muss.

Was Sie ansprechen, ist die wünschenswerte Wiederkehr der Geheimnisse.

Es gab im Kino mal eine Art Nebelschwaden, hinter denen Gesetzesschutz und Gesetzesbruch eine schlierige Kumpanei aushandelten.

Klaus Löwitschs TV-Detektiv Peter Strohm war von der Anlage her einer der letzten Helden des Diffusen, also der Verführbarkeit des Fahnders durch kriminellen Kitzel; in US-Filmen retteten Robert De Niro und Al Pacino jene Romantik des moralischen Verderbens, die nicht danach fragte, ob sie Außenseiter oder Kommissare ergriff. Und Werner Herzog und John Cage entwarfen mit »Bad Lieutenant« das schlangenkühl schillernde Bild des gefallenen Engels im Polizeiauftrag.

Oder denken Sie an Alain Delon. Die besten Filme dieses Schauspielers handeln davon, wie der Ehrenkodex zwischen Polizisten und Gangstern sehr verschwommene Austauschgeschäfte betreibt. Es gab eine Zeit, da war der alte US-amerikanische Gangsterfilm gleichsam nach Frankreich ausgewandert, in die Ödnis der Pariser Außenbezirke oder in die genässten Kai-Straßen alter Hafenstädte, wo Jean-Pierre Melville oder Louis Malle und René Clément ihre Sets aufbauten. Süchtig nach der Düsternis von Schattenwelten.

Delon schaute in die Kamera, als erwartete er ein Verwandtschafts-Zwinkern aus Leichenhallen, aus dem Jenseits.

Als habe er alle Zeit der Welt, um ein Mythos zu werden. Wenn ich aber diese »Tatort«-Filme sehe, bei denen die Privatgeschichten rund um den Fall nurmehr abstruser werden, um einen Kommissar irgendwie lebendig zu halten, also das löst bei mir einen totalen Schlafreflex aus. An dieser sonntäglichen Wärmstube der Nation kann ich leider nicht so richtig teilhaben, mein Befremden ist zu groß. Deshalb kam ich auch mit dem erwähnten »Polizeiruf« nicht zurecht, ich funktionierte den Krimi mehr oder weniger in ein Sozialdrama um, die Kommissare trottelten so mit. Der Film wurde von zwei sehr guten Schauspielerinnen getragen, Sophie Rois und Ulrike Krumbiegel, und Günter Naumann legte einen beeindruckenden Auftritt hin, es war sein letzter »Polizeiruf« als Kommissar. Letztendlich bediente ich den Krimi wahrlich ungenügend.

Sie gucken selten Fernsehen?

Ganz selten.

Obwohl Sie doch viel fürs Fernsehen produziert haben – nicht nur Spielfilme, auch Dokumentarfilme. Etwa über die Arbeit im Tagebau.

Ja, auf dieser riesigen Apparatur, die bebt und dröhnt, steht eine junge Frau und dreht einen Joystick; sie ist damit Herrin über einen Dreitausendtonner, über einen Saurier, der bereitwillig schwenkt und der sich ganz brav nach ihren Befehlen dreht. Es sind immer noch die gleichen

Geräte wie vor Jahrzehnten. Auf ähnlichen Kolossen hat auch Gundermann gesessen. Diese Frau, diese Geräteführerin, eine Art Gunderfrau, sie war zur Drehzeit 28 Jahre alt – und jetzt kommt's: Sie war bis kurz vor unserem Film noch nie in Berlin! Obwohl sie nur eine gute Autostunde entfernt wohnt. Ich bin bald vom Stuhl gekippt. Noch nie in Berlin? Nö, sagt sie, muss nicht sein, interessiert mich nicht so.

Wie viel Glück ist dabei, wenn man sich fremden Menschen nähert, deren Arbeit, deren Alltag Film werden soll?

Chemie, die stimmen soll, lässt sich nicht befehlen. Es hilft nur Ehrlichkeit gegenüber den Leuten, die wir filmen möchten. In solchen Momenten da draußen fühlst du, dass du einen tollen Beruf hast.

Der Kameramann im Tagebau war Michael Hammon.

Ja, mit ihm drehte ich »Die Polizistin« und alle improvisierten Filme mit ganz kleinem Team. Aber auch »Willenbrock«. Ich kenne ihn schon lange. Er ist ein guter Freund, wir sind vertraut miteinander. Peter Hartwig war Produktionsleiter auch bei diesem kurzen Film – wirklich, der Anfang war wie ein Ausflug, wir haben uns Stullen mitgenommen ins Auto, stiefelten dort im Schnee rum wie auf dem Mond, ich spürte wieder, wie mich meine Neugier mal hierhin, mal dorthin riss, und Dani, unsere Heldin, fühlte sich irgendwie angesteckt, sie führte uns staunende Kinder durch »ihren« Tagebau, als sähe sie selber das eine oder andere zum ersten Mal. Was mich so angerührt hat: Ich kraxelte mit dieser jungen Frau auf dem Bagger rum, stiefelte durch kniehohen Schlamm, im Schneeregen, eingewickelt in dickste Klamotten, und da sagt diese Arbeiterin zu mir, jemandem vom Film also, was immer so klischiert mit Traumfabrik assoziiert wird: »Du hast ganz schönes Glück, dass du hier sein kannst.« Ist das nicht toll? Ist das nicht eine wunderbare Umkehrung aller Schablonen von dem, was Glück bedeutet? Ein starker Satz!

Der Arbeiter verschwand so ziemlich aus dem deutschen Film.

Ja, wo Arbeiter doch aber die Leute sind, die die Gesellschaft treiben und in wesentlichem Maße das, profan gesagt, Bruttosozialprodukt erarbeiten. Sie sind in den Medien völlig unterrepräsentiert. Das ist ein Grund, warum ich für die Spielfilme oft Figuren mit sehr praktischen, unspektakulären Tätigkeiten suche. Auch im Dokumentarfilm finde ich es wichtig, über Arbeiter zu erzählen. Für den Strom aus der Steckdose sitzen die auf ihren Baggern.

Wie Sie über diejenigen reden, die man früher Arbeiterklasse nannte, Werktätige – das klingt hochachtungsvoll und weltstiftend und klingt also wie ganz großer Stoff. Ich denke an »Halbe Treppe« minutenlange Blicke in die Gesichter von Menschen, die eine Imbissbude zum Palast ihrer kleinen Armutswelt verwandeln. Der Blick durch die Kamera: Liebe.

Ich finde es enttäuschend, dass arbeitende oder Menschen am Rande kaum noch medial vorkommen. Gesucht wird überall nur nach extremen Geschichten, nach außergewöhnlicher Spannung, nach Gefälligkeit auch, nach einem bestimmten Schick, nach schönen Menschen in schönen Räumen. Mich haben arbeitende Leute schon immer interessiert. Nach dem Abitur in Schwerin musste ich die Monate bis zum Armeedienst überbrücken, ich arbeitete im Milchwerk, als Milchauslieferer für Kaufhallen, Dorfverkaufsstellen, das fand ich spannend! Die Schicht begann nachts um halb eins – wenn alle anderen von 'ner Party kamen, fuhr ich mit dem Fahrrad zu »meinem« Milchauto, auf dem ich Beifahrer war. Wir fuhren die Milchkästen hinein in die Herrgottsfrühe. Und wir handelten mit süßer Sahne – und haben dafür Ketchup gekriegt. Es herrschte ja Naturalwirtschaft, und Schlagsahne war ein Luxusgut bei unseren Transporten, diese kleinen Flaschen mit der goldenen Kappe. Der Typ, der den Lkw fuhr, hatte schon sechzehn Jahre Milchtransport auf dem Buckel. Mich beschäftigte diese Kunst eines Menschen, sich ganz unaufgeregt einzupegeln zwischen all den hochfahrenden Träumen, die ein Mensch doch hat. Diese unerbittliche Regelmäßigkeit des Arbeitsalltags! Darauf gründet die Welt. Dieser Milchfahrer war ein glücklicher Mensch. Und mich steckte er an.

Ich sah auf unseren Fahrten den Herbst, wie ich ihn vielleicht nie gesehen hatte. Intensiver. Wacher. Dankbarer. Wunderbar stiegen die Morgennebel auf und letzte purpurne Sonnenaufgänge weit hinter den Dorfhorizonten. Mal redeten wir, mal nicht. Er hatte eine Wahnsinnstechnik, um sage und schreibe fünf übereinander gestapelte Milchkästen in einem einzigen Schwung vom Wagen zu hieven. Ich habe gerade mal zwei geschafft.

Sind Ihre Dokumentarfilme, wenn man so sagen darf, Spielfilme ohne Schauspieler?

Ich kann und will das, was vor der Kamera passiert, nicht beeinflussen. Wir müssen im richtigen Moment an- und ausschalten und die Kamera möglichst in die richtige Richtung halten, darin besteht die Herausforderung. Ich würde beim Dokumentarfilm nie eine Art von Regie betreiben, die Sätze, Gesten, Positionen, Gänge vorgibt. Höchstens in Notfällen, wenn gar nichts mehr geht. Bei den zwei Dokfilmen über Herrn Wichmann von der CDU gab es nicht eine einzige inszenierte Einstellung. Wir schauten wirklich nur zu und hin und suchten in der Schnittphase das beste Material heraus. Was ein wenig an einen Spielfilm erinnert, ist höchstens die Dramaturgie, die Verknüpfung des Materials, um Spannung und eine gewisse Geschlossenheit der Erzählung zu erzeugen. Dokumentarfilm heißt nicht: Ich drehe ins Blaue hinein.

Der uckermärkische Herr Wichmann. »Politik ist Kommunikation. Und eine Art niemals endender Stresstest. Wichmann posiert im Film auf einem Panzer und mit einem Streifenhörnchen, er fährt Roller, er weiht Büros ein, manchmal hat man den Eindruck, das Ganze sei eine Art Prüfung, man weiß bloß nicht, für was eigentlich.« Schrieb Tina Hildebrandt 2012 in der »Zeit«. Durch Sie ist Wichmann in jenen Jahren nach Matthias Platzeck zum bekanntesten Brandenburger Politiker geworden. Kannte er Sie, als die Dreharbeiten begannen?

Nein. Als ich ihn zur Premiere von »Halbe Treppe« einlud, so sagte er mir später, da habe er geahnt, dass ich wohl schon relativ bekannt sein müsse.

Wie kommt man auf die Idee, einen CDU-Provinzpolitiker zu porträtieren?

Überall leben Menschen.

Das ist ein schlagendes Argument. Das schlagendste.

Der Bayerische Rundfunk plante eine Reihe, »Denk ich an Deutschland«, es ging um jeweils einstündige Dokumentarfilme, und Spielfilmregisseure wurden dafür angefragt. Ich nahm gern teil, tat mich aber schwer, ein passendes Sujet zu finden. Es war gerade Bundestagswahlkampf 2002, auch ich latschte fortwährend an diesen bunten Schirmchen vorbei, wo einem immer beflissen ein Kugelschreiber oder irgendeine Streichholzschachtel in die Hand gedrückt wird, auch ich dachte, du lieber Himmel, bloß den Kopf einziehen, schnell weiter. Aber plötzlich empfand ich diese Reaktion ungerecht, unfair – diese Leute versuchten das Ihre, auf mühsame Art für demokratische Beteiligung zu werben, es konnten doch nicht alle anzweifelbar sein, die auf diese Weise ihre Lebenszeit einsetzen. Wie wär's, dachte ich, sich mit der Kamera ebenfalls unter so ein Schirmchen zu stellen? Das Brandenburger Randgebiet, wo es den Leuten nicht allzu gut geht und Politiker sich bei Wegen durchs Land gewiss einiges anhören müssen, schien mir der geeignete Ort zu sein. Dann die Überlegung: welche Partei? Es musste eine sein, zu der ich mühelos Distanz aufbauen kann, eine, die es schwer hat in Brandenburg, ich erzähle nun mal gern Verlierergeschichten. Also ging ich zur CDU. In der Pressestelle der Partei trug ich das Ansinnen zwei jungen Männern vor, die Humor hatten. Verlierergeschichte?, sagten sie, da können Sie bei uns praktisch jeden Kandidaten nehmen. Ich suchte freilich einen, der hoch verlieren wird, aber einen, der selbst im Wissen um die sichere Niederlage mit hohem Einsatz kämpft – da kam von beiden wie aus einem Munde: Henryk Wichmann, 24, Uckermark, der ist ohne Chance, der kämpft in seinem Wahlkreis gegen Markus Meckel an, den letzten DDR-Außenminister, ein Brandenburger SPD-Urgestein. Ich rief Wichmann an, wir trafen uns am nächsten Tag bei seinem Straßenwahlkampf in Prenzlau, ich beobachtete ihn zwei Stunden, und wir verstanden einander sofort. Es war die kürzeste Recherche, die ich je für einen Film benötigte.

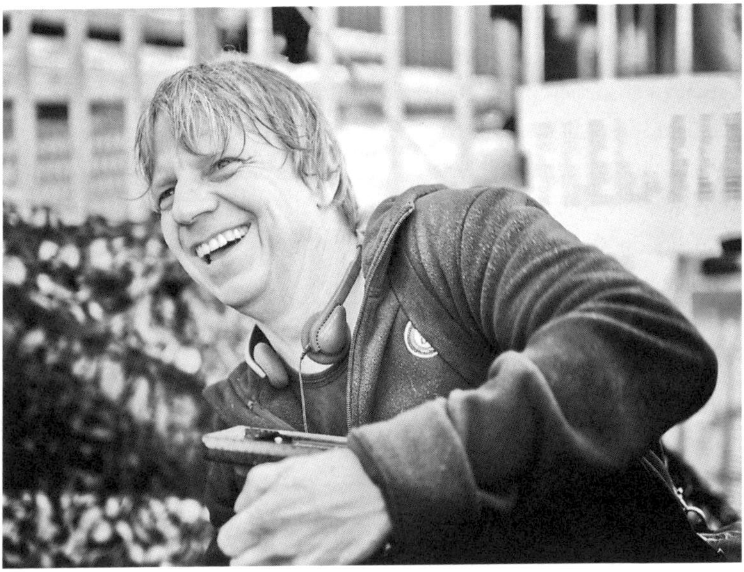

Beim Dreh zu »Herr Wichmann aus der dritten Reihe«

Besaß Wichmann, was die Filmaufnahmen betrifft, ein Widerspruchsrecht?

Er hätte die Dreharbeiten jederzeit unterbrechen können, wenn er sich zu bedrängt gefühlt hätte. Und besagtes Widerspruchsrecht hatte er bis einen Tag nach den Dreharbeiten, danach gehörte das Material mir. Wichmann hatte keinen Einfluss auf den Schnitt, und er konnte nichts mehr im Nachhinein herausnehmen. Es geht schließlich nicht, einen Film in die Hand des Protagonisten zu legen, der womöglich einen Tag vor der Premiere Bauch- und andere Schmerzen bekommt. Henryk Wichmann äußerte aber zu keiner Zeit Bedenken oder Widerspruch, auch wenn er wahrlich nicht in allen Szenen eine glückliche Figur macht.

Über Wichmann gibt es zwei Filme von Ihnen. Bedeutet es eine Gefahr für Filmleute, wenn sich jemand an die Kamera gewöhnt?

Er hat beim zweiten Film anfangs weitaus stärker versucht, sich zu kontrollieren, Verräterisches zu vermeiden. Das ist ein natürlicher Vorgang. Aber diese Mühe an Kontrolliertheit ist für jemanden, der vor der Kamera gleichzeitig gezwungen ist, sein ganz gewöhnliches alltägliches Leben zu absolvieren, auf Dauer nicht durchzuhalten. Und wenn jemand versucht, besonders gut auszusehen, ist das ein hohes Risiko für ihn: Es könnte vom Zuschauer bemerkt werden und löst also die gegenteilige Wirkung aus. Tatsächlich hat Wichmann dann beim zweiten Film sehr schnell jede Kontrolle aufgegeben und stellte uns insofern auf eine harte Probe, als er uns überhaupt nicht mehr zur Kenntnis, also auch keine Rücksicht mehr auf uns nahm. Er rannte uns gewissermaßen dauernd weg. Deshalb strahlt die Wichmann-Fortsetzung für mein Empfinden eine ungewollte Unruhe aus. Wir hasteten ihm regelrecht nach. Bis ich sogar mal gezwungen war, ihn zu bitten, mit seinen Aktionen und Auftritten wenigstens einige Augenblicke zu warten, bis wir die Kamera bereit haben. Wir sind zwar schnell, aber ein wenig dauert es eben doch bei drei Leuten.

Andreas Dresen, Wichmann war ein erfolgreicher Dokumentarfilm, und ganz am Anfang dieser Entwicklung stand jenes väterliche Geschenk, die AK-8-Kamera. Dazwischen Ausbildung und viel Erfahrung. Wie war das, als Sie – ein Schüler der 11. Klasse – 1981 zur Eignungsprüfung an die Filmhochschule fuhren?

Ich fuhr mit dem Bus hin – und fuhr erst mal vorbei.

Sie vergaßen, auszusteigen?

Ja. Ich war mit der Straßenbahn schon durch ganz Potsdam gefahren, stieg am Rathaus Babelsberg in den O-Bus und fuhr hinein in diese Villengegend, wo die Schule lag. Ich hatte sie mir irgendwie mondän vorgestellt, als ein großes repräsentatives Stahl- und Glasgebäude, ein bisschen so, wie sie heute aussieht. Irgendwann auf der Strecke würde ein derartig respektables Haus schon auftauchen. Aber es tauchte nicht auf. Also blieb ich sitzen. Plötzlich stoppte der Bus an der Endhaltestelle. Filmhochschule? Da müsse ich ein Stück zurücklaufen, sagte der Fahrer. Ein irgendwie versprengter Gebäudekomplex, das war sie dann, die Schule, am Eingang ein kleines Schild. Lauter heruntergekommene Häuser und die große Stalin-Villa, wo der Rektor saß. Später habe ich es als sehr bizarr empfunden, dass man von der Kantine aus stets auf die Spitze vom Postenturm der Grenzer blickte. Die Uniformierten guckten einem gewissermaßen auf den Frühstücksteller. Die Mauer als ewige Gegenwärtigkeit – eine tolle Stimulation fürs Schöpfertum. Die Vorbereitung auf unseren Beitrag zur Weltfilmkunst: penetrant bewacht. Dahinter dann der Griebnitzsee. Man gelangte überhaupt nur mit Spezialstempel auf das Gelände der Schule. Wobei man die Mauer auf den ersten Blick gar nicht sah, sie lag unterhalb unserer Kantinenfenster. Man sah nur den Postenturm und dann gleich den Westen dahinter. Als stünde nichts dazwischen. Als sei nicht nur der Blick, sondern auch der Weg frei. Einfach so drüber hinweg gucken über alles, das ging ganz gut – die bekanntlich in der DDR probate Wahrnehmungsmethode …

Was ist Ihnen von der Prüfung noch in Erinnerung?

Ich fiel durch.

Das gehört sich so, für eine anständige Künstlerbiografie.

Das sah ich in jenem Moment verständlicherweise anders. Ich fuhr damals als leidenschaftlicher Amateurfilmer nach Babelsberg. Meine Aufgabe vor der Prüfungskommission bestand unter anderem darin, eine Szene zu improvisieren: Ich tapeziere mein Zimmer, und ein Hund ist im Raum. Ich weiß nur noch, ich sprang irgendwie über Tische und Bänke. Auch musste ich eine Mappe einreichen mit diversen Arbeiten, darunter eine Kurzgeschichte, eine Foto-Serie mit fünf Bildern, auch eine Filmbesprechung. Ich zeigte zudem zwei meiner Super-8-Filme. Einen Projektor hatte ich mitgeschleppt, die verfügten an der Hochschule nicht über Super-8-Projektoren. Von einem ebenfalls mitgebrachten Kassettenrekorder kam der Ton, die weiße Wand musste als Leinwand herhalten. Anderthalb Monate später bekam ich eine sehr formlose, dreizeilige Absage: Man könne sich allerdings vorstellen, dass ich mich im nächsten Jahr ein weiteres Mal bewerbe. Drei Zeilen! Ich fand das ungeheuerlich und schrieb einen ziemlich frechen Brief zurück: Gern würde ich mich ein weiteres Mal zur Bewerbung anschicken, aber zu diesem Zweck hätte ich doch sehr gern erfahren, woran es beim ersten Mal denn haperte. Darüber in Unkenntnis zu bleiben, würde es mir arg erschweren, die richtigen Lehren aus der misslungenen Prüfung zu ziehen. Ich war richtig wütend, fühlte mich unwürdig behandelt, aber zugleich ahnte ich, mit meinem Ton den Bogen vielleicht überspannt zu haben. Bewusst untaktisch wollte ich sein und befürchtete doch zugleich die Folgen dessen.

Was geschah?

Zunächst nichts. Ich stellte mir angesichts meiner Beschwerde gnadenlos richterliche Gesichter vor, und wie mein Brief zerknüllt und in den erstbesten Papierkorb geworfen wurde; meinen Namen sah ich gestrichen auf der Liste derer, die Hoffnung haben durften. Aber nach zwei Monaten erhielt ich überraschend ein dreiseitiges Schreiben, darin meine Ablehnung sehr ausführlich begründet wurde. So sei man sehr unzufrieden mit den beiden Filmen gewesen, die ich gezeigt hatte, sie seien banal und den Ansprüchen einer Filmhochschule nicht gewachsen. Die taten so, als hätte ich mein Studium bereits hinter mir, aber ich wollte doch erst studieren und lernen, ich wollte mit diesen beiden Filmen lediglich meine Leidenschaft für das Medium dokumentieren. Ich las das und geriet schon wieder in Zorn. Und dann war da noch meine Fotoserie zum Thema »Warten«. Ich hatte Bilder eingereicht von Kinderwagen vor der Kaufhalle (welche Mutter würde das heute noch wagen!?), von Warteschlangen vor Geschäften, von Leuten an der Straßenbahnhaltestelle – und das letzte Bild: ein Friedhof. Das wertete die Prüfungskommission als »unmotivierte Umkehrung mit pessimistischer Grundhaltung«. Ich wollte zeigen, dass man das gesamte Leben in gewisser Weise wartend verbringt, am Schluss wartet der Tod auf uns.

Heiter ist das nicht.

Aber wahr! Und mit Pessimismus hat es schon gar nichts zu tun. Ich empfinde den Tod als etwas Natürliches. Trotz aller Schmerzen des Sterbens und der Trauer. Er gehört ganz einfach zum Leben. Auch in der DDR! Die Prüfungskommission teilte mir noch mit, ich hätte auf Fragen nach ästhetischen Kategorien wie dem Tragischen und dem Komischen doch sehr empirisch geantwortet, sie würden mir daher dringend die Lektüre von Kagans Buch »Ästhetik« ans Herz legen.

Ein Sechshundertseiten-Klopper des sowjetischen Chef-Kunsttheoretikers.

Unsäglich, dieses Werk. Soweit ich es gelesen habe … Aber ich muss doch gestehen: Die Hochschule hatte meine Beschwerde ernst genommen, sie versuchte, sich mit ihren Anforderungen bei mir verständlich zu machen und gab Richtlinien für die nächste Bewerbung. Später erfuhr ich übrigens, dass in diesen Prüfungen stets auch DEFA-Vertreter saßen, bei mir war das Regisseur Roland Oehme, der unter anderem den Lustspielklassiker »Der Mann, der nach der Oma kam« gedreht hatte. Er erzählte mir, nach meiner Prüfung habe es ziemliche Diskussionen gegeben. Das DEFA-Spielfilmstudio wollte mich damals wohl schon als Volontär, aber ich wurde vor allem abgelehnt, weil mein Vater im Westen war. Bei der zweiten Prüfung 1982 saßen wieder Roland Oehme und auch Regisseur Roland Gräf mit drin – erneut gab es danach eine Debatte, wohl weniger über mich als über Adolf Dresen. Diesmal aber setzte sich die DEFA durch, ich wurde angenommen und durfte im Spielfilmstudio ein Volontariat absolvieren.

Zeigten Sie in der zweiten Prüfung auch wieder eigene Filme?

Ich war doch nicht verrückt! Nein, ich fuhr ohne Vorbereitung hin und tat diesmal nur, was die von mir wollten. Woran man die verderbliche Wirkung falscher Pädagogik studieren kann. Im Grunde war ich dafür bestraft worden, dass ich ein Jahr zuvor meinen noch ungelenken, aber doch großen Enthusiasmus offenbart hatte. Also schaltete ich auf Minimalismus – und es funktionierte. Eine der Prüfungsaufgaben fand ich allerdings spannend. Wir wurden in ein Studio geführt, darin die Dekoration eines gewöhnlichen Zimmers. Türen, Fenster, ein Bett, das Übliche, ein paar Requisiten. Die Aufgabe bestand darin, diese Gegenstände so zu platzieren und mit der Kamera so »abzuschwenken«, dass sich eine Geschichte erzählt. Ich wählte die Tragödie eines Menschen, der soeben hinausgesprungen war: Fenster auf, Gardine halb raus, so etwas in dieser Art.

Schon wieder sehr pessimistisch!

Ja, seltsam. Aber von solchen Dingen zu erzählen – was ist daran eigentlich pessimistisch? Wer etwas erzählt, der wendet sich ans Leben, sucht Nähe zu anderen. Erzählen ist Hoffnung, dass da Zuhörer sind. Man kann den Glauben an die Gattung oder in sonstwas schon manchmal verlieren, im Erzählen vom einzelnen Menschen kehrt dieser Glaube meist wieder zurück. Nach der zweiten Eignungsprüfung bekam ich den Bestätigungsbrief, darin wurde ich aufgefordert, mich vorher für ein Volontariat im DEFA-Spielfilmstudio zu bewerben. Der Weg an die Filmhochschule führte damals zwangsläufig über ein Volontariat in einem der DDR-Filmbetriebe, der dann eine »Delegierung« zum Studium aussprechen musste. Damit war dann auch eine Art Arbeitsplatzgarantie für die Zeit nach dem Studium verbunden. Ich bewarb mich also bei der DEFA – und bekam wieder kein Echo. Im Sommer dann, nach dem Abitur, wollten mein Freund und ich eine Tramptour nach Weimar starten, im Herbst würde ich ja dann zur Armee eingezogen.

Warum Weimar? Sehnsucht nach der Klassik?

Lächeln Sie nicht, ist doch gar nicht so abwegig. Wir waren in Schwerin auf eine Goethe-Schule gegangen, ich hatte mich bekanntlich am »Urfaust« versucht … Jedenfalls, zwei Tage vor unserer Reise bekam ich überraschend ein Telegramm: Ich solle mich beim DEFA-Generaldirektor einfinden, einem Herrn Mäde. Hans Dieter Mäde. Okay, trampten wir also über Potsdam, kurzer Stopp in Babelsberg. Übernachtet hatten mein Freund und ich in meinem Zelt. Ich muss eine Meise gehabt haben! Ich trabte im Zimmer des Generaldirektors an mit Zimmermannshut und kurzen Hosen. Wirklich, wie ein Penner auf Transit von Brücke zu Brücke sah ich aus. Jesus-Latschen!, und irgendwie der Gestus, ich sei ein Reisender und also möglichst nicht lange aufzuhalten. Was sollte ich überhaupt da?! Das Gespräch bei Mäde entpuppte sich als Aufnahmeprüfung für das besagte Volontariat. Und da saß nicht nur der Generaldirektor, es erwarteten mich fünfzehn DEFA-Regisseure. Unfassbar! Die schauten sich die potenziellen Volontäre an – und nun ich, diese Gestalt wie einer auf der Walz. Anderthalb Stunden nahmen sie mich ordentlich in die Mangel, fragten mich aus, was ich lese, sehe, höre. Die Fragen schienen mir weit anspruchsvoller zu sein als das, was man bei der Prüfung an der Filmhochschule von mir wissen wollte. Ich war total aufgeregt, und von Minute zu Minute wurde mir stärker bewusst, in welchem Aufzug ich hier saß. Die Konzentration auf die geforderten Antworten trat in Konkurrenz mit der Scham, die ich empfand. Zum Glück gaben mir die DEFA-Größen das tröstende Gefühl, meine Kostümierung kümmere sie nicht. Nach dem Gespräch eine lange Wartezeit auf dem Flur, jetzt wurde mir auch bewusst, dass da noch andere Prüflinge anwesend waren – und schließlich der erlösende Urteilsspruch: bestanden. Wie gesagt, wir schrieben Sommer 1982, aber jetzt vernahm ich, mein Volontariat würde erst am 1. März 1985 beginnen. Wieder brach in mir alles zusammen. Das waren ja noch hundert Jahre Wartezeit. Ein ganzes Leben schier. Aber klar, erst käme die Armee, und an der Babelsberger Schule wurde nur alle zwei Jahre immatrikuliert, ich rutschte genau in eine Zwischenphase. Wir sehen uns!, so verabschiedeten die mich – als müsse bis zum Studium nur ein Wochenende überstanden werden. Von meiner ersten Eignungsprüfung bis zum Beginn des Studiums im September 1986 sollten jedenfalls fünf Jahre vergehen. Eine elend lange Zeit. Ich war vor Studienbeginn achtzehn Monate bei der Armee, Tontechniker am Theater und Volontär im DEFA-Spielfilmstudio.

In diese Zeit fiel Ihre Bekanntschaft und Freundschaft mit dem Regisseur Günter Reisch.

Nachdem der Brief von der Hochschule gekommen und mir in Aussicht weiterer Bewerbungen geraten worden war, Kagan zu lesen, stand ich etwas ratlos in der Landschaft. Was tun? In den Kinos lief gerade der DEFA-Film »Die Verlobte« von Günter Reisch und Günther Rücker. Mir hatten auch »Anton der Zauberer« mit Ulrich Thein und »Wolz« mit Regimantas Adomaitis sehr gefallen, und ich dachte, bei diesem Günter Reisch könnte ich bestimmt was lernen. Ich bat Christoph Schroth, der mit Reisch in der Akademie der Künste zusammenarbeitete, um Vermittlung. Christoph kam eines Tages nach Hause und sagte: Ruf den Reisch mal an. Gesagt, getan. Und der lud mich auch noch gleich zu sich nach Hause ein! Wieder packte ich meinen Schmalfilmprojektor und meinen Kassettenrekorder ein und fuhr von Schwerin nach Berlin. Zum ersten Mal sah ich leibhaftig einen richtigen Filmregisseur, so ganz nah, und der öffnete nur für mich seine Wohnungstür, ich war mächtig aufgeregt. Aber so ein herzlicher, feiner Mensch! Er umarmte mich, als seien wir alte Bekannte. Ich projizierte meine Schmalfilme auf seine Wohnzimmerwand, Reisch reagierte sichtlich gerührt und ermutigend. Während des Studiums wurde er dann mein Mentor, und meine erste Regieassistenz bekam ich bei ihm. Noch nie war ich an einem Drehort, aber er betraute mich sofort mit der Aufgabe des 1. Assistenten. Und das nach einer schweren Krebsoperation, wo ein Regisseur verständlicherweise alle Seiten des Arbeitsprozesses nach Entlastbarkeit absucht. Da nimmt der so ein Greenhorn wie mich! Günter sagte immer: »Du musst das lernen, also musst du es machen.« Eine fordernde Art des Vertrauens, die einem gar keine andere Wahl als verlässliche Arbeit lässt – ansonsten wäre man sich wie ein Verräter vorgekommen.

Welcher Film war das, den Reisch gerade drehte?

»Wie die Alten sungen«. Es war leider Günters letzter Film. Es war ein Film zum 80. Geburtstag von Erwin Geschonneck. Die Geschichte bezieht sich auf den alten DEFA-Film »Ach, du Fröhliche«, aus ihm wird zitiert, Geschonneck hatte darin eine Hauptrolle und spielte sie auch jetzt. Die ersten Dreharbeiten fanden im Februar 1986 in Dresden statt, irgendeine Außenszene mit Geschonneck, und ich bekam die Aufgabe, im Hintergrund Weihnachtseinkäufe mit Komparsen zu organisieren. Wahrlich, der absolute Klischee-Klassiker: Ich Bürschlein stand mit Megaphon vor einhundertfünfzig Komparsen, denen hatte ich irgendwelche Weihnachtsbäume und Geschenkekrempel in die Hand gedrückt. Ich kam mir vor, als dirigierte ich Römerheere für ein Remake von »Ben Hur«. Günter Reisch sagte: »Bitte!«, die Kamera lief, Erwin Geschonneck begann zu spielen, und alle »meine« Komparsen liefen – aus dem Bild hinaus. Ich sah's, und meine einzige inständige Hoffnung blieb unerfüllt: Der Boden, damit ich darin versinken könnte, öffnete sich nicht. Aber klar, was wusste ich denn, wie man eine solche Menge Leute gestaffelt und strukturiert in die richtige Bewegung setzt. Reisch sah mich nur an und sagte: »Na, das wiederholen wir wohl noch mal.« Er beklagte sich nie. Er war von einer Gottesgeduld. Einmal gab es im DEFA-Studio eine Vorführung von bereits zusammengeschnittenen Mustern, danach nahm mich Reisch zur Seite und fragte, ob mir was aufgefallen sei. Mir war nichts aufgefallen. Wir gingen zurück in den Schneideraum. Monika Schindler, die wunderbare Schnittmeisterin, mit der ich auch später zusammenarbeitete, zeigte noch einmal eine kleine Sequenz, bei der Erwin Geschonneck die Küche verließ, mit einer Tasse in der Hand, er kreuzte den Flur ohne Tasse und kam im Wohnzimmer an – jetzt wieder mit Tasse, und die hielt er auch noch in der anderen Hand als am Anfang. Oh nein! – die Kontrolle szenischer Anschlüsse gehört zum ABC eines Assistenten. Monika schnitt das clever so, dass es im fertigen Film keinem mehr auffiel. Mein Fehler war bei der Mustervorführung nur dem Regisseur aufgefallen, aber der hatte vor versammelter Mannschaft geschwiegen. Er hatte es auch drauf, im Atelier plötzlich zu verschwinden und mich mit der Order zurückzulassen, die nächste Einstellung selber zu drehen. Natürlich war er bei solchen Aktionen so vorplanend, mir nur leichte Übungen zu überlassen, aber immerhin … Nebenbei und zeitgleich übrigens drehte ich damals einen eigenen Film, in einem Potsdamer Amateurfilmstudio. Meistens am Wochenende, wenn der Reisch-Film ruhte. Das Studio hatte Zugang zur Technik der Filmhochschule, erstmalig konnte ich richtige Dialoge gestalten, und als eine der Darstellerinnen hatte ich die große Lotte Loebinger gewinnen können, die einstige Frau von Herbert Wehner.

In den furchtbaren Stalin-Zeiten wohnten sie im berüchtigten Moskauer Hotel Lux, nachts hörten sie das Klopfen, wenn wieder jemand abgeholt wurde von der Geheimpolizei. Viele der deutschen Kommunisten waren schon so zerstört vom Glauben an die Sache, dass sie nicht mal mehr auf ihre Unschuld vertrauten, sondern sagten: Uns hat man nur deshalb nicht abgeholt, weil die Partei unsere Fehler noch nicht entdeckt hat – von denen wir selbst nichts ahnen.

Irgendwann kriegte Günter Reisch Wind von meiner »Zweitarbeitsstelle« und war völlig verblüfft. Ich dachte, vor Ärger – aber nein, er staunte, dass ich beides, Assistenz und eigenen Film, so scheinbar mühelos unter einen Hut bekam.

Alles, was Sie prägte, alles, was Sie ausmacht – es ist kaum in konfliktlose Beziehung zu setzen zu einem Soldatenleben. Verschont davon sind aber auch Sie nicht geblieben.

Armee, das war jenes Damokles-Schwert, das im Osten über jedem schwebte. Und kaum jemand ging doch konform mit diesen elenden Phrasen vom Friedensdienst – so, als sei es tatsächlich eine Auszeichnung, zur NVA eingezogen werden zu dürfen. Nein, es war einfach zum Kotzen. Große Abneigungen machen sich mitunter auch an scheinbaren Kleinigkeiten fest: Wenn ich an die Armee denke, denke ich an kratzende Uniformen und bekomme Gänsehaut. Ein Albtraum. Ich hasse kratzende Klamotten. In der 11. oder 12. Klasse war also auch ich zur Musterung befohlen worden. Selbstredend ging es sofort um die Frage, ob ich statt der obligaten achtzehn Monate bereit sei, länger zu dienen. Für mich kam das überhaupt nicht in Frage. Ich starrte auf die Schulterklappen der drei, fast hätte ich jetzt gesagt: Verhörenden, ich wusste, es waren Offiziere, Dienstgrade kannte ich natürlich nicht. Stellen Sie sich vor, sagte einer, Sie stehen an der Staatsgrenze, und jemand will die Republik verlassen – was würden Sie tun? Würden Sie schießen? Ich antwortete: Hm, kann ich mir nicht vorstellen, soll er doch gehen, wenn es ihm hier nicht gefällt. Die guckten mich an, es wurde wohl still im Raum, aber nichts passierte.

Ihr Vater ist in Eggesin aufgewachsen, in der DDR ein berüchtigter NVA-Standort.

Genau. Ich hatte dort viel Zeit verbracht, bei meiner Oma. Die Gegend war das totale Elend. Die stand mir immer vor Augen, wenn ich an Armee dachte. Der Weg nach Norden: Häusermeer, Sandmeer, gar nichts mehr – das war ein geflügeltes Wort, wenn irgendwo die Rede auf Eggesin kam. Oder, wie Adolf in einem Gedicht schrieb: »Ein Hund kläfft irgendwo weither,/ der Sandweg nimmt kein Ende mehr. // Vögel mit grauem Gefieder/ sind meine einzigen Brüder.« Immerhin: In Eggesin hatte ich mein erstes großes Kinoerlebnis, als Kind: »Chingachgook, die große Schlange«, ein DEFA-Indianerfilm mit Gojko Mitic. So um '67 oder '68 herum. Es war im Dorfkino, ich war dort mit meinen zwei Cousins. Alles voller NVA-Soldaten. Und ich habe geheult wie ein Schlosshund – denn Chingachgook starb. Es war eine sogenannte P6-Vorstellung und ich erst fünf.

Haben Sie je daran gedacht, zu den Bausoldaten zu gehen?

Kurz. Aber meine Angst vor Drangsalierung hielt mich vor dieser Konsequenz zurück. Ich kam im November 1982 nach Goldberg, das ist südlich von Güstrow, etwa fünfzig Kilometer von Schwerin entfernt, also relativ nah an meinem Wohnort, in eine Panzerkompanie, als Ladeschütze. Vier Mann saßen im T 55, Fahrer, Kommandant, Richtschütze und Ladeschütze. Der Ladeschütze schiebt die großen Granaten in die Kanone und sammelt nach dem Schuss die Hülsen wieder ein, also: die niederste Arbeit. Der Fahrer und der Kommandant waren Offiziere bzw. Unteroffiziere, die beiden anderen Insassen hatten Soldatendienstgrade. Für die Panzertruppen wurde in größerem Abstand als bei anderen Truppenteilen einberufen, ich wurde also nicht nach einem halben Jahr Richtschütze, sondern blieb ein ganzes Jahr der Depp für die Schwerarbeit, na klar, wer sonst – ich hab in dieser Hinsicht Talent für den Pechvogel. Wer die fiese Rolle einer Rangfolge bei der Armee kennt, weiß, was das bedeutet. Bei uns herrschte zudem ein extrem harscher, heftiger Ton. Erst nach vier Monaten erhielt ich den ersten Ausgang, ich fühlte mich wie im

Knast. Dazu noch diese ekelhaften Panzerübungen unter Wasser, in der Elbe, bei Magdeburg. Draußen war's kalt, alles suppte rein.

Aber bei der Armee lernten Sie immerhin einen Ihrer wichtigsten künstlerischen Gefährten kennen, Ihren späteren Kameramann Andreas Höfer.

Ja, der war im gleichen Regiment wie ich, er fungierte als Filmvorführer und Fotograf bei der RKE, der Rundfunk-Kino-Einrichtung. Das war dieses Auto mit der transportablen Technik, die bei Übungen oder Aufmärschen die Beschallung besorgte, vorwiegend entsetzliche Marschmusik. Ein super Posten, verglichen mit anderen, aber der Preis war hoch: drei Jahre Dienstverpflichtung. Wir lernten uns kennen, nachdem irgendjemand zu mir gesagt hatte: Du, da gibt's noch so einen Spinner, der zur Filmhochschule will, der sitzt in der Bibliothek.

Glücks Spiel.

Ja, ich hatte auch Freunde, wir gründeten eine Singegruppe, traten in Altersheimen auf und durften also raus und an zivilen Tischen Kaffee trinken. Also: Man findet überall Schlupflöcher, der Mensch hat die Gabe, sich noch in der bittersten Situation einen Zipfel Glück zu ergattern. Immer sagt etwas in uns: Leben ist nicht aufschiebbar, es ist einzig nur jetzt.

Camus: Wir haben die Pflicht zum Glück.

Das ist Aufforderung, die Welt keinesfalls auszuschlagen, aber es ist auch Verweis auf die Bescheidung: Ganz schön wird's nie, »man kann ebend nicht alles haben«, also bedenke in der Relativität aller Dinge sehr genau, sehr mutig und sehr trotzig das, was es zu preisen gilt, und sei es noch so gering. Obwohl ich mir andererseits gar nicht mehr vorstellen kann, wie ich das aushielt: diese räudige Kaserne, der Geruch von Bohnerwachs auf den Fluren, der nächtliche Wachdienst mit dem verzweifelten Briefeschreiben, diese komischen Holzradios im Zimmer, die Skala so gekennzeichnet, dass man keinen Westsender hören konnte. Wir haben es trotzdem gemacht.

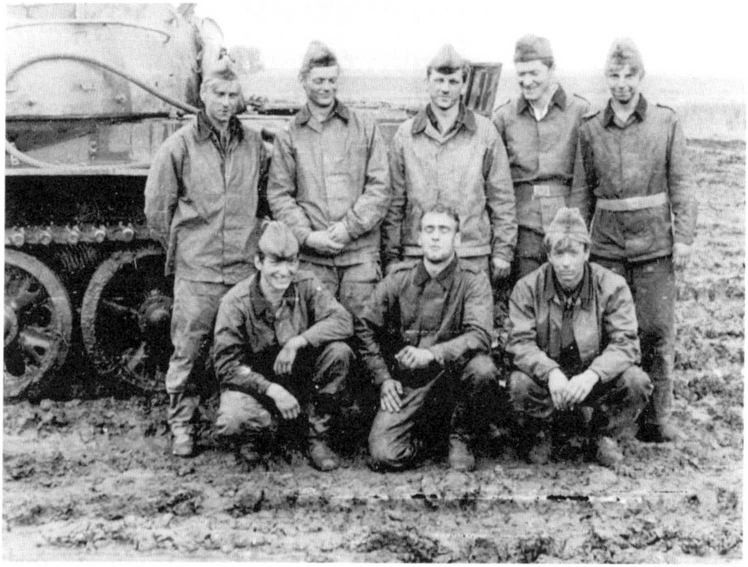

NVA-Panzertruppen: Andreas Dresen, rechts stehend

Hatten Sie bei der Armee Angst?

Ja. Die Angst wurde geschürt. Bekanntlich herrschte zu jener Zeit außenpolitische und militärische Hochspannung; die aufeinander gerichteten Atomraketenwälder in Ost und Westen waren mächtig »aufgeforstet« worden. Öfter mussten wir in irgendwelche Bereitstellungsräume einrücken, man stand vollmunitioniert herum und wusste nicht, ob zur Übung oder wegen des Ernstfalls. Wir wären die ersten gewesen, die verheizt würden, wir lagen direkt an der Westgrenze. Ich kann mich an eine Übung erinnern, bei der wir drei Tage und Nächte nicht schliefen. Irgendwann sah ich alles doppelt. Interessanterweise versagen zuerst die Augen. Das Gehirn fügt nichts mehr zum Stereo-Bild zusammen, man verliert die Wahrnehmungsfähigkeit für die dritte Dimension. Und dann immer die Furcht vor Verletzungen, etwa beim Schließen der schweren Panzerluke. Dabei verloren viele Soldaten einen oder mehrere Finger – das war der berüchtigte »Lukenwolf«, der da plötzlich zubiss, wenn man nur einen einzigen Moment Unaufmerksamkeit zuließ. Es gibt ein Foto, auf dem ich knöcheltief im Schlamm stehe, in schwarzer Panzeruniform, total verkeimt, verdreckt, klitschnass. Das Bild habe ich über Umwege meinem Vater in den Westen geschickt, Adolf hat sich das zu Hause an die Wand gehängt. Er lebte damals in Frankfurt am Main, es war gleichsam das Foto seines »Feindes«.

Das Foto des Panzersoldaten Andreas, das Ihr Vater ständig vor Augen behielt – was erzählt es noch?

Es wird ihm erzählt haben, in welch artfremde Kostüme uns das Leben stecken kann. Wie absurd alles ist, was mit Militär zu tun hat. Zu welchen Entstellungen, Entwürdigungen wir uns im Leben zwingen lassen. Und wahrscheinlich hat er im Elendsgesicht seines Sohnes doch auch gesehen, wie schwer die Gewöhnung an so eine Absurdität fallen kann. Das immerhin mag der Trost gewesen sein, der von diesem Foto ausging. Aber da war bei Adolf bestimmt auch der wache Nerv des Theatermenschen, der einen Sinn hatte für den Irrwitz einer solchen Situation.

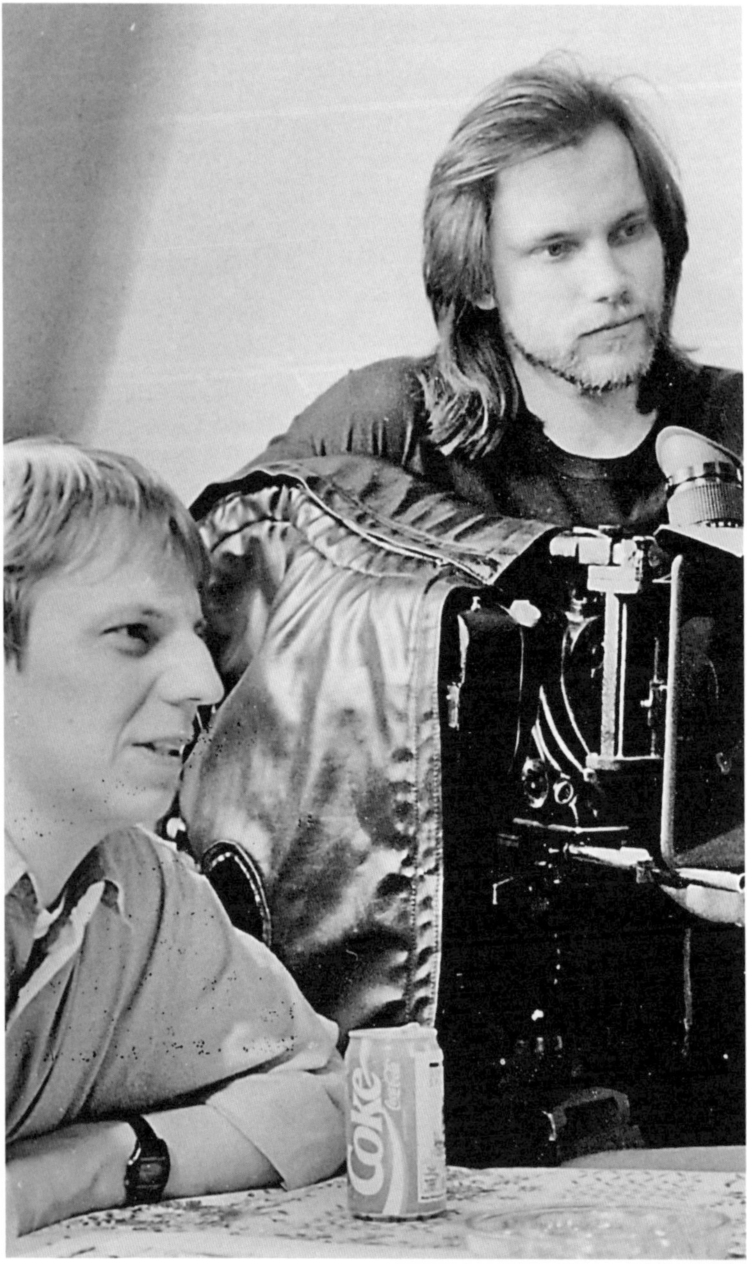
Coke

Das vierte Gespräch

über

Klein Wanzleben in Simbabwe
Paris an der Pinnwand
Das Leuchten der Augen im Fieber
Buletten und Scholochow
Keksgerüche im Plänterwald
Die Gefahr der Bescheidenheit
Bisky und belegte Brötchen
Überraschungen in Kreuzberg
Patagonien und Pasewalk

◂ Mit Kameramann Andreas Höfer: Zusammenarbeit am ersten Spielfilm »Stilles Land«

Warum sind Sie nie in die SED eingetreten?

Ganz einfach: weil mich Freunde vor der Langeweile in den Versammlungen warnten. Da gab es eine entscheidende Szene mit Günter Reisch. Es war 1986, Volontariat bei der DEFA, ich hatte aber die Delegierung zum Studium schon in der Tasche – da wurde ich zum Parteisekretär bestellt. Mir schwante natürlich, was der wollte: Volontäre der DEFA gehen mit bestem Vorbild voran, wenn es ums Bekenntnis für Sozialismus und Tralala geht, also: Ob ich nicht flugs in die SED eintreten wolle. Ich hatte sofort Bedenken, dass mit meiner negativen Entscheidung das Studium erledigt sein könnte, erbat Bedenkzeit – und fragte Günter Reisch, selbst Genosse, um Rat. Der schaute mich mit seinen so gütigen wie scharfen Knopfaugen an und fragte nur, mit dem natürlichsten Ton der Welt: »Willst du denn jetzt in die Partei oder willst du nicht in die Partei?« Ganz schnörkellos fragte er, und da blieb mir nur, ebenso schnörkellos zu antworten: »Ich will nicht in die Partei.« Reisch: »Na, dann lass es doch.« Also ließ ich's. Das war's – jenes Bedenken der Dinge, ob sie einem bekommen. So, wie man Essen und Trinken prüft, ob es einem bekommt. Bestimmt gab es Fälle, in denen junge Leute politisch unter Druck gesetzt wurden. Ich nicht. Ich durfte trotz dieser Entscheidung studieren.

Bestand bei Ihnen irgendwann das Bedürfnis, in oppositionelle Kreise einzutreten?

Nicht unbedingt, obwohl mein Vater im Westen lebte. Ich bin zum Beispiel auch nie in die Kirche gegangen, ich war immer atheistisch. Seltsamerweise erhielt ich sehr oft Filmpreise von kirchlichen Organisationen oder Medien. Wahrscheinlich liegt es an meinem Zutrauen zu den Menschen. Davon lasse ich mich nicht abbringen, vielleicht liegen die Ideale des Sozialismus tatsächlich nicht weit entfernt von der christlichen Ethik. Aber letztere ist nie wirklich identisch mit einer wie immer auch überschriebenen politischen Bewegung. Also Opposition, wie man sie damals verstand: nee. Ich dachte, man müsse die DDR reformieren, nicht entsorgen. Im Herbst '89 demonstrierte ich mit in Leipzig – aber gegen die Wiedervereinigung. Wir Studenten zogen während der Dokfilmwoche im November durch die Innenstadt, ein Häuflein waren wir, dreißig bis vierzig Leute, mit Transparenten. Die Leipziger beschimpften uns: »Kauft euch doch eine Insel!«, »Ihr Ewiggestrigen!«, »Haut bloß ab!« Sie nahmen übel, dass es uns noch immer um den Sozialismus ging, nicht um dessen Abschaffung. Aber: Wenn meine Studentenfilme aneckten, fühlte ich mich zwar ungerecht behandelt und wehrte mich – aktiver Systemgegner wurde ich deshalb nie. Die Idee einer gerechteren Gesellschaft, mit der die DDR ja mal angetreten war, ist mir grundsätzlich immer sympathisch gewesen. Vielleicht war ich manchmal zu ländlich gestrickt, der typische Provinzonkel eben. Freilich: Illusionslos war ich sehr wohl geworden, mit Blick auf die Funktionärskaste und die vielen Funktionierenden.

Die Gnade der späten Geburt, um ein Wort von Günter Gaus zu verwenden: Sie kamen, bei aller Agonie des Systems, in eine gute Zeit des Studiums.

Ich studierte zu einer Zeit, da es zum Beispiel kulturpolitische Bestrebungen gab, schneller und entschiedener Debütfilme voranzutreiben – so dass Studenten nicht mehr vierzig werden mussten, um Gerechtfertigte in ihrem Beruf sein zu dürfen. (So, wie man im Politbüro erst siebzig werden musste, um als Erwachsener zu gelten!) Es gab auch schon während des Studiums Angebote aus dem Studio der DEFA an mich. Ich registrierte das mit Beruhigtheit und nicht ohne Stolz, aber ich registrierte es ohne das dumpfe Beigefühl, mir dies durch besondere Anpassung oder Gefügigkeit »erkauft« zu haben.

Bestand da nicht die Gefahr, sich zu täuschen?

Ich hätte wahrscheinlich relativ schnell, innerhalb von drei bis vier Jahren nach dem Studium, meinen ersten Film drehen können. Ist natürlich eine nachträgliche Hypothese, und ich weiß nicht, was es für ein Film gewesen wäre, welche Kämpfe es darum gegeben hätte, und in welchem Zustand die DDR inzwischen hineingerutscht wäre.

Sie sprachen von den hoffnungsvollen Tönen, die Rektor Lothar Bisky anschlug: die Glasnost-Töne. Aber die Schule blieb doch eine SED-Institution, und SED, das war kein Synonym für wirkliche Veränderung. Höchstens doch, als absehbar das Ende kam, ein Synonym für Torschlusspanik und die Haltet-den-Dieb!-Taktik der windigen, wendigen Überlebenstaktiker.

Ja, klar. Wir mussten uns mit der obligaten Pseudowissenschaft Marxismus-Leninismus herumplagen, mit politischer Ökonomie, mit Russisch, mit Sport, also nicht unbedingt typischen Fächern für eine Filmhochschule. Das empfanden wir in belästigendem Maße als bildungspolitisches Elend. Und bei einigen Fächern standen als Lehrer nach wie vor waschechte, also hartledrige Dogmatiker am Start. Es gab Dozenten uralten Hardliner-Geistes, denen man die Mission ansah, Filme eher zu verhindern als zu befördern. Und von großen Teilen dieser Dozentenschaft in Babelsberg war Lothar Bisky nicht unbedingt mit offenen Armen empfangen worden. Er hatte gegen viele Widerstände zu kämpfen. Er war im besten Sinne des Wortes ein Rektor der Studenten; mit dieser produktiven, offenen Haltung zwang er die Stalinisten, die Parteidiener sich kenntlich zu machen, er zerrte sie aus ihren Schutzburgen, er entblößte ihr Phlegma, ihre unschöpferische Disziplin, er trieb sie in die Krise. Und wie es die Art der Mitläufer ist: Die passen sich neuen Bedingungen listig, mitunter gar lüstern an – was sie aber keinesfalls intelligenter macht. Deshalb holte Bisky allmählich, aber doch entschieden neue Leute ans Haus, gerade in den gesellschaftskundlichen Fächern. So etwa Helmut Hanke. Über solche Leute hieß es, in einem Tonfall des Misstrauens und der Warnung: Querdenker.

Querdenker. Sowieso ein seltsames Wort.

Ja, es kaschiert. Es hat etwas Tautologisches. Denken geht doch überhaupt nur quer. Denken, wenn es denn wirklich welches ist, stört, ist rücksichtslos, ist unadressiert, ist ein schutzloses Verhalten, nimmt auf Konsequenzen keine Rücksicht.

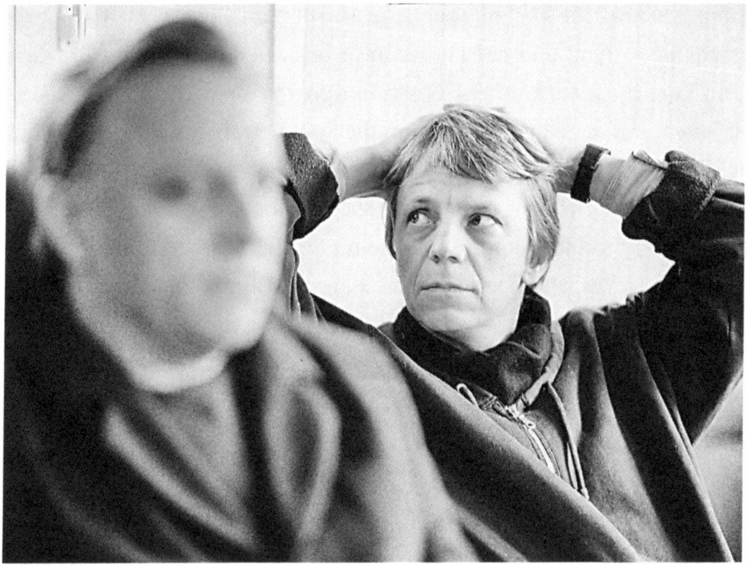

Nachdenken: mit Axel Prahl im Vordergrund

Das Vordenken, das Nachdenken, das Mitdenken – alles Umschreibungen eines zurückgenommenen Denkens, eines Denkens mit Haltegriffen und Treppengeländern.

Bisky holte also Hanke. Wenn ich mich richtig erinnere, wurde extra für ihn das Fach Kulturpolitik eingeführt. Er betrieb aber alles andere als gängige Kulturpolitik. Er kam zum Beispiel herein und sagte nur: »Nehmen Sie bitte einen Zettel raus und schreiben Sie auf: Was ist mein Ideal?« Fünfzehn Minuten Zeit für die Antwort!

Was haben Sie geschrieben?

Ich schrieb, die Menschen müssten generell bescheidener leben, ich meinte das in ökologischem, weltverträglichem Sinne – Hanke zerfetzte meine spontanen Postulate, er schrieb unter meine Kurzarbeit: »Bescheidenheit, Dresen, ist immer im Sinne der Mächtigen!« Toll, oder?! Eine Aufforderung gleichsam zum permanenten Frühlingsbeginn. Eine

Impulsgebung für Risikofreude. Ein Aufruf zum Genuss. Hanke wurde gnadenlos streng und barsch, wenn er bei uns Studenten auf Bravheit und Vorsicht stieß. Und er bestach mit provokanten Themen für Hausarbeiten, mit denen er uns dann in die Sommerferien schickte: Wer bin ich? Wer will ich werden? Im Sommer 1989, als das böse, schmerzvolle Knirschen zum Hauptgeräusch des festgeklemmten wunden Staates geworden war, stellte er uns das Thema für eine Hausarbeit anheim – jeder möge ohne Vorgabe über das schreiben, was ihn bewege. Das war ein grandioser Auftrag ganz aus freiheitlichem Geist, das war eine Verpflichtung zur Gewissensforschung, das war gewissermaßen ein Pflichtmandat zur Selbst-Erkenntnis. Ich schrieb zum Thema: »Warum ich immer noch hier bin.«

Hanke, ungeliebt am Gesellschaftswissenschaftlichen Institut der Akademie, gehörte zu den aufrührerischen Intellektuellen der DDR, und man fragt sich im Nachhinein, warum so einer just an die Filmhochschule durfte.

Ja, ausgerechnet so einer lehrte plötzlich an der, überspitzen wir jetzt mal, wichtigsten Medienhochschule des Landes. Die das zuließen – waren das die größten Idioten oder die Listigsten? Schon die Tatsache, dass man Bisky ins hohe Amt beförderte, hat unverständliche Aspekte.

Wie Sie es selbst von Ihren Studentenfilmen sagten: Das Spätstadium des DDR-Stalinismus bestand aus absoluter Unberechenbarkeit. Gerade auf kulturpolitischem Gebiet: heute Verbot, morgen Genehmigung; was eben noch zensiert wurde, ist plötzlich erlaubt; der eine darf ausreisen, der andere nicht – morgen fährt der andere, und der eine muss daheim bleiben. Nur kein Prinzip erkennen lassen. Bloß nicht verlässlich werden in den Kriterien. Willkür eben, im Positiven wie im Negativen. So was zwingt und hält alle Beteiligten in ständiger Habacht-Stellung.

Neulich entdeckte ich für mich die Band »Rockhaus« wieder. Sie brachte 1989 eine Platte heraus, »I. l. d. – ich liebe dich«. Scheinbar nur sehr persönliche, sehr intime Lieder drauf. Aber dann solche Texte: »Habe ich dir nicht alles gegeben, Probleme für dich gelöst, Toleranz toleriert, und der Dank von dir ist nur: jetzt einfach abzuhauen.« Das klingt mit einem Mal wie die Beschwerde eines Altbonzen, der sich über die Undankbarkeit des Volkes auslässt. Die gesamte LP handelt vom Weggehen, von der Revolte einer jüngeren Generation, die die Schnauze voll hat von den Eltern und Alten und vom Staat. Wurde nicht verboten.

Oder die Platten von »Pankow« und »Silly«.

»Pankow« sang: »… zu lange die alten Männer verehrt«.

Volker Braun hatte seinem Stück »Kipper Paul Bauch« sagen lassen, er lebe im langweiligsten Land der Erde. Ist schon eine irre Dialektik gewesen zwischen Zuckerbrot und Peitsche. Einerseits bekam man das Gefühl, dass Öffnung langsam zum dominierenden Prinzip würde, andererseits aber ging es doch nur wieder um Taktiken der Machterhaltung.

Vor mir sind an dieser Filmhochschule viele Studenten verzweifelt.

Sie sprachen vorhin von der Bescheidenheit, im Zusammenhang mit dem Text zu jener Denkaufgabe, die Professor Hanke Ihnen stellte. Es kommt ja wirklich darauf an, wie man Bescheidenheit definiert. Es geht um die Konzentration auf das Menschenwesentliche. Als in der DDR die »Einheit von Wirtschafts- und Sozialpolitik« beschworen wurde, nannte Ihr Vater Adolf Dresen das ein Hecheln am Hintern westlicher Konsumentenphilosophie. »Saturiertheit tritt an die Stelle von Emanzipation, Fettlebe anstelle wahrer Lebendigkeit«, schrieb er an die Betriebsparteiorganisation des Deutschen Theaters. »Wenn wir den Westen einholen wollen, werden wir ihm immer hinterher hinken. Ich persönlich bedanke mich für das Paradies der Autos, Kühltruhen und Farbfernseher. Ich wäre stolz auf eine Armut, die sich mit menschlicher Würde deckt. Spätestens an dieser Stelle sehe ich, Genossen, wie Sie in schallendes Gelächter ausbrechen über so viel Donquichotterie. Lachen Sie. Ich gestehe Ihnen, dass ich in den Strategien, Finten, Taktiken, auf die Sie sicher stolz sind, das nicht mehr finden kann, um dessentwillen ich Genosse sein wollte.« Ihr Va-

ter bat mit diesem Schreiben um seine »Entlassung« aus der SED, ein Jahr später wurde er im Zusammenhang mit der Biermann-Ausbürgerung dann ausgeschlossen (mit seiner eigenen Stimme). Ausschluss, nicht Entlassung. Das Handlungsgebot hatte der Partei zu gehören, nicht dem Einzelnen.

Sie wissen um meine Freude am Relativieren.

Ja, wieso?

Kühlschränke sind schon eine gute Erfindung. Ich finde also, man muss die Systemunterschiede nicht ausgerechnet daran festmachen. Mein Vater hatte immer einen Kühlschrank, um das mal ganz klar zu sagen. Na ja, nehmen wir, was er da schrieb, als poetisches Gleichnis. Adolf besaß einen Iglu-Kühlschrank, diese kleine Kiste, die aussah wie ein etwas zu rund geratener Würfel. Der DDR-Bürger hatte wahrscheinlich den winzigsten Kühlschrank, den es überhaupt gab.

Ihr Rektor Lothar Bisky forderte Studenten zum Mut heraus und signalisierte gleichzeitig, er würde diesem Mut verlässlich den nötigen Schutzpanzer geben.

Ja, nur deshalb konnten bestimmte Filme an der Hochschule überhaupt entstehen.

Während des Studiums drehten Sie ausgerechnet einen NVA-Film: »Was jeder muss …«.

Einen zwanzigminütigen Dokumentarfilm über einen jungen Mann, der einberufen wird – ich begleitete ihn von November bis Weihnachten. Ich durfte das Training der Vereidigung drehen, und wahrscheinlich kam die Gewogenheit der Armee für das Projekt aus der Gewöhnung an die Hofberichterstattung vom Armeefilmstudio. Man dachte wohl, ich verfahre ebenso. Was wir bei diesem Drill zur Vereidigung aber filmten, war der militärische Schwur als Exerzitium der puren Lautstärke; Inhalt und Form bildeten gleichsam Parallelwelten, die nichts miteinander zu tun hatten. Das politische Bekenntnis als Lippenbekenntnis, bei dem es nur noch um die Formel ging, nicht mehr ums Wesen. Dieses stupide Training war plötzlich ein trauriges, entlarvendes Gleichnis auf die Entleerung der sozialistischen Idee. Überall nur öde geistlose Rituale und sinnlose Disziplin. Dann gab es in diesem Film auch die Weihnachtsfeier, bei der ein junger Unterleutnant verzweifelt versuchte, den versammelten Soldaten die trostlose Situation schmackhaft zu machen: So, liebe Genossen des Stabes, der Heiligabend ist ran, wir verbringen den heute hier in diesem Kreis, unsere FDJ-Leitung hat sich einige Gedanken gemacht, wie wir das am besten über die Runden kriegen – und dann sah man diese elend bedrückten Gesichter überm Club-Cola-Glas. Armee bleibt eben Armee, in welcher Welt auch immer, sie ist Entfernung des Menschen von sich selbst – Friedenskampf hin oder her.

Aber auch dieser Film kam zur Aufführung.

Ja, er wurde sogar von der NVA abgenommen. Und wieder diese Frage: Waren die zu blöd, um die Wahrheit zu erkennen, oder liefen sie auf zu ungewöhnlicher Listigkeit? Aber beim Nationalen Dokumentarfilmfestival 1988 in Neubrandenburg kam es dann doch zum Eklat. Ich wurde plötzlich als Wehrkraftzersetzer beschimpft, von Leuten aus der militärischen Hauptverwaltung. Später schaltete sich gar das ZK der SED ein. Ich habe davon wenig mitbekommen, Lothar Bisky entwickelte einen gleichsam lederharten Trotz und eine störrisch bleibende Courage – er schickte den Film rundum und ließ keine Gelegenheit aus, ihn öffentlich zu präsentieren. Höhepunkt: Er meldete ihn bei der Leipziger Dokumentar- und Kurzfilmwoche an, unserem Mekka alljährlich im November, wo wir begierig Weltluft atmeten. Der NVA-Film war einer von zehn Filmen, die unser Studienjahr produziert hatte. Da gab es zum Beispiel einen Film über einen Punker, der in den Westen wollte, und einen Film über zwei Freundinnen, die eine in der FDJ, die andere – eine Christin. Ein anderer Streifen befasste sich mit dem gigantischen Haus der Jugend, das gebaut werden sollte, dann aber gestoppt wurde. Also durchweg kritischste Blicke auf DDR-Wirklichkeit. Bisky lief zur provokativen, geradezu aufruhrlüsternen Form auf: Diese Filme müssen alle nach Leipzig! Jetzt kam es zu meiner absurden, aber einzig richtigen Reaktion – der ich doch hätte glücklich sein müssen über den Wagemut meines Rektors: Aber unser kleines Team zog den NVA-Film zurück. Das Thema Armee war schließlich nach wie vor das sensibelste. Wir entbanden Lothar Bisky gleichsam von seiner Fürsprache. Denn wir wollten, dass er uns als Rektor erhalten bleibt. Er sollte nicht über uns stolpern. Inzwischen hatte ich ein Gefühl dafür bekommen, welche Aggressivität unserem kleinen Film aus Militärkreisen entgegenschlug. Es war ein Gefühl, das nicht täuschte. Im Januar 1989 bestellte mich Bisky ins Rektorat: Also, Andi, wir können den Film jetzt eine Zeit lang nicht mehr zeigen, es gab zu viel Ärger – aber es ist gut, dass die Filme meiner Studenten Aufsehen erregen bis in die höchsten Kreise des Politbüros, also: weiter so. Das war Bisky: ein Verbot auszusprechen als Aufforderung, weiter zu kämpfen.

Wie denken Sie heute über diesen Film?

Er ist, weiß Gott, nicht so kritisch, wie er hätte sein müssen.

Auf der DVD »Stilles Land«, die diesen NVA-Film enthält, kann man auch einen Film über eine FDJ-Freundschaftsbrigade in Simbabwe sehen, »Jenseits von Klein Wanzleben«.

Das war ein Auftragswerk für den Zentralrat des Jugendverbandes. Zunächst wehrte ich mich. So weit also ging inzwischen die Gemütslähmung in der Endphase der DDR: Selbst die Aussicht auf eine Auslandsreise kompensierte kaum mehr die Abneigung gegen den Auftraggeber. Wir fuhren dann doch, im April 1989. Ein Monat Simbabwe – immerhin für dasselbe Team, das den umstrittenen Armeefilm gedreht hatte. Bisky schickte uns vier mit der teuersten Hochschultechnik los, ohne begleitenden Dozenten! Obwohl er wusste, dass wir »angefressen« waren. Er gab uns das Vertrauen. Ohne vorher irgendwie auf uns einzureden. Und dann haben wir diesen Film gedreht über drei Männer, drei Frauen, drei Kinder im Busch von Mashayamombe. Wir waren mit der Erwartung losgeflogen, in die Welt zu reisen. Aber dann sahen wir die Hellerauer Schrankwände: Die Jungs hatten die gesamte DDR mitgenommen. Ich stand im Busch von Afrika und erlebte die Illustration des Satzes: Man kann einen Mann aus dem Land nehmen, aber nicht das Land aus dem Mann. In jeder Schrankwand sah ich mich gleichsam selber. Und witterte die Chance, in Simbabwe einen Film über die DDR zu drehen – und über deren Grenzen. Nach unserer Rückkehr gab es großen Ärger. Der Brigadeleiter hatte wohl geahnt, was wir da erzählen würden, und in vorsorgender Denunziation schrieb er einen Brief an den Zentralrat der FDJ. Wir wurden »einbestellt« und sollten das gefilmte Material vorlegen. Bisky lehnte das ab, einzig der fertige Film würde zur Ansicht freigegeben. Ein Machtkampf entbrannte. Drohung gegen Drohung. Bisky blieb stur. Irgendwann brach er den Kontakt zu den öden Berufsjugendlichen Unter den Linden ab, die inzwischen völlig damit ausgelastet waren, um ihr bisschen Macht zu strampeln, wir schrieben September 1989. Niemand war mehr an unserem inzwischen geschnittenen Film interessiert. Und schließlich meldete Lothar ihn einfach ohne jegliche Abnahme zur Dokwoche im Herbst 1989 in Leipzig an. Dort wurde er unter großem, heiterem Hallo uraufgeführt, und das Entscheidende an dieser Premiere: Ich lernte »meinen« Produzenten und Freund Peter Rommel kennen.

Was empfanden Sie, als Lothar Bisky wenig später in die Politik ging?

Dass er in die Politik ging, begriff ich, dass er dort blieb, nicht. Mit dem Herbst 1989 brach in der Politik eine Zeit der Charaktere, aber auch der Abenteurer und der Gelegenheitslüstlinge an. Lothar war ein Charakter – und ich fand es zunächst sehr gut, dass Leute wie er politischen Einfluss gewannen. Wer denn sonst!? Aber ich verstand nicht, dass er so lange, zu lange auszuhalten suchte. Verflixterweise hing es aber mit seinem Charakter zusammen: Er wollte verlässlich bleiben, auf keiner Konjunkturwelle reiten. So vergeht Zeit, so vergeht Leben. Um es ganz hart zu sagen: Irgendwann sind die Absprungbretter besetzt oder abgebaut. Sie waren es wohl auch für Lothar. Er hat aus- und durchgehalten, und ich könnte ab einem bestimmten Punkt nicht mehr sagen, zu welchen Teilen er noch ganz bei sich war und zu welchen Teilen längst fremdgesteuert. Lothar blieb auch in der Diszipliniertheit einer, der mit ganzem Herzen ackerte – aber er besaß doch ganz andere Fähigkeiten, als sie einem Funktionär aufgegeben sind. Dieser großartige Mensch hatte es also nicht verdient, die elenden politischen Grabenkämpfe in der eigenen Partei erleben zu müssen und aufgerieben zu werden. Grauenvoll auch diese TV-Runden der Parteivorsitzenden nach Bundestagswahlen, dieser geistvolle Bisky zwischen lauter Ödkaspern. Bornierten Funktionärsmäusen. Kleinkarierten Arroganzverwaltern. Die ausgerechnet ihm vorwarfen, zu den »Ewiggestrigen der SED« zu gehören. Und dann dieser Tag im Deutschen Bundestag, da ihm der stellvertretende Bundestagspräsident verwehrt wurde. Am liebsten hätte ich dort selbst eine Rede gehalten und erklärt, um was für einen Mann es sich hier handelt. Der in seiner Funktion in der DDR so viel mutiger war, als so mancher selbsterklärte sogenannte Oppositionelle. Wie hat er das alles nur ertragen.

Er hätte es nicht müssen.

Ja, aber da war wieder dieses Verantwortungsgefühl, über das ich oft mit ihm gesprochen habe, bereits, als er noch Rektor war. Er sagte, Andi, ich habe andauernd herumkritisiert an dieser Partei, jetzt heißt es: Übernehmt, ihr Kritiker! Lehne ich nun ab, so leidet die Glaubwürdigkeit meiner Kritik. Gehe ich aber in die Politik, kann ich nicht mehr Rektor sein und enttäusche möglicherweise euch Studenten. Das war sein Dilemma – ich habe Lothar Bisky ausgerechnet in den Stunden der politischen, gesellschaftlichen Euphorie ziemlich traurig gesehen. Er schrieb später mal mit einem Anflug von Sarkasmus, ab da hätte die Zeit jener belegten Brötchen begonnen, die sämtliche Konferenztische zieren. Es war nicht seine Welt, es wurde nie seine Welt. Und trotzdem haben ihn zwanzig Jahre Politgaleere nicht verdorben, ich erkannte immer noch den alten, von uns Studenten geliebten, aufrechten, integren Lothar Bisky.

Wenn Sie Ihre Ausbildung bilanzieren, was steht unterm Strich?

Große handwerkliche Solidität, aber auch: nicht genügend Ermutigung zum künstlerischen Grenzübertritt, zum Freiheitsdrang. Uns wurde das Schwimmen gelehrt, gut gelehrt, aber in uns wurde nicht – wie

Saint-Exupéry schrieb – die Lust auf den wilden Ozean geweckt, eine Lust, die den Kitzel am möglichen Untergang enthalten muss. In meiner Diplomarbeit, es war schon Westen, habe ich später über mein Ausbildungsproblem als Lebensproblem geschrieben, hier, ich kann es jetzt gar nicht besser ausdrücken (*er liest vor*): »Wahrscheinlich steht gerade uns DDR-Kindern, die in Babelsberg so gründlich ihr Handwerk gelernt haben, ein wenig die eigene Erziehung im Wege. Wir sind in einem Land aufgewachsen, in dem es kaum Extreme gab. Das ganze Leben hatte sich auf ein merkwürdiges Mittelmaß eingepegelt. Statt kalt oder heiß schien alles eher lau, statt schwarz oder weiß dominierten die Grautöne. Die ganze Welt war für uns so halbwegs in Ordnung – so schien es zumindest, und so spiegelten es auch viele der in der DDR entstandenen Filme wider. Jetzt schauen wir in eine Wirklichkeit, in der die Abgründe riesengroß sind, die voller Kontraste steckt, und plötzlich fällt es uns schwer, damit umzugehen. Vielleicht wird es Jahre dauern, bis auch unsere Persönlichkeiten sich darauf eingestellt haben und wir in der Kunst diese Widersprüche adäquat reflektieren können. Für mich wird dies mit Sicherheit ein sehr schwieriger Lernprozess.«

Herr Dresen, manche Leute haben Ende 1989 auf der offenen Mauer gestanden und geweint.

Ich auch.

Sie auch?

Es war einen Tag nach der Maueröffnung. Mit einem Freund fuhr ich zur Invalidenstraße, dort sind wir rüber. Man bekam einen Stempel in den Personalausweis. Von Angst besetzt, habe ich mehrmals nachgefragt, ob ich auch wieder einreisen dürfe. Das war meine Hauptsorge. Dann sind wir zum Brandenburger Tor und blickten in den Osten. Und mir ging's, wie Brecht in der »Mutter« schrieb: »Er begriff es und begriff es auch nicht.« Ich stand auf der Mauer am Brandenburger Tor, alle um mich herum schrien das berühmte Wort »Wahnsinn« und meinten damit den unglaublichen Zustand, auf westlichem Boden stehen zu dürfen. Ich

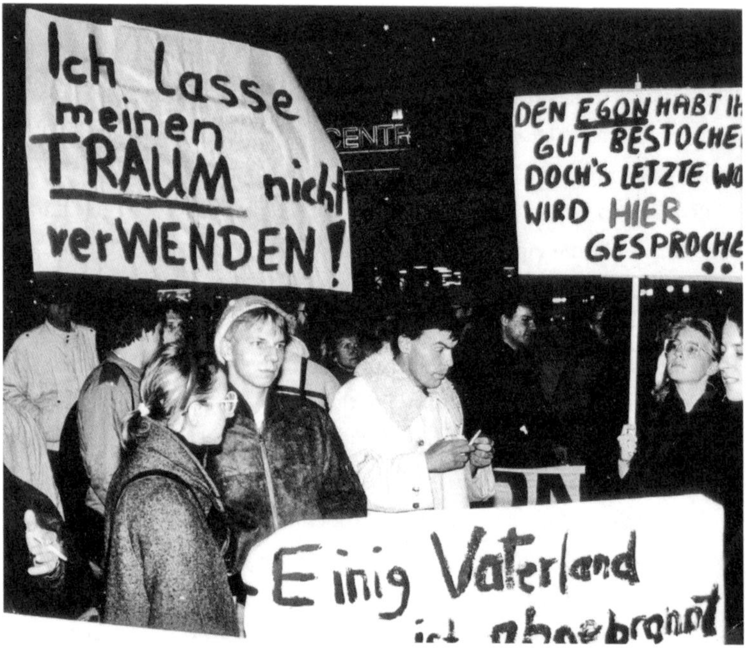

Studentendemonstration 1989: Für unser Land

stand da auch, und auch ich schaute in den Osten, empfand aber plötzlich, blitz- und überfallartig, etwas ganz anderes als wahren Wahnsinn: dass ich es bislang als Normalität hingenommen hatte, hier nicht zu stehen. Dass ich es so empörungslos hingenommen hatte, eingesperrt zu sein. Nicht die jetzige Situation war »Wahnsinn« und absurd, sondern die Situation davor. Meine Güte, dachte ich, wie hast du eigentlich bisher gelebt, dass du das alles so selbstverständlich akzeptiert hast. Erstmalig begriff ich: Das Brandenburger Tor ist tatsächlich ein Tor. Ein Tor bedeutet Durchgang, nicht Absperrung. Ich stand da und heulte und dachte: Wenn man aus der DDR kommt, dann weiß man ab heute, dass Steine tanzen können. Anders gesagt: Einer gesellschaftlichen Realität sollte man nie jene Unabänderlichkeit glauben, die Herrschende so beflissen in sämtliche Hirne pflanzen wollen.

War der Umbruch 1989 eine Revolution?

Was in der DDR damals geschah, war ein kompletter gesellschaftlicher Umbruch, also eine Revolution. Natürlich ohne all das, was bis dahin, in unseren dogmatischen Weltbildvorschriften, zu einer anständigen Revolution gehörte.

Der Chor der Verächtlichmacher sang und singt: Es war die Banane, die zog.

Ja ja. Es ist schon erstaunlich, dass ausgerechnet dem Volk, das nach 1945 zur revolutionären Kraft, zum revolutionären Subjekt erklärt wurde, vierzig Jahre später von den Marxisten-Leninisten diese Fähigkeit des Revolutionären abgesprochen wurde, nur weil es deren Macht beendete. Das ist so lachhaft wie traditionell. Und natürlich gehört es zum Charakter jeder Revolution, dass sie auch von einer Kette aus Missverständnissen getragen wird. Planung, Logik – alles Schimäre. Was Schabowski mit seinem Zettel zur Maueröffnung lostrat: die pure Komödie, der reine Zufall inmitten freilich einer geschichtlichen Gesetzmäßigkeit. Eine Revolution ist offenbar dann erfolgreich, wenn alles erfolgreich schiefläuft.

Filmen von Ihnen merkt man den Willen an, bei aller Konkretheit von Zeit und Ort ins Übergreifende hinein zu erzählen. Über »Sommer vorm Balkon« schrieb zum Beispiel Christoph Dieckmann in der »Zeit«: »Dresen sagt, sein Freund und Kollege Günter Reisch habe ›Sommer vorm Balkon‹ als Beschreibung eines Übergangs bezeichnet: vom Sozial- zum Individualstaat, von der Fürsorgegesellschaft zu Verhältnissen, die jeden auf sich selbst verweisen. Die dazugehörige Beklemmung erzeugt der Film mit Charme und ohne Eifer.«

Die Zeit wechselt dauernd, aber die Zeiten ändern sich kaum, was Glücks- und Unglücksempfinden der Menschen betrifft. Und aus der Geschichte von Wolfgang Kohlhaase strahlt diese Alltagsschönheit und -schwere, die ich so mag, und über die wir gesprochen haben. Man hat vielleicht noch nie im Hochgebirge sein Zelt aufgeschlagen, man streifte noch nie durch die Taiga, sah nie die Gletscher der Polarnähe, schwitzte sich nie durch Wüsten. Aber man geht durch Straßen, schaut in Fenster, steht vielleicht zwischen den Blocks des Wohnviertels, abends, wenn die Lichter aufflammen, aber die Gardinen noch nicht zugezogen sind, schaut, wie sich's da drinnen so lebt und sagt sich: Das ist das wahre Abenteuer! So las ich das Drehbuch »Sommer vorm Balkon«; ein unendlich leichter und beiläufiger Ton für sehr ernste Dinge. Über Einsamkeit in unterschiedlichen Generationen. Über Solidarität. Ich wusste, diesen Film müssten wir schnell machen, seine Wärme drängte und wollte sofort weitergegeben werden. Sie durfte nicht auskühlen auf jenen Wartelisten, die bei der Filmproduktion üblich sind.

Wir reden über den Sommer vorm Balkon in einem Berliner Kiez – und mein Blick fällt auf das Foto da an Ihrer Wand: Amerika?

Ja. New York.

Wie war das, als Ost-Mensch erstmalig in den USA?

Das erste Mal »drüben« war ich Ende der neunziger Jahre, mit »Nachtgestalten« – und wie häufig bei solchen Reisen verband ich das Offizielle mit einem verlängerten touristischen Aufenthalt. New York wollte ich unbedingt sehen. Zum ersten Mal buchte ich für diese Reise ein Hotel per Internet. Tolles Gefühl, wie unkompliziert sich die Welt darbot. Vertrauen und Verträge per Mausklick. Aber plötzlich beschlich mich auch Angst: Du kommst mit deinem Koffer in Harlem an, und das Hotel gibt's gar nicht – womöglich eine Online-Abzocke. Ich als Opfer der virtuellen Welt. Aber das Hotel existierte, und für einen desillusionierend hohen Preis von 400 Dollar pro Nacht zog ich ein. Quasi eine Gefängniszelle mit winzigem Fenster, Blick auf die Brandmauer, als Frühstück 'ne Kanne Kaffee und pappige Muffins. Und elend weit draußen lag diese Hütte, 118. Straße oder so. Dummerweise war gerade Marathon in der Stadt, alles überfüllt – ich fand es trotzdem überwältigend, muss aber sagen, dass ich es eigentlich nicht länger als vier, fünf Tage in dieser Stadt aushalte. Das Tempo ist mir zu hoch. Ich bin nicht gern dort, wo ich ständig das Gefühl habe, den Leuten im Weg zu stehen. Sogar den Bettlern! Die New

Yorker sagen auf so eine bestimmte, herablassende Art »Sorry!«, wenn sie einen wegschieben, dass man sofort den Untertext mitkriegt: Junge, du störst, also hau ab! Wenn man da ein bisschen verträumt rumlatscht und nach oben guckt, was in New York logisch und reizvoll ist, dann wird man schnell zum Punchingball der Geschäftigen. Nee. Wo Großstädte ihren modernsten ästhetischen Reiz zeigen, sind sie zugleich am unbewohnbarsten. Man beginnt sofort zu begreifen, dass man fehl am Platze ist. Die Westküste der USA hat aber einen ziemlich anderen Charakter. Ich bin schon zweimal den berühmten Highway One gefahren. Ein großartiges Erlebnis.

Ein Erlebnis der Einsamkeit?

Ja, aber ich bin in dieser Hinsicht kein ängstlicher Mensch. Und ganz einsam wird es dort nie, irgendwann trifft man auf Leute, und in bestimmten Gegenden haben die Amerikaner so etwas unglaublich Freundliches und Entspanntes. Überall wird man angesprochen, zuvorkommend behandelt – wenn man allein unterwegs ist, weit mehr, als wenn man noch mit jemand anderem reist. So ganz allein erweckt man wahrscheinlich den Eindruck: He, um den da müssen wir uns kümmern. Dieses Entgegenkommen hält dann die nächste menschenleere Strecke. Zudem wird nicht so unerbittlich gerast wie auf unseren Autobahnen.

Die tägliche kriegerische Übung mitten im Frieden: Automobilmachung. Auto ist Waffe: Man schießt aus Lücken hervor.

Bei uns hat man immer das Gefühl, dass den Fahrzeugverkehr ein Widerspruch zerreißt – einerseits Freiheit, aufzubrechen, wohin man will, andererseits das Aufstellen von falsch verstandenen Geschwindigkeitsnormen – wehe, man fährt nicht schnell genug mit! Auf den amerikanischen Highways gibt es nur die Freiheit und das Genießen dieser Freiheit. Und das hat eben nichts mit Schnelligkeit zu tun. Als ich das erste Mal mit einem Mietauto da lang fuhr, ganz allein von San Francisco nach Los Angeles, knapp tausend Kilometer, da hätte ich einen Teufel drum getan, das an einem einzigen Tag runterzureißen. Doch nicht auf dieser spektakulären Küstenstraße! Auf drei, vier Tage dehnte ich das Erlebnis aus, atemberaubend, überall am Pazifik diese Seebrücken ins Wasser hinein, bestückt mit Rummelplätzen oder nur Restaurants, du kannst den ganzen Morgen dünnen Kaffee trinken, der immer wieder nachgeschenkt wird, du sitzt unter Sonne und kreischenden Möwen, und eine dicke Kellnerin kommt ab und zu vorbei und fragt: »You want a refill, honey?«, und klar, du lässt nachfüllen – ich fand es wunderbar, so der Welt langsam zu entschweben und von einer dicken Kellnerin »honey« genannt zu werden. Da bleibt man doch gleich noch 'ne Stunde länger sitzen.

Sehr oft waren Sie in Südamerika.

Das ergab sich meistens durch Festival-Einladungen. Als ich 2012 das Angebot für ein mehrtägiges Seminar in Argentinien erhielt, war für mich klar, dass ich diesen langen Flug nicht nur wegen einer so kurzen Zeit in Buenos Aires auf mich nehmen würde. Also rief ich ein Reisebüro an, in Süddeutschland, das ist auf Südamerika spezialisiert. Ich kenne aus diesem Büro niemanden persönlich, telefoniere nur immer, aber es ist eine verlässliche Verbindung dorthin entstanden – und von diesem Reisebüro erhielt ich die Empfehlung und Logistiktipps für Patagonien. Vor dieser Reise freilich bekam ich dann doch irgendwie kalte Füße. Mir kam die eigene Courage plötzlich anmaßend vor: Ich kleiner Mensch allein am Ende der Welt, als wolle ich sie erobern. Aber ich fuhr los – und wurde gleich in Buenos Aires beklaut. Fing gut an. Aha, dachte ich, eine Warnung – und schlug sie in den patagonischen Wind. Und Patagonien war das Beste, was ich je erlebt habe! Mit Herzklopfen war ich aus dem Flugzeug gestiegen, drei Stunden später: voll im Glück. Knallblauer Himmel und ockerfarbenes, trockenes Gras. Immer Wind. Die total freie Seele. Die Dinge des sonstigen Lebens rückten auf merkwürdige Weise in eine andere Dimension. Es war übrigens die Zeit kurz vor Verleihung des Deutschen Filmpreises, Christian Petzold und ich – mit »Halt auf freier Strecke« – wurden in den deutschen Medien geradezu »verarbeitet« und zur erbitterten Konkurrenz hochgeschrieben, als schicke man Gladiatoren in eine Arena. Was für ein Quatsch! Aber mir war das unter solchem

Himmel, im Angesicht von Gletschern und felsigen Majestäten so was von egal. In der kargen, gewaltigen, stolzen Weite dort habe ich mich verdammt gut gefühlt, ich spürte seltsamerweise Kraft und nochmals Kraft. Es ist, als wüchse dir was Energetisches zu – von diesen krassen steilen Bergen, die wie Spitzzähne in den Himmel ragen, von Flüssen und Seen, die von Mineralien türkis gefärbt wurden, von Gletschern, die ein Urzeitgefühl auslösen. Wenn es nicht wirklich so verteufelt weit entfernt wäre – ich würde öfter hinfahren. Aber vielleicht hält die Entfernung auch in besonderem Maße die Sehnsucht wach. Jeder erfüllte Traum ist irgendwie auch ein zerstörter Traum, also träume ich lieber weiter von Patagonien. Man kann auch etwas für die Welt tun, indem man mit einer unerfüllten Sehnsucht in ihr lebt. Wie sagte Gerhard Gundermann: »Ich kriege nie, was ich will, aber ich habe alles, was ich brauche.«

Gehen, wandern. Wie tun Sie das: exzessiv?

Leider, ja. Man will die Zeit möglichst überlisten, und also überschätzte und übernahm ich mich in Patagonien total. Falsches Schuhwerk, keine Ausrüstung, ohne Wenn und Aber, ohne Sinn fürs Wetter hinein in die Hochgebirgslandschaft! Acht, neun, zehn Stunden drauflos! Ich musste an Adolf denken, der so was auch immer gerne wagte, sich um nichts Gedanken machte, um nichts scherte und sich dann plötzlich völlig verloren irgendwo umsah und nur noch feststellen konnte: absolut in die Irre gelaufen, keine Orientierung mehr. Nur mit Mühe und am Rand der Erschöpfung gelang dann der Rückweg. Dieses Verhaltensmuster liegt offenbar in den Dresen-Genen, mir ging das in Patagonien auch so. Wunde Füße, wundes Knie, aber vorher überheblich die Rentnernummer belächeln, also jene Leute, die mit diesen professionellen Wanderstöcken unterwegs sind. Auf dem Rückweg überholten sie mich dann natürlich mit lässigem Schwung.

Lieben Sie die Berge mehr als den Ozean?

Da bin ich nicht festgelegt. Ich kann auch ganz gut vierzehn Tage an einem Strand einfach so abhängen. Sagen wir also unumwunden: Ich bin nicht ungeeignet für den ganz normalen blöden Pauschalurlaub. Ich kann auf eine Insel fahren, im Sand am Meer liegen und den lieben langen Tag lang Flamingos angucken, wie sie am Strand auf und ab stolzieren. Für solche Gelegenheiten packe ich mir eine Tasche voller Bücher und lese endlich dicke Romane. Außerhalb des Urlaubs habe ich dafür nicht die notwendige Bedingung: Zeit, um in eine Geschichte tatsächlich hineinzusinken, der Welt gewissermaßen verloren zu gehen. Ich bin kein Häppchenleser, wenn es um Romane geht. Ich muss in deren Aura hinein und sehr, sehr lange drinbleiben dürfen.

Werner Herzog hat in Patagonien einen Film gedreht, »Schrei aus Stein«, nach einer Idee von Reinhold Messner. Herzog ist bekanntlich ein besessener Geher. Als polemisiere er wahrlich mit Leib und Seele gegen Menschen, denen Schmerz nur ein Symptom von Krankheit bedeutet, nicht aber eine sinnliche Erfahrung. Das ist seine Polemik gegen jene, die das Bewusstsein der Langeweile als Weisheit konservieren – sie wissen genau, was Tod ist: schon mit fünfzig so leben, wie man mit achtzig dann auch sterben wird.

Ja, man denkt sofort an Herzogs Buch »Vom Gehen im Eis«, eine Fußwanderung im November und Dezember von München nach Paris. Aus dem Stand heraus, als er erfährt, die Filmkritikerin Lotte Eisner ist todkrank, Bekannte des frühen Brecht, Mitarbeiterin von Fritz Lang und Max Reinhardt. Er geht kurz entschlossen los, gegen den letzten Stand der Dinge: Auf jemanden zugehen – das hilft.

Schon die zehnte Seite des Buches fasst zusammen: »Und jetzt zittert die Erde. Wenn ich gehe, geht ein Bison. Wenn ich raste, ruht ein Berg.«

Dieser Gang Herzogs nach Paris ist pure Verwilderung, ist Ausbruch aus der alltäglich geforderten Rationalität des Denkens und der Lebensführung. Und in Patagonien, ja, da hat er diesen Spielfilm gedreht – am grandiosesten der Berge, am Cerre Torre. Ich habe dort sogar mit jemandem gesprochen, der an den Dreharbeiten mit Herzog teilgenommen hat. (*Andreas Dresen holt sein Handy, das bei den Gesprächen stets konsequent ausgeschaltet bleibt. Da!, ein Foto vom Torre!*) Das Erstaunliche war, dass mir alle sagten, die Gipfel dort würde ich wohl eh nicht fotografieren können, die seien stets verhüllt von dickem Nebelwolkenwehen. Ich komme hin und sehe strahlend blauen Himmel, relativ oft, an mehreren Tagen. Aber den Torre habe ich nur ein einziges Mal gesehen, und auch nur kurz, aber immerhin! Für diesen freien Blick auf den Berg warten andere sonstwie lange. Bin eben doch ein Glückskind! (*Lacht.*) Wenn man im Nationalpark auf dieses Gebirgsmassiv der hohen Felszacken zufährt, nähert man sich etwas Unwirklichem, denn was da aufragt, das türmt sich abrupt auf aus relativ flachem Gelände. Diese Berge bahnen sich nicht an, sie sind da, als wüchse plötzlich ein Palisadenzaun. Es gibt keine Vorwarnung durch langsam ansteigende Hänge und Geröllhalden. Absolut genommen, gar nicht so hoch, diese Riesen, aber enorm steilwandig, auch für die größten Alpinisten noch immer eine risikoreiche Herausforderung. Ein Extremismus aus Stein, wie ich ihn noch nie gesehen habe bis dahin. Herzogs Crew hatte wochenlang am Fuße des Torre campiert und gewartet, bis das Wetter aufreißt und man den Berg nach allen kameratechnischen Aspekten »untersuchen« kann. Der Himmel riss irgendwann auf, sie flogen mit einem Hubschrauber auf den Gipfel, Herzog nur mit gewöhnlicher Jacke, alle ohne Schutzausrüstung. Oben schauten sie sich um, der Hubschrauber würde sie später wieder abholen – aber dann zog plötzlich der Berg zu. Watte, die immer eisiger wurde. Keine Chance für den Hubschrauber. Fünf Tage mussten sie ausharren, erfrierungsnah, ohne Kontakt nach unten in die Ebene. Vorbereitung eines filmischen Dramas, das beinahe selber zur realen Tragödie wurde.

Man kann wohl sagen: typisch Herzog.

Mögen Sie Herzogs Filme?

Ja. Ein großer Verrückter. Ein altes wildes Kind. Ein leidenschaftlicher Filmemacher, sozusagen rettungslos hingegeben an archaische Geschichten. Höhlen, hohe Berge, brennende Öltürme, Wildnis. Der wirft interessante Fragen auf. Spielt es im Kino eine Rolle, dass ein Regisseur mit seinem Leben für die Bilder einsteht? Ist die Wahrheit eines Bildes abhängig vom Realismus der Aufnahmen?

Im Zeitalter der perfekten Simulationen möchte man beide Fragen verneinen.

Das Werk Werner Herzogs spricht gegen diese Verneinung. Sein Werk ist inmitten des Virtuellen ein leidenschaftlicher Beitrag zur Errettung der physischen Realität. Er hasst Störungsfreiheit im Leben. Darum war ihm sein oftmaliger Hauptdarsteller Klaus Kinski der »Liebste Feind«. Darum wurde für den Film »Fitzcarraldo« ein Dreihundert-Tonnen-Dampfer unter extremen Bedingungen real (und nicht nur als Modell!) über einen peruanischen Berg gehievt. Darum diese Sucht nach Risikozonen, in denen sich nicht schöner, nicht dämonischer zeigen lässt, dass der Mensch auf dieser Welt ein eingeborener Fremder bleibt.

Wenn uns auf der Erde die Bilder ausgingen, hat Herzog gesagt, dann müsse man eben zum Mars fliegen.

Ist doch ein schöner Traum: dass es Bilder gibt, für die es sich lohnt, bis ans Ende der Welt zu gehen und noch weiter.

Ein Journalist hat geschrieben, Herzog sei der Einzige, dem eine wahrhaft neue »Titanic«-Version zuzutrauen wäre – »aus der Sicht des Eisbergs«.

Geografie ist in diesen Spiel- wie Dokumentarfilmen irgendwie eine Zurückerstattung von Würde an Berge, Täler, Wüsten. Eine Würde aber, die nicht in falsche Romantik rutscht, sondern der Natur auch ihren wahren Charakter lässt: Sie ist oft eine Kriegerin gegen die Menschen.

Sind Sie selber nun mit besonderer Leidenschaft ein Fernreisender geworden?

Manchmal kann ich das sehr genießen, ja. Aber es ist auch hier in der Nähe schön, etwa mit dem Segelboot auf dem Schwielowsee.

Sie haben einen Segelschein?

Nein. Den braucht man zum Glück nicht in Brandenburg. Mir geht es dabei auch keineswegs um den sportlichen Aspekt. Man fährt auf einem See hin und her, ohne Ziel, der Weg ist das Entscheidende, die Geräusche des Wassers, die Luft, das Licht.

Welches war denn überhaupt Ihre erste Westreise? Jene von Ihnen angesprochene Fahrt nach Graz, zum Filmfestival?

Ja, das war 1987, in Graz fand in jenem Jahr die UNICA statt, das Welt-Amateurfilmfestival, das jedes Jahr den Ort wechselt. Der Amateurfilm-Verband der DDR hatte meinen etwa halbstündigen Film »Schritte des anderen« ausgesucht. Das war jener Film, den ich als Assistent von Günter Reisch nebenbei gedreht hatte, mit Lotte Loebinger. Ich fuhr, als einziger Filmemacher, mit drei Funktionären nach Österreich. Als Babelsberger Student im ersten Studienjahr.

Ihr Vater war da schon lange im Westen.

Eben! Deshalb kam ich ins Grübeln. Entweder waren diese Leute, die mir die Ausreise genehmigten, besonders dumm oder besonders prüfungsfies. Ob die mich loswerden wollten? Aber warum? Ich war, wie gesagt, kein Dissidententyp – nein, sagte ich mir, so bedeutend bist du nicht, dass die dich zur Ausreise verleiten wollen. Andererseits wollte ich mich auch nicht derart bedeutungslos sehen, dass mir das System nur zeigen wollte, wie egal ich ihm war. Ist doch pervers: Man kann endlich mal raus und grübelt und grübelt, als könne man nicht glauben, was da passiert. Dass man, ohne jeden Hintersinn, einfach großzügig mir gegenüber sein wollte, das konnte ich mir nun auch wieder nicht vorstellen. Jedenfalls war ich von Schönefeld aus losgeflogen und fühlte mich bald, in der Weltgemeinschaft der Amateurfilmer, wie in einem Rausch. Zudem gewann mein Film auch noch die Goldmedaille. Ich habe mich dann in Graz selbstverständlich mit Adolf getroffen, Flucht wäre kinderleicht gewesen. Ich hätte sofort eine Wohnung gehabt, Geld, Arbeitsmöglichkeiten.

Wirklich kein Gedanke daran, drüben zu bleiben?

Es gab nur ein kurzes Was-wäre-wenn-Zucken im Gemüt, mehr nicht. Warum sollte ich im Westen leben? Ich hatte doch mein Filmstudium, ich wollte gerne zurück. Diese Rückkehr erfolgte mit dem Zug bis Wien, von da ab Flug nach Berlin. In Wien hatten wir sechs Stunden Aufenthalt, ich fuhr in die Stadt und schaffte die logistische Meisterleistung, alles auszusuchen und zu sehen, was man so mit Attraktionen Wiens verbindet, sogar das Kunsthistorische Museum. Ich war wie elektrisiert, steigerte mich in eine unglaubliche Konzentration hinein, dachte fortwährend, dass ich nie wieder hierher käme, verwandelte mich also in einen Schwamm, der wild auf Überschwemmung ist: nur immer aufsaugen! Noch im Nachhinein muss man einmal mehr sämtliche Wut auf diesen elenden Staatszustand richten, der einen in solche touristische Konzentrationsleistung trieb. Auf der anderen Seite habe ich bei meinen späteren Besuchen die Stadt nie wieder derart intensiv wahrgenommen. Die mitreisenden Funktionäre dachten bestimmt, mich nicht wiederzusehen, als ich eilig in Richtung Innenstadt verschwand.

Also riet Ihr Vater Ihnen auch nie, in den Westen zu gehen?

Nie. Ich glaube, er fand es sogar gut, dass ich im Osten blieb. Ich war seine Dependance, ich war lebendiger Ausdruck seiner wahren Herkunft und letztlich auch Verkörperung seiner wahren Sehnsucht. Es mag jetzt paradox klingen: Er ist rüber, aber er war und blieb ein Mensch, der vor Problemen nicht wegrannte. Er reizte Konfliktlagen aus, nur war eben in der DDR irgendwann alles ausgereizt. In seinem Herzen blieb er, glaube ich, trotzdem DDR-Bürger – er war immerhin bis zum Schluss mit einem Ostberliner Pass unterwegs.

Beschreiben Sie bitte das Gefühl des Zurückgekehrtseins: plötzlich wieder DDR-Boden unter den Füßen.

Es war ein total gutes Gefühl, zurückzukommen und zu wissen: Es gibt noch eine Welt woanders. Denn im Vorgefühl war es mir ein wenig so gegangen ...: Jetzt wird der böse Kapitalismus auf mich zukommen, jetzt erlebe ich die Abgründe der Welt. Aber da erwies sich nichts als abgründig, ich wurde als der schmächtige, etwas verschüchterte, aber ungemein neugierige Ossi vom Festival quasi in die Arme genommen, wir unternahmen Wanderungen, alle wollten mir was schenken, wollten Gutes tun, es war geradezu märchenhaft, eine wunderbar heitere Reise. Später gab es noch eine Reise nach Paris. Studenten zeigten, gemeinsam mit Lothar Bisky, im DDR-Kulturzentrum der Stadt Filme der Hochschule. Da war das Gefühl anders als in Graz, das Erlebnis hat mich richtig angefixt: Es reicht, dachte ich wütend, bis hierhin und nicht weiter! Paris! Ein Aufgeregtsein, das wie in Wien die Lust erregte, möglichst alles zu sehen, was die Netzhaut erfassen kann, und das tatsächlich die Erlebnisfähigkeit derart steigerte, dass die Einzelheiten überscharf ins Bewusstsein traten – ein Aufgeregtsein, das aber jenes Spektrum der Farben auch derart ineinanderfließen ließ, als führe man auf einem Karussell. Man hatte plötzlich das Gefühl, zu wenige Sinne zu besitzen, um endlich doch zu glauben: Ja, wir sind in Paris! Und dann plötzlich wieder daheim – und aufkeimender, unbezwingbarer Zorn: Diese verdammte Erziehungs- und Einschränkungsstruktur, was bildet sich der Staat eigentlich ein?! Bei der Wiedereinreise stand ich am Tränenpalast Friedrichstraße, und ich empfand wirklich Trauer. Ich dachte: Nee, das kann jetzt nicht wahr sein, wieder diese armselige Bockwurstbude, nein, ich will nicht mehr. Noch am Abend klemmte ich mich hinter meine Schreibmaschine, hämmerte einen Text runter und hängte ihn am nächsten Tag in der Schule aus. Hier, ein paar Zeilen daraus: »Nach Paris …!!! Ich spüre meine Unfähigkeit, über das Erlebte zu reden. Zuviel Schizophrenie ist dabei im Spiel – weil Westreisen eben leider noch ein Privileg sind … und wie soll man es auch beschreiben: Der Charme dieser Stadt ist wie eine Umarmung, der man sich nicht entziehen kann und möchte. Vielleicht ist er das Leben schlechthin. So bleibt nach der Rückkehr eine tiefe Beunruhigung. Wie lange können wir uns verschließen vor der Welt? Kann es sich unser Land leisten, seinen Menschen das Erlebnis anderer Kulturen zu versperren? Ein Land als abgeschlossenes kulturelles System – ist das in unserer Welt überhaupt noch möglich? Werden wir nicht immer introvertierter, pegeln uns immer mehr auf Mittelmaß ein? Mir scheint, wir sind nicht heiß und nicht kalt, weder schwarz noch weiß, nicht übermütig, nicht unglücklich, nicht laut, leise – wir sind das Land ohne Amplitude. Und deshalb komme ich nicht fröhlich zurück, und deshalb komme ich aber gerade zurück – und will noch viel unbescheidener leben! Das Leben ist anderswo. Wir müssen es in uns aufnehmen, mit allen Sinnen, nicht nur irgendwie mittelbar.« Das pinnte ich an die Wandzeitung. Fragen Sie jetzt nicht wieder nach Mut – es war schließlich schon Mai 1989, überall breitete sich ohnehin eine bleierne, lauernde Grundstimmung aus. Ein mächtiger, grundsätzlicher Zweifel legte sich über alles. Man sah diese Pappnasen an der Spitze, wusste, dass die angewurzelt waren in ihren Dogmen, und im Grunde sah die vorauseilende Fantasie das Ganze schon irgendwann einstürzen.

Wie in Rainer Simons DEFA-Film »Jadup und Boel«: Vorn wird eine neue Kaufhalle eingeweiht, hinten kracht ein altes Haus in sich zusammen.

Dass es dann tatsächlich so schnell geht, dachte allerdings niemand. Aber davor lag ja eine wahrlich elende Zeit des Aushaltens. Diese Mählichkeit des anwachsenden Zorns spricht nicht immer für einen selbst, denn sie erzählt auch von freiwilliger Blindheit. Als ich nach Graz durfte, war da noch so etwas wie naive Freude, also: Politisiert hat sich bei mir das Empfinden von Freiheit und dieses unbezähmbare Bedürfnis danach erst später. Als wir 1989 den Dokumentarfilm in Afrika drehten, bei diesen Jugendbrigadisten, da redeten wir ganz ernsthaft darüber, ob wir abhauen oder nicht. Ganz offen, ohne Rücksicht darauf, dass vielleicht einer von uns vier Studenten für die Stasi arbeitete. Unser Tonmeister betrank sich auf dem gesamten Rückflug derart heftig, weil ihn dieser Konflikt zwischen Freiheit und Zurück hinter die Mauer total überforderte.

Was geht Ihnen bei dem Wort Freiheit durch den Sinn?

Geträumte, ergriffene und versäumte Möglichkeiten. Traum und Verlust. Für den Fisch ist das Aquarium die Welt, solange er den Ozean nicht gesehen hat. Heißt es im Film »Das andere Leben des Herrn Kreins«. In so einem Aquarium lebten wir – aber wir haben den Ozean ganz in der Nähe gewusst. Oder gerochen! Wenn man im Plänterwald auf dem S-Bahnhof stand, trug der Wind den Geruch der Bahlsen-Keks-Fabrik herüber. Der Keks-Geruch als Sinnbild jener süßen Verheißungen, von denen uns der Mauerbeton trennte. Heute wissen wir, dass die schönen weißen Hochhäuser auf der anderen Seite auch nur ein Sozial-Ghetto waren – und geblieben sind. Aber man schaute damals kurz über diese Horizont-Linie und vermutete dort das wirkliche Leben. »Der Traum ist aus – er ist Wirklichkeit«, singt Ulla Meinecke. Besonders gern träumte ich von der Möglichkeit, mal ein ganzes Jahr alles stehen und liegen zu lassen und planlos in die Welt hinein zu reisen. Als die Wende kam und ich diese Chance gehabt hätte, tat sich sofort wieder eine Schnittstelle, ein Konflikt auf: diese ersehnte Freiheit zu genießen oder ins Berufsleben einzusteigen.

Tröstlich: Sie waren in Patagonien!

Ich versuche, die Welt in den Möglichkeiten meines Berufs kennenzulernen, ich kann mich auch überall relativ reibungslos bewegen, selbst wenn mir da und dort die Sprache fehlt. Aber die Erfahrung eines Aufbruchs im nomadischen Sinne, das Sprengen dieser östlichen Bravheit durch entschiedenes Weggehen, das ist ein Defizit – so, wie ich offenkundig den besten Zeitpunkt für die Familiengründung verpasste. Klar, im Gegenzug erwischte ich den richtigen Zeitpunkt für mein Leben als Regisseur. Interessanterweise haben viele Freunde aus meiner Generation in dieser Hinsicht ähnlich den Absprung verpasst, keine Familie, keine Kinder. Genau nach der Wende wäre dafür eigentlich der normale Zeitpunkt gewesen. Aber da hatten wir andere Sorgen und waren völlig verunsichert. Doch ich will mich keineswegs beklagen. Auf der einen Seite der Preis, den etwas kostet, auf der anderen Seite der Lohn, den man dafür erhält. »Man kann ebend nicht alles haben.« Übrigens, das will ich noch erzählen: Ich kehrte genau an dem Tag aus Patagonien zurück, an dem der Deutsche Filmpreis verliehen wurde. Morgens landete ich, abends ging ich zur Veranstaltung im Friedrichstadtpalast.

Nominiert war »Halt auf freier Strecke«. Wussten Sie denn schon, wer den Filmpreis bekommt?

Nein, das weiß wirklich niemand vorher. Die Wahlscheine der Akademie-Mitglieder gehen zum Notar, der gibt versiegelte Briefe heraus mit den Namen der Sieger, und diese Briefe werden erst auf der Bühne geöffnet. Ich jedenfalls befand mich an jenem Gala-Abend völlig neben der Spur. Außer Jetlag nichts an Nervosität oder gar Aufregung. Ich stand als völlig gelöster Außerirdischer auf dem Roten Teppich. Ich sah alles um mich herum und sah es auch nicht, die Berge Patagoniens drängten sich in jedes Bild dieser deutschen Filmbetriebswelt, die ich wahrnahm, aber nicht wirklich für die Realität hielt. Das war wunderschön. Irgendwann fing mich der Abend dann natürlich doch ein.

»Halt auf freier Strecke« als ein Höhepunkt Ihrer Laufbahn – jetzt mal gut zwanzig Jahre zurückgedacht: Sie hatten das Diplom in der Hand, und nun ging's stracks vorwärts zum ersten Film: »Stilles Land«? Andreas im Glück.

Na ja, so märchenhaft funktionierte es nicht. Das Diplom erhielt ich im Grunde erst nach diesem Film, da war ich eigentlich gar kein Student mehr. Eine elend lange Schulzeit, wenn man jung ist und von dieser Jugend hofft, sie möge eine entscheidende Kraft vor allem dann sein, wenn man in die Praxis stürmt. Ich drehte 1990 meinen sogenannten Hauptprüfungsfilm, jenen Film also, der pflichtgemäß ins vierte Studienjahr fällt. Das war eine relativ aufwändige Produktion, fünfundvierzig Minuten Länge, ich bekam einen DEFA-Stab zur Seite, es handelte sich um den bereits erwähnten Stoff nach der Erzählung »Romeo« von Jurek Becker. Der Film hieß dann »So schnell es geht nach Istanbul« – die Geschichte eines in Westberlin lebenden Türken; er sucht sich eine Freundin im Osten, weil er so zu einer billigeren Wohnung kommt, also Geld sparen und irgendwann eher als geplant nach Hause fliegen kann. Das hatte Jurek Becker noch zu Mauer-Zeiten geschrieben, die Idee eines Kurzfilms verfolgte mich schon lange, aber selbstredend wäre er in der DDR nie zustande gekommen. Die Wende motivierte mich neu. Wir drehten den Film dann über die Zeit der Währungsunion hinweg, was zu großem finanziellem Chaos führte. Zwischendurch mussten wir die Dreharbeiten drei, vier Wochen unterbrechen, weil plötzlich alle Konten der Hochschule gesperrt waren. Mit Westgeld ging es schließlich weiter. Als der Film fertig war, fand eine Abnahmevorführung mit anschließendem Gespräch statt. Mir wurde mitgeteilt, diesen Film, weil er so gut sei, würde die Hochschule auch gleich als Diplomfilm anerkennen. Ich war baff, freute mich, klar, aber nachdem sich dieser Überraschungseffekt des großen Lobes bei mir gelegt hatte, wagte ich einen Einwand: Ich wolle mir, nur weil meine Hauptprüfung so reibungslos verlaufen sei, nicht meine Diplomfilmchance »stehlen« lassen, ich hätte doch ein Recht darauf. Sofort kam die Beschwichtigung: Der Film würde als Diplomarbeit anerkannt, aber freilich könne ich einen weiteren Film in Koproduktion mit der Schule drehen. Das ließ ich mir sogar schriftlich geben, man weiß ja nie. Und so geschah es, dass die Hochschule meinen Debütfilm »Stilles Land« koproduzierte.

Wie kamen Sie zu dem Stoff?

Wahrscheinlich wieder: ein bisschen Glück. »So schnell es geht nach Istanbul« lief bei der Berlinale 1991, im Forum des jungen Films. Ulrich Gregor hatte den Film eingeladen, ich wusste nicht, wie mir geschah. Nach der Vorführung in der Akademie der Künste, am Hanseatenweg, wollte ich den großen Saal verlassen, da sprach mich jemand an: Er sei Produzent, und er wolle anfragen, ob er mir helfen könne, meinen ersten großen Film zu produzieren. Ich fand keine Worte, aber ein gestammeltes »Ja« muss mir wohl eingefallen sein, und so ging ich knapp zwei Wochen später mit Laila Stieler, mit der ich das Drehbuch zu »So schnell es geht nach Istanbul« geschrieben hatte, zu Wolfgang Pfeiffer. So hieß der Produzent. Natürlich besaß ich bestimmte Vorstellungen von einem Westproduzenten: Großzügigkeit, ein Hauch Welt und eine mondäne Ausstrahlung. Das Domizil: Stahl und Glas und Vorzimmerdame, na ja, irgendwie bedeutend. Diese Vorstellung zerstob auf der Hinterhoftreppe eines Kreuzberger Hauses. Stahl und Glas? Zweiter Hinterhof. Marode Atmosphäre. In einem mittelgroßen Büro saß ganz alleine Wolfgang Pfeiffer hinter seinem Schreibtisch und amüsierte sich mit Computerspielen. Wir saßen Pfeiffer gegenüber, und er fragte, was wir denn so vorhätten. Das klang ein wenig, als erwartete er, wir würden jetzt mehrere Drehbücher aus der Tasche ziehen. War aber nicht der Fall, wir kamen schließlich aus der Planwirtschaft, es gab bei der DEFA Dramaturgengruppen, die einem zu gegebener Zeit, wenn man denn noch nicht die Nerven und alle Kraft verloren hatte, einen Stoff vorschlagen würden. Uns blieb im Gespräch mit Pfeiffer nichts übrig, als laut nachzudenken, und ich habe dann gesagt, na ja, der erste Film sollte vielleicht nicht allzu weit von unserem eigenen Erfahrungshorizont angesiedelt sein. Uns steckten die Wendewirren in den Knochen, das war unser unmittelbares Lebensfeld, und es kursierten inzwischen tragische bis skurrile Geschichten über die offen fiese oder listig hochstaplerische Art, in der Ostdeutsche westdeutschen Glücksrittern zum Opfer fielen. Am Theater in Neustrelitz waren sie auf einen New Yorker Hinterhof-Felix-Krull hereingefallen, der da gleich mal als Intendant engagiert wurde, natürlich keine Ahnung hatte und den man nur durch eine Unsumme Abfindung wieder loswurde; in Theaterkreisen sprach man lästernd von New Strelitz. Solche Stories geschahen auch anderswo, bedauerlicherweise leiden die Leute am meisten unter Katastrophen, die sie aus übertriebener Erwartung selber auslösen. So jedenfalls entstand unser Gedanke, ein Provinztheater als Modellfall für die Irrungen und Wirrungen der Wende zu nehmen. Pfeiffer gefiel das, vor allem gefiel ihm wohl, mit ostdeutschen Absolventen zu arbeiten. Wir hatten Glück: richtige Zeit, richtiger Ort und am richtigen Ort der richtige Partner. Dieses beinahe noch selbstlose Interesse von Westproduzenten am Filmnachwuchs aus dem Osten würde es gewiss nicht auf unabsehbare Zeit geben. Leider erstreckte sich dieses Interesse nicht in gleichem Maße auf die älteren Regiekollegen, deren Filme kannte man »drüben« kaum, man war ihnen gegenüber unsicher, waren sie vielleicht sogar irgendwie ideologisch kontaminiert? Bedauerlicherweise äußert sich Unsicherheit oft so, dass man sie mit Arroganz verwechseln kann. Nun, jedenfalls sind Laila und ich zur Recherche aufgebrochen, binnen eines Vierteljahres entstand die erste Drehbuchfassung – ich besaß nicht mal einen Computer damals. Wolfgang Pfeiffer besorgte in Windeseile die Finanzierung, im Oktober 1991 begannen schon die Dreharbeiten. Unglaublich eigentlich, aus heutiger Sicht.

Sie waren offiziell noch immer Student.

Ja, obwohl ich in Wirklichkeit schon als Regisseur arbeitete. Meine eigentliche Diplomprüfung, inklusive theoretischer Arbeit, absolvierte ich dann, als »Stilles Land« längst auf dem Markt war. Das Datum meiner Diplomprüfung fiel somit ins Jahr 1993.

Und deren Thema?

Ich schrieb einfach nur über meine praktischen Erfahrungen bei »Stilles Land«. Im Prinzip ein Werkstattbericht. Ich habe in unserem Gespräch schon mal daraus zitiert, als es um die Schwierigkeit ging, in den Westen hineinzuwachsen. Erstaunlich, dass dies überhaupt als theoretische Arbeit anerkannt wurde. Denn ich bin kein Theoretiker und habe auf derartige Analyse überhaupt keinen Bock.

Es ist doch sehr beziehungsreich, dass Sie wegen einer Fotoserie über das »Warten« einst durch die Eignungsprüfung an der Filmhochschule fielen – aber Ihr Debütfilm dann, der als Diplomfilm galt, just Becketts »Warten auf Godot« zum Thema hat. Es ist das Stück, das ein junger Regisseur an einem Provinztheater inszeniert – in jener DDR-Zeit zwischen Agonie und Aufbruch.

Estragon und Wladimir warten auf Godot. Den Retter. Den Erlöser. Der nie kommen wird. Wir alle kennen das. Von der Kindheit, von der Utopie, von der Liebe.

Vom Leben, das droht: Na, warte du nur! Am Ende Goethe, sanft: Warte nur, balde …

Das Stück passte, wie wir fanden, genau in die Situation der End-DDR. Hoffen und Harren im Widerstreit. Es war gerade uraufgeführt worden im Osten, erst in Dresden, dann in Berlin an der Volksbühne. Ich habe mir damals aus der Zeitung die Bemerkung eines Müllfahrers aus Marzahn ausgeschnitten: »Eigentlich hat sich nüscht jeändert – außer dit Jesellschaftssystem«. Man ist auf der Erde, dagegen ist kein Kraut gewachsen. Man bleibt.

Man bleibt auf der Stelle.

Man lebt. »Gehen wir!«, heißt es bei Beckett. Aber keiner geht. Das ist groß. Und der Regisseur im Film bleibt in der Provinz, die im Übrigen auch New York heißen könnte. Wladimir und Estragon sind geheime Empörer, sie sind das Trotzdem inmitten der Trauer: im Sande versinken, aber auf stoischem Grund bleiben.

In der »Frankfurter Allgemeinen Zeitung« schrieb Andreas Kilb: »Das Städtchen Anklam an der Peene musste für die Dreharbeiten im Winter 1991/92 wieder auf DDR getrimmt werden, was nicht schwerfiel, da die abbruchreifen Fabriken ohnehin keine neuen Besitzer, die Plattenbauten noch keinen frischen Anstrich bekommen hatten. So genau wie Dresen hat sonst niemand die Rückseite der Wende-Euphorie im Spätherbst 1989 abgebildet, die Bitterkeit und resignierte Routine derjenigen, die mit dem Systemwechsel keine großen Hoffnungen mehr verbinden konnten. Dass die Geschichte nicht so lustig geworden ist, wie Dresen es gern gehabt hätte, könnte auch daran liegen, dass sie es in Wirklichkeit nicht war – nicht in Anklam und auch nicht in den anderen Hinterhöfen des Honecker-Staats, in die sich damals kein Fernsehteam verirrte.« Dieser junge Regisseur Kai im Film ist ein Naiv-Verrückter, mit einer Vision von Theater und in seinem Ehrgeiz auch ein wenig unangenehm, nervend, weltfremd, einer der sich inmitten einer üblen Schläger-und-Suff-Stampe einen Tee bestellt.

Ja, und das alles musste dem Schauspieler auch anzusehen sein. Thorsten Merten war beim Casting der Letzte, der sich uns vorstellte, und schon, als er den Raum betrat, war dieses merkwürdige Leuchten in seinen Augen, das ihm eine besondere Aura verleiht. Dann auch diese

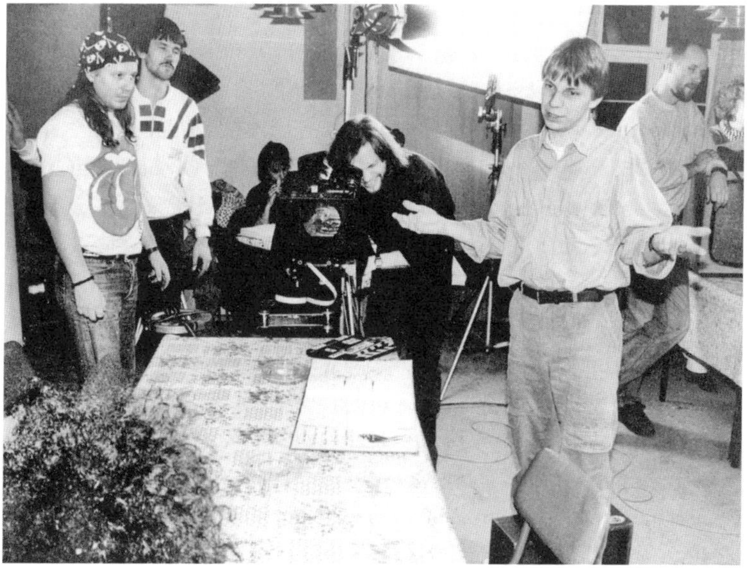

Bei den Dreharbeiten zu »Stilles Land«

linkische Art, wie er sich im Studio bewegte, zwischen Schüchternheit und einem gauklerischen Wahnsinn – all dies überzeugte mich und den Kameramann. Thorsten hatte gerade sein Studium in Berlin beendet, er war am Tag dieser Probeaufnahmen total erkältet – die Augen leuchteten vor allem deshalb so faszinierend knallblau, weil er Fieber hatte. Es war ein fast irrer, unwirklicher Blick, der visionär und verzweifelt zugleich wirkte. Das Fieber brachte ihm in gewisser Weise Glück. Und uns damit auch. Was lehrt uns das? Man kann von einer Ursache nicht automatisch auf die Art der Wirkung schließen.

Die Psychologie des Regisseurs Andreas Dresen beim ersten, wirklich großen Spielfilm – wie ist sie zu beschreiben?

Ich habe es versucht, in meiner Diplomarbeit. Darf ich noch mal daraus zitieren?

Bitte! Schon deshalb, weil es nicht alltäglich ist, dass in einer Diplomarbeit (Pflicht zur sogenannten Wissenschaftlichkeit!) das Wort »Ich« vorkommt, und: ein Seelenzustand offenbar wird.

»Je näher der Drehbeginn rückte, desto größer wurde meine Nervosität. Das hatte direkt physische Konsequenzen, ich konnte nicht mehr richtig schlafen und den Appetit hatte es mir ohnehin bereits verschlagen. Ich hatte ganz einfach Angst, vor dem großen Stab, den vielen Schauspielern, den riesigen Kosten, Angst vor der eigenen Courage, Unerfahrenheit, Unwissenheit. Der Berg, der sich da vor mir auftürmte, schien von Tag zu Tag riesiger zu werden, gefährlicher, die Abgründe, in die man stürzen konnte, waren so zahlreich und tief … Wahrscheinlich ist dieses Gefühl der Ohnmacht und Hilflosigkeit beim ersten Film besonders schlimm, zumindest fehlt die Routine, damit umzugehen. Andere Regisseure haben mir hingegen versichert, es würde von Mal zu Mal schlimmer. Schöne Aussichten. Auf jeden Fall verleitet diese Angst dazu, frühzeitig auf Nummer sicher zu gehen, Varianten für Situationen zu entwickeln, mit denen gar nichts schief gehen *kann*. Man greift nach allen möglichen Sicherungsleinen und Netzen, um die Balance auf dem Hochseil auch unbeschadet zu überstehen. Aber gerade das behindert gewaltig das intuitive Arbeiten, Spontaneität und Lust – gerade die wichtigsten Dinge bei schöpferischen Prozessen. Kunst braucht das Risiko, braucht das Kribbeln im Bauch und den Mut zum Ungewöhnlichen. Sie ist eben nichts für Beamte und Leute, die alles schon zu wissen glauben. Es gehört wohl eine Menge Erfahrung dazu, sich die Freiheit zu wirklich ungewöhnlichen Entscheidungen herauszunehmen. Ich weiß, dass genau hier auch einer der wesentlichen Schwachpunkte bei ›Stilles Land‹ liegt.«

Schwachpunkte hin oder her: Der erste große Film war fertig, und Sie waren glücklich, oder?

Natürlich! Aber der Kühlschrank wurde leerer und leerer, und neuer Broterwerb stand nicht in Aussicht. Niemand kam und lud mich zu neuer Arbeit ein. Die ersten nebulösen Briefe vom Finanzamt trafen ein, das waren die einzigen, die sich fortan ständig »kümmern« würden. Aha,

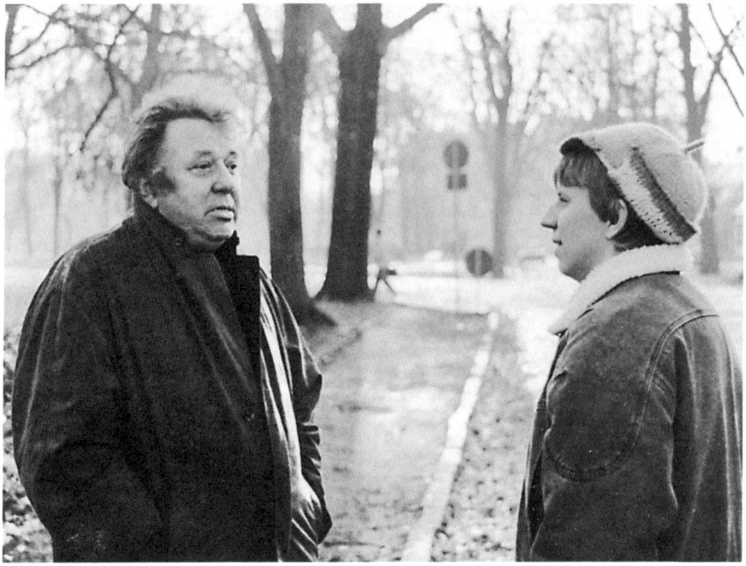

Mit Kurt Böwe, »Stilles Land«

dämmerte es mir: Ich bin im Westen. So lernte man, sich eine Strategie aufzubauen, einen Plan der Projekte, man sorgte sich um das, was mit dem hässlichen Wort »Absicherung« umschrieben ist. Ich lebe zwar auch heute noch in gewisser Weise von der Hand in den Mund, aber ich kann inzwischen sehr selbstverständlich mit den Risiken umgehen.

Sie haben seit »Stilles Land« Komödienerfahrung. Es ist eine alte Weisheit: Wenn man eine Komödie dreht und am Drehort zu viel gelacht wird, nämlich über die Komik, die man produziert, dann haut der Film selber oft überhaupt nicht hin. Bestätigen Sie das?

Unbedingt! Bei »Stilles Land« hatte ich für die spezifische Art, wie Komik herzustellen sei, noch überhaupt keine Praxis. Ich wollte die komischen Szenen auch »komisch« inszenieren. Wir haben viel gelacht am Drehort. Das ist mir später dann aber vergangen. Komik wurzelt in einer großen Ernsthaftigkeit und in wirklichen existenziellen Bedrängungen der Figuren. Wir wollten mit Slapstick-Szenen zeigen: Wie im gesamten Ablauf der revolutionären Ereignisse damals erweist sich der Mensch auch im ganz Konkreten des Alltags keinesfalls als jener »Herr der Dinge«, als der er sich selber gern sieht. Er scheitert ganz natürlich immer wieder an seinem selbst gestellten Anspruch. Dieser Aufstand der Dinge gegen den Menschen – er musste schließlich im Schneideraum, aufgrund der völlig unzureichenden Umsetzung, geopfert werden. Uns hatte nämlich der nötige Lakonismus gefehlt, wir hatten versucht, dies durch Äußerlichkeiten und irgendwelche spielerischen Effekte zu kaschieren. Am Schneidetisch trat das Debakel offen zutage. Eine quasi einfache und ganz unaufwändig ernsthafte Spielweise wäre richtig gewesen.

War das Jahre später bei »Whisky mit Wodka« auch ein bisschen so?

Da haben wir kaum gelacht am Set, und ich war heilfroh darüber. Bei »Halt auf freier Strecke« dagegen haben wir gegen Ende des Films relativ viel gelacht, obwohl doch alles so dramatisch und ernst war. Man macht also häufig Gegenbewegungen. Komödie ist sehr, sehr schwierig, weil sie viel mit einem Timing zu tun hat, das auf die Sekunde genau stimmen muss. Der Tragöde kann sich Zeit lassen, der Komiker jedoch arbeitet auf die blitzzeitige Pointe zu, die kein Verwackeln, kein Verzögern, keine einzige Beeinträchtigung verträgt, sonst verpufft sie. Daher kommt der böse Ruf, den sich die Komiker zuzogen. Sie sind bei Proben mitunter penibel, grausam korrekt, misstrauisch, diktatorisch. Die Engländer sind beim Slapstick unschlagbar. Deutsche Schauspieler, wie vielleicht deutsche Künstler überhaupt, neigen dagegen eher zur Kopflastigkeit. Die Vorgänge werden »zerdacht«. Grund genug, es immer wieder zu studieren und zu üben. Denken Sie an Loriots Sketch von dem armen beflissenen Mann, der versucht, ein Bild an der Wand geradezurücken – und der das totale Chaos anrichtet. Da möchte ein Mensch die Welt ins Lot bringen und verwüstet sie. Und man lacht über diesen schreienden Widerspruch zwischen Absicht und Ergebnis. Bei Loriot wird das nun noch gekoppelt mit dem Prototyp des ordnungsliebenden deutschen Kleinbürgers. So eine Szene zu drehen, das ist die Hölle – und beim Slapstick kann man als Regisseur einem Schauspieler leider kaum helfen. Slapstick spielen zu können, ist eine Sonderbegabung. Ich kann als Regisseur zwar dafür sorgen, dass der Tisch im Rücken des Schauspielers so günstig steht, dass er ihn umstoßen kann, aber wie der Spieler mit seiner Körperlichkeit den Witz herstellt, ohne dass man die Technik durchschaut – das muss er allein bewerkstelligen. Michael Gwisdek kann das sehr gut. Henry Hübchen auch.

Hohe Volksbühnenschule unter Frank Castorf.

Und natürlich: Chaplin, der lange Takes am Stück gedreht hat! Es gibt eine Szene, da kommt er betrunken nach Hause und versucht, sein Wandbett herunterzuklappen. Unglaublich, und alles in einer einzigen Halbtotale gedreht. Man kann Slapstick als Regisseur kaum auflösen; drin herumzuschneiden, das zerstört die Wirkung. Die Kamera kann nur draufhalten, und der Schauspieler ist mit seinem Talent weltraumtief allein.

Bei »Stilles Land« musste ich sehr oft an Alexander Mittas Film »Leuchte mein Stern leuchte« aus den siebziger Jahren denken.

Ich liebe diese Geschichte des Schauspielers Iskremas, der den Leuten im russischen Bürgerkrieg von 1920 mit seinem kleinen Planwagen die Kunst der Revolution nahebringen möchte. Das Dorf wird mal von den Weißen, mal von den Roten, mal von den Grünen besetzt – er versucht, in all den Wirren der Zeit die Fahne seiner Kunst hochzuhalten, am Ende wird er sterben. Eine zu Herzen gehende Tragödie und Komödie von den Kräften und der Ohnmacht der Naivität. Und der Kunst! Eine Ohnmacht, die doch gleichzeitig die Unsterblichkeit des Naiven nicht mindern kann. Iskremas, ein Kürzel aus »Iskustvo revoljucii massam«: die Kunst der Revolution den Massen. In »Stilles Land« gibt es ein Musikmotiv, das diesen sowjetischen Film direkt zitiert. Und meine kleine Filmproduktionsfirma heißt nicht ohne Grund »Iskremas«. Die Kunst der Revolution dem Volke!

Das große, das mächtige, das mythische, das maßlose Ziel.

Manchmal drängt sich mir freilich der Gedanke auf, dass dieser Held Iskremas am Ende leider, viel zu früh sterben muss …

Wischen wir's weg! Der junge Regisseur in »Stilles Land« hat tatsächlich was von Iskremas. Diese Leidenschaft, die Welt ausgerechnet in der Provinz aus den Angeln heben zu wollen. Strahlend betritt er diese DDR-Provinz.

Ja, dieses: Jetzt geht's los!!

Und zum Schluss steht er unschlüssig auf der Landstraße, die hinausführt aus der Enge.

Die Straße hat zwei Richtungen. Eine führt wieder zurück. Die wird er gehen. Er wird zurückgehen. Es ist der mühevollere Weg. Dieser Rückweg ist ein weiteres Stück Abschied vom Ideal – aber ein Weg ins Leben. Die Höhenflüge sind erst mal durch.

Keiner kommt aus dem Kaff raus, das sich Leben nennt.

Das zu erkennen, ist der Beginn höchster Freiheit. Wenig Raum, aber doch genügend Spiel-Raum, wenn man nur Fantasie einsetzt. Leben als das, was man sich erfindet. Die Fische, die man gefangen hat, werden von Erzählung zu Erzählung größer.

Da denke ich wieder an den grandiosen Kurt Böwe, in »Stilles Land« jener Intendant, der tolldreiste, bauernschlaue, tapsige, windige Schwejk des Durchwurstelns.

Wir haben das Intendantenzimmer des Theaters Anklam original in Babelsberg nachgebaut. An der Wand dieser grandiose Spruch: »Und find ich auch nicht alles, wie es soll – ich freue mich, wenn es erträglich ist.« Der hing noch Jahre im Anklamer Intendantenzimmer. Das Ensemble will im Film mit dem ramponierten Abstecher-Bus zur geöffneten Mauer nach Berlin, der Motor streikt, und dann kommt dieser deprimierende Satz einer der mitfahrenden Schauspielerinnen: »Mann, jetzt könnten wir schon in Pasewalk sein.« Man möchte so gern vorwärts leben, auf

Erwartungen, auf Hoffnungen, auf Ziele zu – und dann die Störungen, die Zwischenfälle, die stotternden Motoren der Existenz: Mann, dabei könnten wir doch schon in Pasewalk sein. Pasewalk, ein Wort wie Indien oder Amerika. Oder Patagonien. Aber am Ende doch nur immer wieder: Pasewalk. Tiefster Osten.

Sie haben in einer Akademie-Rede 2002 über das Ende der DDR gesagt: »Der Osten lief – natürlich unter dem Druck wirtschaftlicher Zwänge – einfach über auf die andere Seite der Barrikade. Eine große Chance zur Reform des Staatswesens wurde vertan. Aber gerade die durchaus kritischen Intellektuellen aus dem Osten hatten dafür leider auch keine Vorschläge parat. Wir hatten geträumt und über dem Träumen vergessen, konkrete und handhabbare Konzepte zu entwickeln. Dann kamen die verständlichen Forderungen nach einem besseren Leben von der Straße, und wir hatten ihnen nichts entgegenzusetzen. Und so ging die konkrete Geschichte hinweg über die weltfremden Träumer.«

Ja. Alles veränderte sich, von der Kontoführung bis zur Krankenversicherung. Das absorbierte unsere Kreativität, auch unseren kritischen Verstand. Und das Volk war dann letztendlich klüger – und schneller.

Die Schriftstellerin Irina Liebmann schrieb, der Kontostand sei im Westen zum »Kilometerzähler des Lebens« geworden.

Vorher, in der DDR, war dieses Leben beschaulich vor sich hingeplätschert, der Fluss zog gemächlich seine Bahn, er drohte manchmal gar zu versumpfen, weil die Strömungsgeschwindigkeit immer lähmender wurde. Die Wahrheit hatte Platz nur zwischen den Zeilen. Ulrich Plenzdorf sagte mal: Das häufige Auftauchen von Reis-Rezepten im ND galt als Mitteilung an die Bevölkerung, es könne zu Schwierigkeiten in der Kartoffelversorgung kommen. Und die Menschen haben es sogar verstanden!

Plätschern, versumpfen, dann die Lähmung, ja – manchmal freilich fühlte man sich, im Theater oder im Kino, als Zeuge oder gar Teilnehmer einer kleinen politischen Verschwörung wider die Ignoranz der Mächtigen.

Jede Theaterkarte war ein Reisepass in die einzige Gegenwelt. Theater letztlich als offenste Form der geschlossenen Gesellschaft. Ähnlich verhielt es sich mit den besseren der DEFA-Filme und natürlich auch mit der Literatur. Christoph Schroth inszenierte 1989 in Schwerin einen Volksliederabend, da erklang die alte Weise: »Wo mag denn nur der Christian sein – in Frankfurt oder Bremen?« Das reichte schon für den sarkastisch gestimmten Lacherfolg.

Damals lebte gerade das Theater davon, dass das Sagen der Wahrheit immer ein wenig abenteuerlich war.

Heute scheint das Theater manchmal ein bisschen daran zu sterben, dass die Wahrheiten einander aufheben.

Ihr Film heißt »Stilles Land«, nicht »Totes Land«. Da war, für eine Weile jedenfalls, Hoffnung.

In der Film-Geschichte, ja – im Leben sah es zur Zeit der Dreharbeiten schon anders aus. Die Aufbruchs-Euphorie hatte nur kurz gedauert, auch ich selber verlor ein wenig das Interesse am Politikgeschehen, als plötzlich die Probleme, das Tägliche zu bewältigen, größer und größer wurden. Der große Herbst-Aufbruch verlor an Kraft, ich war sogar ziemlich deprimiert darüber, wie rasch man die Dinge sortiert, sich einrichtet und also pragmatisch wird. In welchem Tempo doch alles klein und ordentlich und fügsam wird, was man sich eben noch groß und ungestüm herbeiträumte. Ich konnte Leute nie leiden, die bei allem Außergewöhnlichen sofort abwinken und betonen, es habe keinen Sinn. Nun allerdings fragte ich mich mitunter, ob ich selber auch zu diesen Typen gehörte. Du bist eben niemals nur du selber, du gerätst in Sogbildungen, du wirst empor gehoben, wie du auch wieder heruntergeholt wirst. Wir haben damals erlebt, wie man vom Objekt zum Subjekt und wieder Objekt wird und wie das unmerklich ineinandergeht – und man nie richtig mit dem nachkommt, was gerade Sache ist.

Das ist die Schwerfälligkeit jener »Begreifenskraft«, von der die Schriftstellerin Monika Maron sprach.

Ich habe eigentlich erst Mitte der neunziger Jahre wieder Fuß und Mut dafür gefasst, mit neuerlich kritischen Augen auf die nunmehrige Gesellschaftsordnung zu blicken. Es dauerte, bis sich die Ängstlichkeit legte, als Vorsichtiger aus dem Osten entdeckt zu werden. Den freien, souveränen Umgang mit der eigenen, östlichen, ja: ostelbischen Sozialisierung und Herzensbildung musste man in einer Welt, die nur mit schroffem Wechsel und kalten Überstülpungen befasst war, erst lernen … Und weil Sie sagen, der Film heiße »Stilles Land«, nicht etwa »Totes Land« – der Titel ist meinem Vater zu verdanken. Wir selber hatten mehrere Arbeitsfassungen mit »Provinztheater« überschrieben. Das mit meinem Vater hat eine Vorgeschichte. Damals kämpfte Adolf privat mit einer schweren Trennung, es war das einzige Mal, dass er längere Zeit bei mir wohnte. Ich hatte nach den vielen Jahren im studentischen Wohnheimmilieu und in der Kaserne endlich eine kleine Wohnung. Es reichte mir mit Internaten. Um mich herum sah ich lauter Freunde und Bekannte, die in den Wirren der Zeit, im Hin und Her der sozialen Bewegungen, der Abwanderungen kurzerhand leer gewordene Wohnungen besetzten. Nun bin ich eher brav und gehe lieber die Pfade der Gesetzesregelungen, aber selbst ich fühlte mich ermutigt, zum Quartierpiraten zu werden und mir irgendeine Behausung zu kapern. Mit einem Kumpel von der Schauspielabteilung der Hochschule zog ich durch Babelsberg, wir fanden ein Haus, einen Altbau, der zur Hälfte leer war. Weggezogen die Leute. Daneben ragte ein halber Neubau hoch, der große Kran wirkte, als wolle er das kleinere Haus demnächst umschubsen – uns störte das nicht. Vielleicht hatten die Vormieter aus Sicherheitsgründen raus gemusst. Wir brachen zwei Wohnungen auf, installierten neue Schlösser und zogen ein. Ofenheizung, aber immerhin. Ein Innenklo war für mich schon eine Kostbarkeit. Natürlich versuchte ich, diese Wohnungsbesetzung zu legalisieren; wie es sich gehörte, stellte ich also einen Antrag. Keine Chance, wurde mir bescheinigt. Ende August 1990 hatte ich einen letzten Termin beim Wohnungsamt, und am gleichen Tag, da ich dort vorsprechen sollte, hatte früh in meinem Briefkasten schon die endgültige Ablehnung gelegen. Ich hätte also gar nicht mehr loszugehen brauchen. Trotzdem trabte ich aufs Amt. Ich saß einer dicken Frau gegenüber, die einen ziemlich müden Eindruck machte, was mich zusätzlich niederdrückte; irgendwann in dieser Routineabsprache sagte sie. »Wissen Sie was, das ist heute hier mein letzter Arbeitstag, ich habe eh die Schnauze voll von allem, mir ist so ziemlich alles egal – ich gebe Ihnen die Wohnung.« Nicht Hand drauf, sondern weit wichtiger: Stempel drauf – und am Tag der Ablehnung meines Wohnungsantrages nahm ich auch die Zuweisung entgegen. Beide Schreiben habe ich mir aufgehoben. Diese Frau, die unmittelbar vor ihrer Arbeitslosigkeit stand, leitete ihren Frust in einen letzten Akt der Warmherzigkeit um. Solche Geschichten gibt es. So, und in dieser Wohnung nun – Ende der Vorrede – schlug im Sommer 1991, im schwersten Liebeskummer, plötzlich Adolf auf. Total angeknackst, auch gesundheitlich. Wir beide hatten noch nie zusammengewohnt. Jetzt lag er über Wochen hier, hatte mein Bett okkupiert, las den ganzen Tag oder schrieb unentwegt und aß meinen Kühlschrank leer, und das auch noch unter ständiger Beschwerde, da seien nur immer Fertigbuletten drin. Noch Jahre später lachten wir drüber. Aber ich hatte damals überhaupt keine Zeit, auch noch als fürsorglicher Einkäufer zu fungieren, ich bereitete meinen ersten Kinofilm vor. Er hatte das Drehbuch gelesen, und ich sagte ihm auch, ich sei mit dem Titel unzufrieden; »Provinztheater« klinge so despektierlich, den Theaterleuten gegenüber und vor allem in Bezug auf die friedliche Revolution in der DDR. Sie war kein Provinztheater.

So wenig, wie es gerecht war, die neuen politischen Protagonisten damals »Laienspieler« zu nennen.

Adolf teilte meine Bedenken. Zufällig las er wieder mal Scholochows Romantetralogie »Der stille Don«, diese schöne klassische, rot eingebundene Ausgabe aus dem Verlag Kultur und Fortschritt, die in meiner Bibliothek stand und noch immer da steht – eines Tages kam ich nach Hause, und er empfing mich mit den Worten, er wisse, wie mein Film heißen wird: »Stilles Land«. Bald ging es meinem Vater besser, er dampfte ab, und ich hatte meine Fertigbuletten wieder für mich. (*Lacht.*) Es gibt von Adolf einen autobiografischen Text. Dessen Schluss: »Vor kurzem habe ich für einen Film etwas gereimt, und da es dort nicht verwendet werden konnte, soll es hier stehen, obwohl es eigentlich gesungen werden sollte.

Stilles Land

Wer sieht dich? Wer kennt dich?
Wem bist du vertraut?
Du schielende Schöne,
Du bucklige Braut.
Wem fliehst du entgegen?
Wem legst du dich hin?
Es nieselt der Regen,
die Krähen, die ziehn.

Zwischendrin

Er schreibt. Natürlich: Schließlich ist er mit dem Talent geschlagen, fantasieren zu können. Etwas wirklich gut zu können, das ist ein Urteil, das über den Betreffenden verhängt wird. Wie man einen Himmel über einen Menschen verhängt: hoch und weit und hell. Oder ein Damoklesschwert. Talent ist nämlich auch Strafe, womöglich lebenslänglich. Die Strafe besteht in jener anstrengenden Unablässigkeit, die das Fantasieren anstrebt, wenn es erst mal ein Bewusstsein besetzt hat. Halten wir uns an das Bessere, den Himmel: In einem Bewusstsein, das Texte träumt, ist fortan kein Platz für die Falschheiten von Ideologie.

Öffentliche Äußerung bedeutet für Andreas Dresen: Fragen nach innen – so ist seiner Filmkunst in Abständen immer wieder Text beigesellt. Der je nach Situation und Schmerzgrad, wie zwei Beispiele folgend belegen, sinneszitternde Wahrnehmung offenbart oder kafkaesken Witz.

hds

ANDREAS DRESEN

Zustands Beschreibung

Das Ticken des Weckers reißt Löcher in die Zeit
lautstark
mörderisch
und ich klebe an den Zeigern
die mich zwangsläufig in den Abgrund stürzen
wenn sie die Zwölf überschritten haben

Draußen
die kahlen Äste deutscher Bäume
und mein Herz klopft immer noch an die Mauern des
NIEMANDSLANDES
meiner Sehnsucht nach
Irgendwo
und Irgendwem

Leere Gegenwart beschwört Vergangenheit und Zukunft
doch die Katze
streicht immer noch leise durchs Treppenhaus
und die Tür nach draußen
hat sich nicht für sie geöffnet

Auf den Tasten des Fernsehers
spiele ich mit Händen und Füßen Klavier
Flugzeugabstürze Wirbelstürme Geiselnahmen
lassen mich ungerührt
und die Bilder werden zu bunten Flecken vor meinen Augen

Weit entfernt schreit der Säugling
meiner früheren Geliebten
die mir fremd geworden ist
wie die Freunde
die auch nur noch ihre Hilflosigkeit mit mir teilen können
Wieder laufen die Platten mit bunten Trümmern und Brahms
Das Telefon schreit Sprachlosigkeit in den Raum
und mir ist nicht mal kalt in überheizten Zimmern

Wortlos aufstehen und das NICHTS umarmen
leise in sich gehen ohne zu suchen
vergessen alle Träume
und die Hoffnung auf Liebe ganz klein geworden

Gefangen von Zivilisation und Geborgenheit
gealtertes Neubaukind aus Zeiten einfacher Antworten
bequem verfetteter Prometheus

Möchte mir den Earl Grey ins Gesicht schütten
und bin doch zu feige zu mir selbst
Bin krank vor heiler kranker Welt

Masochistische Schwermut
Zehntausend Meter unter dem Meeresspiegel
in einer Taucherglocke
kaum noch Luft zum Atmen
schreie ich nach einem der mich liebt

Menschheitsverführer zu Irrtum füllen die
Kanäle und Transparente
jeder Ausweg ein neuer Irrweg
im abgeschlossenen Labyrinth

Kassandra im Irrenhaus oder Knast
und ich will ihre Wärter nicht verstehen müssen!

Es muss alles anders werden sagte mein Freund
und ging in den Westen

Auf der Straße zu den Menschen
irgendwo unterwegs
ZERSTÖRENDER BEWAHRER
blind vorwärtsschreitend
DU
Lass mich dein Gefährte sein
Ich will dir sagen wer du bist!
Von weither ruft jemand meinen Namen
den ich nicht mehr hören will
Alles vergänglich
sagt ein Mann mit ruhiger Stimme
und merkt nicht
wie ich mich in Luft auflöse
langsam zu Löchern werde
eintauche in die Atmosphäre WELT
mich verwandelnd zu dem der ich sein will
Unerreichbar Gegenwärtiger
die MITTE besitzend und weitergebend
grenzenlos unbescheiden
liebender Geliebter.

(Der Text ist die Reaktion auf die im vierten Gespräch dieses Buches erwähnte Hausaufgabe »Wer bin ich, wer will ich sein«, in Auftrag gegeben von Prof. Helmut Hanke an der Filmhochschule Babelsberg, Februar 1989.)

ANDREAS DRESEN

Back in the USSR

(Von Tokio nach Tbilissi, über Moskau)

Ich reise von einer Filmvorführung in Tokio zu einem kleinen Festival deutscher Filme in die georgische Hauptstadt Tbilissi. Der Flug mit der russischen Gesellschaft Aeroflot geht über Moskau. Dort habe ich eine Nacht Aufenthalt.

Nach der Ankunft am Flughafen Moskau Scheremetjewo 2 stelle ich mich in eine Schlange für die Transit-Passagiere. Es gibt vier Schalter für die Abfertigung, von denen einer besetzt ist. Dort sitzt eine Frau. Sie hat schlechte Laune und sieht auf die Menschen in der langen Schlange. Das bedeutet viel Arbeit. Die Menschen in der Schlange kommen aus Tokio, einer Stadt, die diese Frau vermutlich niemals sehen wird. Die Frau arbeitet langsam, es geht nur mühsam vorwärts. Manchmal scheint sie auf etwas zu warten oder spricht mit lauter Stimme in eine Wechselsprechanlage unter ihrem Schalter, wobei sie nach oben in die Luft guckt. Einmal kommt eine Frau in Uniform dazu, die einen sehr kurzen Rock trägt und stark geschminkt ist. Die Frau in Uniform stützt ihren Kopf mit dem Ellenbogen auf den Schalter und schaut auf die Schlange. So steht sie eine Weile. Dann geht sie wieder.

Immer wieder werden Passagiere nach vorne gerufen, deren Anschlussflug bald geht und die es eiliger haben als ich. Mein Anschlussflug geht erst am nächsten Morgen um 10. Und jetzt ist es 17.30 Uhr.

Die Japaner vor und hinter mir blicken still und staunend auf die Frau hinter dem Schalter.

In Tokio gibt es einen Bahnhof, wo täglich über 2,5 Millionen Menschen umsteigen. Dort kreuzen sich die Wege der Bevölkerung einer größeren deutschen Stadt. Jeden Tag.

In meiner Schlange am Schalter von Moskau Scheremetjewo 2 stehen vielleicht 30 Menschen.

Nach ungefähr einer Stunde bin ich dran. Die Frau sieht durch mich durch. Ihr Tonfall ist militärisch. Ihre Gesten sind energisch, die Gedanken irgendwo an einem anderen Ort.

Ich bekomme einen Schein für das Hotel, das ich vorher gebucht habe. Da ich kein Visum für Russland besitze, schlafe ich direkt am Flughafen, im Niemandsland. Ich soll zu Gate 21, von dort geht es dann zum Hotel. Morgen früh habe ich mich drei Stunden vor Abflug wieder hier auf dem Flughafen einzufinden, sagt die Frau. Drei Stunden? Ich glaube, mich verhört zu haben. Aber die Frau erklärt, dass mein Flugzeug nach Tbilissi ja von Scheremetjewo 1, dem Terminal auf der anderen Seite der Rollbahn gehe. Und da müsse ich ja schließlich erst hin. Und das braucht Zeit. Sagt die Frau. Auf Englisch mit russischem Akzent.

Ich beschließe, die Dinge auf mich zukommen zu lassen und erst mal ins Hotel zu gehen.

Aber vorher wird mein Pass kontrolliert. Dazu muss ich mich an einer weiteren Schlange anstellen. In einer Holzkabine sitzt hinter einem Glasfenster die Frau in Uniform von vorhin. Den kurzen Rock kann man jetzt leider nicht mehr sehen. Sie arbeitet stoisch. Als ich nach einer Zeit des Wartens an der Reihe bin, nimmt sie meinen Pass, die Tickets nebst Schein für das Hotel und blättert eine Weile darin herum. Dann gibt sie mir alles zurück und lässt mich passieren.

Jetzt bin ich im Transitbereich. Die üblichen Duty Free Shops. Die üblichen Parfüme und Whisky-Flaschen, aber ich suche Gate 21. Ich bin müde. Ich habe über 10 Stunden Flug hinter mir und möchte gerne ins Hotel.

Als ich Gate 21 betreten will, werde ich von einem Uniformierten brüsk abgewiesen. Er verweist mich auf ein Schild, unter dem die Passagiere zum Hotel sich sammeln sollen. Dort sitzen schon ein paar Leute und warten. Ich suche nach einem Anhaltspunkt, wie und wann es zum Hotel gehen könnte, aber es gibt keinen Hinweis. Die anderen Reisenden wissen auch nichts. Also setze ich mich und warte.

Es dauert vielleicht zehn Minuten, dann kommt eine energische junge Frau mit einem Funkgerät in der Hand aus einer Metalltür. Ohne uns anzuschauen, ruft sie »Transit Hotel« und geht voran Richtung Gate 21. Wir folgen ihr und stellen uns in einer Schlange an. Die Schlange führt zu einer Holzkabine mit einem Glasfenster. Hinter dem Glasfenster sitzt der Uniformierte, der mich vorhin zurückgewiesen hatte. Er kontrolliert unsere Pässe. Er nimmt die Tickets und den Schein für das Hotel. Er blättert darin herum. Dann blickt er mich streng und lange an. Er blättert wieder in den Dokumenten, schaut mich erneut an. Ich fühle mich irgendwie schuldig. Dann gibt er mir alles zurück. Ich darf passieren und stehe nun in einem anderen Warteraum. Es gibt keine Stühle und die Frau mit dem Funkgerät ist auch verschwunden. Außer mir wollen noch fünf andere Reisende ins Hotel. Wir schauen uns an und sind ratlos. Dann entschließen wir uns zu warten. Allerdings gibt es dazu auch gar keine Alternative. Wir stehen in dem Raum und schauen durch ein Glasfenster auf den Flughafen, die Flugzeuge, den bedeckten Himmel über Moskau. Zeit vergeht.

Dann kommt die Frau mit dem Funkgerät zurück. Sie geht zu einem Schalter und spricht mit energischer Stimme auf Russisch in eine Wechselsprechanlage. Sie ist gereizt. So als würde irgendetwas nicht klappen. Niemand scheint ihr zu antworten. Sie versucht es noch einmal. Dann schnarrt eine Männerstimme aus der Wechselsprechanlage. Die Frau kommt hinter dem Schalter hervor und läuft nun mit energischen Schritten an uns vorbei. Dabei ruft sie »Follow me!« Wir gehen hinterher wie eine Kindergartengruppe hinter der strengen Erzieherin. Es geht eine Treppe hinunter, schließlich bleiben wir an einer großen, verschlossenen Metalltür stehen und warten. Die Frau mit dem Funkgerät steht vorne an der Tür und schaut mit leerem Gesicht auf den Boden. Zeit vergeht. Unter meinen Mitreisenden sind immer noch zwei Japaner. Eine junge Frau und ein älterer Herr, der einen Mundschutz trägt. Sie wechseln ein paar Worte auf Japanisch. Sie wirken erstaunt, aber nicht ungeduldig.

Japaner sind sehr höfliche und freundliche Menschen, die sich immer leicht verbeugen, wenn sie sich begrüßen oder bedanken. Die tiefste Verbeugung ist im Winkel von 45 Grad, dann gibt es noch zwei weniger tiefe, je nach der zu erweisenden Ehrerbietung. In Japan ist immer alles perfekt organisiert. Wie in Deutschland. Nur besser.

Jetzt öffnet sich die große Metalltür. Dahinter steht ein Kleinbus. Ehe wir ihn besteigen dürfen, kontrolliert die Frau mit dem Funkgerät unsere Pässe, das Ticket und den Schein für das Hotel.

In dem Kleinbus sind die Sitze mit durchsichtiger Plastikfolie überzogen. Der Fahrer hat das Radio an. Russische Schlager. Als alle kontrolliert sind und den Bus bestiegen haben, steigt auch die Frau mit dem Funkgerät ein. Sie setzt sich wortlos auf den Beifahrersitz und knallt die Tür hinter sich zu. Dann geht es los.

Der Kleinbus fährt ein Stück zwischen den Flugzeugen herum, dann in Richtung eines großen Metalltores, wo ein paar Beamte neben einer Schranke stehen. Wir stoppen. Ein Beamter kommt zu unserem Bus und schaut uns durch die Fenster an. Ich zücke meinen Pass – aber dann öffnet sich plötzlich die Schranke und wir fahren hinaus.

Es gibt zwei Hotels in Scheremetjewo 2. Ein älterer Betonbau stammt aus den 60er Jahren, hat kleine Fenster und sieht ein bisschen wie eine Kaserne aus. Das andere Hotel ist ein moderner Glaskasten und wirkt sehr westlich. Ich wohne wie die Japaner in dem neuen Hotel und bin darüber irgendwie erleichtert. Die Hotels liegen direkt neben dem Flughafengebäude, der Bus benötigt höchstens zwei Minuten und schon stoppt er vor dem Eingang des neuen Hotels. Jetzt freue ich mich wirklich auf das Zimmer. Seit unserer Ankunft mit dem Flugzeug sind bereits über zwei Stunden vergangen.

Die Frau mit dem Funkgerät steigt aus dem Bus, knallt die Tür hinter sich zu und geht ins Hotel. Plötzlich fährt der Bus wieder los. Mit uns. Damit hatte ich nun doch nicht gerechnet. Die Japaner und ich sehen uns erstaunt an. Der Bus zieht eine große Schleife, erst Richtung Straße, doch dann fährt er über eine andere Auffahrt wieder Richtung Hotel und einmal um das Gebäude herum. Wir halten an einem Hintereingang, der so aussieht, als wäre er für das Personal bestimmt. Aber nichts passiert. Der Bus steht und wir sitzen drin. Wir warten. Russische Schlager. Der wolkenverhangene Moskauer Himmel. Ein leichter Nieselregen. Die Japaner gucken aus dem Busfenster. Zeit vergeht.

Dann öffnet sich die Tür vom Hotel und die Frau mit dem Funkgerät kommt wieder zu unserem Bus. Sie steigt ein, schmeißt die Tür hinter sich zu und scheint auf etwas zu warten. Ich sehe, wie sie aus dem Fenster des Busses zu den Flugzeugen schaut. Sie hat ein schönes Gesicht, in das sich ein paar harte Züge eingegraben haben. Sie macht diese Arbeit nicht gerne. Sie hat das Lächeln verlernt. Sie hat den Systemwechsel überstanden, aber vermutlich hat sich nicht viel geändert in ihrem Leben. Einem Leben im Transitbereich des Moskauer Flughafens.

Die Tür des Hotels öffnet sich und ein Beamter kommt heraus. Jetzt steigt die Frau mit dem Funkgerät wieder aus und öffnet die Bustür für uns. Sie deutet den Japanern und mir, ihr zu folgen. Die drei Passagiere für das andere Hotel müssen im Kleinbus bleiben und sehen uns ein bisschen traurig hinterher.

Wir folgen der Frau ins Hotel und stehen auf einem kleinen Flur neben dem Foyer. Irgendwie hatte ich jetzt erwartet, nun zu einer Rezeption zu kommen und den Zimmerschlüssel zu erhalten. Aber erst einmal bleiben wir auf diesem Flur stehen. Die Frau mit dem Funkgerät sagt in bestimmendem Ton »Wait!« und verschwindet. Wir stehen mit dem Beamten wartend auf dem Flur und ich ertappe mich dabei, wie ich sehnsuchtsvoll Richtung Foyerbereich schaue, wo so etwas wie normales Leben stattzufinden scheint. Man ahnt Pianomusik, in der Ferne klappert Besteck. Nur wir scheinen meilenweit entfernt zu sein von diesem Leben. Wir warten. Die Japaner gucken auf ihre Schuhspitzen. Ich überlege, ob ich irgendetwas tun soll, lasse es dann aber. Zeit vergeht.

Dann kommt die Frau zurück und diskutiert energisch mit dem Beamten. Schließlich wendet sie sich uns zu. Wir müssen ihr die Reisepässe, Tickets und den Schein für das Hotel übergeben. Ich habe dabei ein komisches Gefühl, so als würde ich mir mit der Abgabe dieser Dokumente gleichzeitig den Weg zurück in die Freiheit versperren. Die Frau verschwindet wieder.

Ich nehme mir vor, erst mal schön zu duschen und dann im Hotelrestaurant etwas essen zu gehen. Danach noch an der Bar etwas zu trinken. Ich freue mich auf das Bett nach dem langen Flug. Zeit vergeht.

Dann kommt die Frau zurück. Wir sollen ihr folgen. Über einen kleinen Flur gelangen wir zu einer Metalltür. Die Frau schließt sie auf und dahinter wird ein Fahrstuhl sichtbar. Wir steigen ein und fahren aufwärts. An der Anzeige sehe ich, dass wir im dritten Stockwerk halten. Als sich die Fahrstuhltür öffnet, blicken wir wieder auf eine Metalltür, die die Frau auf- und hinter uns wieder zuschließt. Wir stehen nun auf einem Hotelflur, links und rechts gehen die Türen ab, an einem Ende des Flures sitzt ein Mann in Uniform hinter einem hölzernen Schalter. Die Frau geht zu dem Mann und diskutiert mit ihm auf Russisch. Die Japaner und ich stehen irritiert auf dem Flur herum. Dann geht die Frau mit dem Funkgerät wieder weg, ohne etwas zu sagen.

Ich schaue mich um. Außer der verschlossenen Metalltür zum Fahrstuhl hat dieser Flur keinen Ausgang. Aber an der Wand finde ich einen Aushang mit Instruktionen. Reisende werden eine Stunde vor Abreise geweckt, erhalten eine halbe Stunde vor Abreise das Frühstück aufs Zimmer und sollen sich dann mit ihrem Gepäck am Fahrstuhl einfinden. Aha.

Ich frage den Uniformierten hinter dem Schalter, was jetzt passiert, aber er zuckt nur mit den Schultern. Entweder er versteht mich nicht oder er will mich nicht verstehen oder aber er kann meine Frage nicht beantworten, weil er selber nicht weiß, was hier vorgeht.

Da! Die Frau kehrt zurück, und verschwindet hinter einer Zimmertür, an der »Aeroflot« steht. Dort diskutiert sie aufgeregt mit einer anderen Frau, die ziemlich dick ist. Ich spähe in das Zimmer, im Hintergrund läuft ein Fernseher mit einer russischen Showsendung, auf dem Tisch Essen, die beiden Frauen beugen sich über irgendwelche Dokumente.

Aus einer der Zimmertüren kommt jetzt eine Frau mit Koffer, die Richtung Fahrstuhl geht und uns einen mitleidigen Blick zuwirft. Sie bleibt an der Metalltür beim Fahrstuhl stehen. Die dicke Frau kommt aus dem Büro und ruft der Frau mit dem Koffer auf Englisch zu, dass sie warten soll. Die Frau, offensichtlich auch eine Reisende, die ihren Aufenthalt in dem Hotel gerade beendet, schüttelt verzweifelt den Kopf, dann wendet sie sich uns zu: »You're in prison here. Good luck!«

Die Klarheit, mit der sie ausspricht, was ich die ganze Zeit nicht zu denken gewagt hatte, erschreckt mich nun doch. Die Metalltüren, die Schlüssel, die abgenommenen Dokumente, der Uniformierte am Ende des Ganges, der militärische Tonfall … Natürlich! Eine Art Transit-Knast, in dem ich hier gelandet bin. Ich hätte selbst darauf kommen können.

Trotzdem lache ich ungläubig über die Bemerkung, genauso wie die beiden Japaner. Das Lachen hilft. Es macht uns irgendwie zu Leidensgenossen. Wir sind direkt aus Tokio in einen seltsamen Film geraten, dessen Handlung leider nicht ganz vorhersehbar ist, weil sie sich rationalen Gesichtspunkten vollkommen verweigert. Kafka kommt mir in den Sinn, aber schnell verdränge ich den Gedanken wieder.

Die Reisende wird nun von der dicken Frau in den Fahrstuhl entlassen, während die Frau mit dem Funkgerät wieder zu uns tritt. Gespannt sehen wir sie an. Sie sagt, dass sie jetzt unsere Zimmerschlüssel holen wird, wir sollen warten. Und uns setzen. Wir schauen uns um. Und tatsächlich stehen am einen Ende des Flures zwei Stühle. Zwei. Da wir zu dritt sind, setze ich mich resigniert auf den Fußboden, die Japaner bleiben gleich stehen, vielleicht hoffen sie, dass es diesmal doch nicht so lange dauert.

Ich falle in einen merkwürdigen Dämmerzustand. Alle Anspannung weicht einer Apathie, die mich ganz ruhig werden lässt. Ich habe mich abgefunden mit meiner Situation. Mir ist alles egal. Jetzt würde ich auch hier auf dem Fußboden übernachten. Das Gefühl ist mir vertraut. Ich kenne es von meiner Armeezeit.

Es ist das Prinzip von Armeen, den Willen von Soldaten durch die Ausführung auch sinnlosester Befehle zu brechen. Man soll nicht fragen, man soll nicht denken. Man soll so handeln, wie es die Vorgesetzten wünschen. Aber das hier ist ja nicht die Armee und ich bin kein Soldat, sondern nur ein Transitreisender in einem Hotel in Moskau!

Die Japaner haben sich an die Wand gelehnt, der ältere Herr hat immer noch seinen Mundschutz auf. Sie bewahren bei allem eine Art von Würde, die mir leider schon lange abhanden gekommen ist. Zeit vergeht.

Endlich kommt die Frau mit dem Funkgerät zurück. Wortlos drückt sie jedem von uns einen Zimmerschlüssel in die Hand. Jetzt müsste ich mich eigentlich freuen, aber es ist mir fast schon egal. Ich winke den Japanern zu und gehe in mein Zimmer.

Es ist modern westlich und seelenlos. Das Fenster ist doppelt verglast und lässt sich nicht öffnen. Man schaut auf den Flughafen, die Flugzeuge und das kasernenartige andere Hotel mit den kleinen Fenstern gegenüber. An der Scheibe hat der Nieselregen kleine Tropfen hinterlassen.

Das Zimmer hat ein Bad und einen Fernseher. Dort gibt es immerhin RTL. Es läuft gerade ein Bericht über die High Society am Rande des Formel 1-Rennens von Monte Carlo. Schöne Menschen in schönen Hotels und schönen Landschaften. Ich stiere auf die Mattscheibe und freue mich über den vertrauten Klang der deutschen Sprache. Es ist mir egal, was dort geredet wird. Ich möchte vergessen.

Dann dusche ich. Das Wasser tut gut, es bringt die Energie in meinen Körper zurück und damit auch den Geist der Rebellion. Wie wenig doch manchmal ausreicht, um einen Menschen zu motivieren. Ich bin selbst überrascht, als ich wieder auf dem Flur stehe und zu dem Uniformierten gehe.

Eigentlich habe ich es ohnehin bereits geahnt, aber ich möchte doch Gewissheit bekommen. Und tatsächlich: Wir dürfen diese Etage des Hotels nicht verlassen, aber es gibt hier eine Bar, die allerdings momentan geschlossen ist. Wenn man was trinken möchte, soll man doch bitte die Minibar benutzen oder den Zimmerservice anrufen. Vorbei die Träume, an diesem Abend mit anderen Menschen in einem Restaurant oder an einer Bar zu sitzen. Dieser Abend gehört ganz alleine mir und RTL. Und ich kann froh sein, nicht in dem anderen Hotel gelandet zu sein, dort gegenüber von meinem Fenster, denn da gibt es mit Sicherheit kein Satellitenfernsehen und auch keine Minibar.

Als ich die Tür zur Minibar öffne, ist sie allerdings vollkommen leer. Das überrascht mich jetzt auch nicht mehr. Ich rufe den Zimmerservice an und bestelle ein russisches Bier für drei Dollar. Außerdem bitte ich um die Speisekarte, denn Hunger habe ich mittlerweile auch.

Drei Dollar sind zwar ein stolzer Preis für eine Flasche russisches Bier, aber ich habe ja keine andere Wahl. Außerdem war es in Tokio ja auch nicht gerade billig. In Erwartung der Kellnerin krame ich in meinem Portemonnaie, finde aber kaum Kleingeld. Der kleinste Betrag ist ein 10-Euro-Schein, ich ahne neue Schwierigkeiten. Aber erst mal passiert überhaupt nichts. Ich liege auf dem Bett und studiere das Programm von RTL. Zeit vergeht.

Dann klopft es an meiner Tür. Ich muss wohl eingeschlafen sein, denn inzwischen ist es draußen fast dunkel. Ich begreife nur langsam, wo ich mich gerade befinde. Es klopft erneut, energischer.

Vor der Tür steht eine Kellnerin, sie drückt mir eine Flasche Bier in die Hand. Seit meiner Bestellung sind vielleicht 90 Minuten vergangen, aber vermutlich ist es auch nicht so leicht für einen Kellner, in diesen abgesperrten Bereich zu gelangen. Ich reiche der Kellnerin mit hilfloser Geste den 10-Euro-Schein und sie verdreht genervt die Augen. Fragt, ob ich es nicht kleiner hätte. Ich verneine. Und wechseln kann ich ja auch nirgendwo, denn ich kann diese Etage ja nicht verlassen. Sie geht mit dem Geld, verärgert, ich soll warten.

Zurück in meinem Zimmer fällt mir auf, das ich weder die Speisekarte, noch einen Öffner für die Flasche erhalten habe. Ratlos schaue ich in die Minibar, aber auch dort ist keiner zu finden. Mein Taschenmesser musste ich ja aus Gründen der Flugsicherheit in den Koffer packen, der jetzt mit etwas Glück irgendwo auf dem Flughafen Scheremetjewo steht. Also renne ich der Kellnerin hinterher, aber die ist schon lange wieder im Fahrstuhl hinter der Metalltür verschwunden und auch der Uniformierte hat natürlich keinen Flaschenöffner. Verzweifelt starre ich auf die Flüssigkeit in der Flasche. Im Zimmer findet sich keine scharfe Kante, um den Kronkorken zu köpfen.

Ich habe es immer ein bisschen eklig gefunden, wenn Freunde oder Bekannte Flaschen mit den Zähnen aufmachen konnten, jetzt käme mir solch eine Fähigkeit doch sehr zupass. Stattdessen rufe ich erneut den

Zimmerservice an, wo man mir mitteilt, in der Minibar wäre ein Flaschenöffner. Als ich das verneine, vertröstet man mich auf die Rückkehr der Kellnerin. Ich erinnere noch einmal an die Speisekarte und lasse mich apathisch wieder aufs Bett fallen. Draußen donnern die Flugzeuge in den Moskauer Nachthimmel und ich zähle in Gedanken die Stunden bis zum Abflug nach Tbilissi.

Nach einer halben Stunde ist die Kellnerin zurück. Sie hat mein Wechselgeld in Russischen Rubeln dabei, die mir nun auch nicht weiterhelfen. Ich frage nach dem Flaschenöffner. Sie verweist genervt auf die Minibar. Ich sage, dass dort keiner ist. Nun geht die Kellnerin mit energischen Schritten zu meiner Minibar und öffnet sie. Mit vorwurfsvoller Miene weist sie auf ein kleines Metallstück an der Innenseite der hölzernen Schranktür, das wohl der Flaschenöffner sein soll. Ich fühle mich schuldig und unzivilisiert. Ich entschuldige mich. Dann frage ich nach der Speisekarte. Die Kellnerin meint, dass das Essen hier sehr teuer sei. Ich möchte die Karte aber trotzdem sehen. Ich habe Hunger. Die Kellnerin ist über meinen Wunsch ganz offensichtlich nicht sehr begeistert. Ich soll ihr folgen.

Wir gehen über den Hotelflur, vorbei an dem Uniformierten und zu einer Tür, die sich als der Eingang zu der geschlossenen Bar erweist. Der Raum ist ein Hotelzimmer mit kleinem Tresen, zwei Tischen und Kühlschrank. Die Kellnerin zeigt mir die Speisekarte. Die Gerichte kosten ab 30 Euro aufwärts.

Ich habe keinen Hunger mehr. Stattdessen nutze ich die günstige Gelegenheit, für meine frisch erhaltenen Rubel hier in der Bar gleich noch zwei weitere russische Bier zu erstehen. Es zeigt sich immer wieder, wie sehr der Mensch in der Lage ist, seine Bedürfnisse den jeweiligen Möglichkeiten anzupassen.

Ich kehre auf mein Zimmer zurück und hebele die erste Flasche mit dem Öffner an der Innenseite meiner Minibar auf. Mit jedem Schluck macht sich eine wohlige Zufriedenheit in mir breit. Ich glotze auf den Fernseher, stumpfsinnig, die Bilder und Worte rauschen an mir vorbei. Ich trinke das zweite Bier, liege auf dem Bett und starre an die Zimmerdecke. Ich trinke das dritte Bier. Wann muss ich morgen früh aufstehen? Wie geht es eigentlich weiter mit mir?

Plötzlich sind sie wieder da, in meinem so schön leeren Kopf, die Fragen den Fortgang der Handlung meines Lebens betreffend. Ich kann sie nicht mehr verdrängen und das dritte Bier ist auch alle.

Ich finde mich vor der Tür wieder, an der »Aeroflot« steht. Der Tür, hinter der die Macht zuhause ist, der Tür, hinter der die dicke Frau vermutlich vor dem Fernseher sitzt und isst. Soll ich es wagen? Ich klopfe. Nichts. Ich klopfe noch einmal, schon etwas kräftiger, mutiger.

Dann öffnet sich die Tür, die dicke Frau schaut mich an, wahrscheinlich war sie eingenickt, denn sie wirkt etwas zerzaust.

Ich stelle meine Fragen. Die Frau sieht mich an, nicht böse, eher gleichgültig, ich habe sie geweckt, das merke ich. Dann sagt sie, dass ich morgen früh eine Stunde vor Abreise aus dem Hotel geweckt werde, eine halbe Stunde vor Abreise mein Frühstück erhalte und mich dann am Fahrstuhl einfinden soll.

Aber wann? Wann werde ich geweckt?

Die Frau schaut mich entgeistert an. Ich soll mich darum nicht kümmern, das wäre ihre Arbeit. Sie würde mich wecken, eine halbe Stunde bevor das Frühstück kommt, eine Stunde, bevor ich mich am Fahrstuhl einzufinden hätte.

Aber wann? Wann wird das ungefähr sein?

Sie regelt das für mich, sie macht ihre Arbeit, ich soll mir keine Sorgen machen.

Ich gebe es auf und schleiche resigniert zurück in mein Zimmer. Beginne selbst zu rechnen und gehe großzügig von den mir auf dem Flughafen genannten drei Stunden vor Abflug aus. Das könnte heißen, ich werde gegen 7 Uhr geweckt. Zur Sicherheit stelle ich mir noch selbst den Wecker. Ich bin plötzlich hundemüde. Ich lösche das Licht. Morpheus hat Erbarmen und nimmt mich rasch in seine Arme.

Vielleicht schlafe ich ja auch schon lange? Vielleicht ist das alles ja nur ein merkwürdiger Traum? Es wummert in meinem Kopf, es dröhnt, als würde jemand von innen mit einem Vorschlaghammer auf meine Schädeldecke eindreschen. Ich wälze mich auf die andere Seite, ein kurzer Moment von Bewusstsein, ich möchte den Traum abschütteln, das Zimmer abschütteln, das Geräusch der Flugzeuge draußen, dieses Hämmern in meinem Kopf …

Doch da ist es wieder. Lauter als vorher. Direkter. Ganz unmittelbar. Nein, das ist kein Traum, das ist Wirklichkeit, jemand hämmert mit der Faust gegen meine Zimmertür. Ich bin wach und das hier ist die Realität, die Realität des Transithotels auf dem Moskauer Flughafen Scheremetjewo 2, in die ich nun zurückfinden muss.

Das Hämmern an der Tür wird immer bedrohlicher. Es ist dunkel im Zimmer, ich ziehe ein T-Shirt über und stolpere schlaftrunken zur Tür. Vorsichtig öffne ich, nur einen Spaltbreit.

Ein Tablett schiebt sich mir entgegen und drückt die Tür vollständig auf. Zu dem Tablett gehört eine Kellnerin. »Your breakfast!«, sie drückt mir das Tablett entschieden in die Hände. Vielleicht ist das doch ein Traum? Aber dazu bin ich zu müde. Mir fällt ein, dass ich noch nie geträumt habe, dass ich müde bin.

Die Kellnerin geht ohne weiteren Kommentar und lässt mich mit meinem Tablett und dem Frühstück allein. Es riecht nach Nescafé. Ein abgepackter Orangensaft, ein Joghurt und zwei halbe Toastscheiben liegen auch auf dem Tablett.

Ich gehe zurück ins Zimmer. Langsam werde ich wach. Wie war das gleich? Ich sollte geweckt werden eine halbe Stunde bevor das Frühstück kommt und das Frühstück wiederum kommt eine halbe Stunde, bevor ich mich mitsamt Gepäck am Fahrstuhl einzufinden habe. Wieso aber ist dann jetzt *zuerst* das Frühstück gekommen? Und wie spät ist es überhaupt?

Ich fühle mich wie mitten in der Nacht und gucke auf meine Uhr: 10 vor 6. 10 vor 6? Warum bekomme ich 10 vor 6 mein Frühstück, wenn mein Flugzeug nur wenige Meter entfernt erst um 10 Uhr abfliegt? Und wann soll ich denn nun eigentlich am Fahrstuhl sein? Fragen über Fragen.

Und schon stehe ich in Unterhose und T-Shirt vor der Tür mit der Aufschrift »Aeroflot«. Nach einer Weile blinzelt mir die dicke Frau entgegen, sie wirkt verschlafen, aber warum auch soll es ihr besser gehen als mir?

Ich frage nach der Abreise, warum sie mich nicht geweckt hat wie versprochen und warum das Frühstück jetzt als erstes kam und vor allem, warum es so früh kam, wo doch mein Flugzeug …

»You have to be in 20 minutes at the elevator!«, macht sie meinen Fragen ein entschiedenes Ende.

Wie? Was heißt in 20 Minuten am Fahrstuhl? Das wäre ja kurz nach 6 und mein Flugzeug geht doch erst …

»You have to be in 20 minutes at the elevator!«, wiederholt sie, keinen Widerspruch duldend.

Ich spüre kalte Wut in mir aufsteigen. Ich bin jetzt hellwach und ganz wehrhaft. Ich rege mich auf, ich explodiere, ich schreie, schimpfe und lasse meine Wut über diesen Transit-Knast auf die dicke Frau niederprasseln. Es reicht! Ich berufe mich auf meine Würde und dass ich ja schließlich kein Gefangener wäre, dass man so ja schließlich nicht mit Gästen umgehen könne, auch nicht in Russland, dass ich ein Hotel gebucht hätte und dass …

»You have to be in 20 minutes at the elevator!«, wiederholt die Frau nüchtern und ruhig.

Ich pralle an ihr ab, das wird mir schlagartig klar. Es ist ihr vollkommen egal, ob ich mich aufrege oder nicht, ob ich wiederkomme oder nicht, ob ich mich beschwere oder nicht. Es interessiert sie nicht, ob ich eine oder zwei Stunden länger oder kürzer schlafe, ob ich jetzt keine Zeit mehr habe, mein Frühstück zu essen oder zu duschen, weil sie mich nicht noch früher geweckt hat. Es interessiert sie einfach nicht.

Ich verstumme, ich sehe sie an, sie schaut mit leeren und gleichgültigen Augen zurück. Wenn ich jetzt noch lange hier stehe, wird es heißen: »You have to be in *15* minutes at the elevator!«, da bin ich mir ganz sicher.

Ich werfe die Tür meines Zimmers hinter mir ins Schloss. Ich schreie und fluche, aber es hilft nichts. Ich muss jetzt ganz stark sein. Stark, ja! Aber vor allem: schnell! Schnelligkeit ist gefragt, denn ich muss meine Sachen zusammensuchen, duschen und möglichst viel von dem Frühstück herunterschlingen, denn mir steht ein langer Weg bis zum Flugzeug bevor, das wird mir schlagartig bewusst. Es bleiben noch 15 Minuten, bis ich mich am Fahrstuhl einzufinden habe und jetzt erst recht würde die dicke Frau kein Pardon kennen, keinen Aufschub dulden, das ist mir klar.

Ich springe unter die Dusche, halbnass stopfe ich meine paar Klamotten in den Rucksack, zwischendrin schlürfe ich immer mal wieder an dem Nescafé und löffle in dem Joghurtbecher, der von einer deutschen Firma hergestellt wurde.

Mit einer trockenen Toastbrotscheibe in der Hand stehe ich schließlich abgehetzt, aber pünktlich vor der Metalltür, die den Weg zum Fahrstuhl und damit in die Freiheit verschließt. Bloß weg hier, mir ist schon alles egal.

Die Japanerin vom Vorabend erscheint, auch sie sieht etwas übermüdet aus. Wir lächeln uns zu, begrüßen uns wie Leidensgenossen, wir brauchen nicht zu reden, denn jeder kennt unausgesprochen das Schicksal und die Gedanken des anderen. Sie will auch nach Tbilissi, das stellt sich nun heraus, danach hatte ich am vergangenen Abend gar nicht gefragt, das wäre mir wohl auch zu unwahrscheinlich erschienen. Eine Reise von Japan nach Georgien ist ja nicht unbedingt etwas ganz Gewöhnliches. Aber nun bin ich doch irgendwie froh und die Japanerin ist es auch. Wir fühlen uns plötzlich nicht mehr ganz so alleine auf dieser Odyssee im Transitbereich.

Die Dicke ist nicht mehr zu sehen. Dafür kommt aus dem Aeroflot-Büro eine junge Frau mit Funkgerät. Aha! Sie hat unsere Tickets und Reisepässe in der Hand, die sie austeilt. Ich fühle mich wie bei einer feierlichen Entlassung. Die Metalltür wird aufgeschlossen und wir steigen in den Fahrstuhl. Wortlos. Schicksalsergeben. Ohne den Versuch, menschliche Kontakte herzustellen. Die Frau mit dem Funkgerät macht ihre Arbeit, mehr nicht und wir haben ihr auch nichts zu sagen. Wir behandeln uns mit der Distanziertheit von Wärtern und Gefangenen.

Draußen wartet der Kleinbus, darin sitzen bereits die drei Mitreisenden von gestern aus dem anderen Hotel, dem kasernenartigen mit den kleinen Fenstern. Sie sehen uns aus übernächtigten Augen entgegen. Bei ihnen gab es nicht mal warmes Wasser und der Bau hielt von innen durchaus, was er von außen versprochen hatte. Unter diesen Umständen macht sich beinahe so etwas wie Dankbarkeit in mir breit.

Ich starre aus dem Fenster des Busses in die Morgendämmerung über dem Moskauer Flughafen und fühle mich auf einmal ganz weich und willenlos. Und so ertrage ich die folgenden drei Stunden.

Ich halte meinen Pass und mein Ticket hin, wenn es von mir verlangt wird, ich stelle mich bereitwillig und ohne zu murren in jede Schlange, ich steige in den Bus zum Flughafen Scheremetjewo 1 und warte, wo auch immer man es von mir verlangt. Ab und zu lächeln die Japanerin und ich uns zu. Es ist ein anteilnehmendes, verständnisvolles und irgendwie auch resignatives Lächeln. Die Japanerin will touristische Reisen ihrer Landsleute nach Georgien organisieren, und ich versuche mir eine Gruppe fotografierender und filmender Japaner im Transithotel vorzustellen.

Scheremetjewo 1 ist der frühere Inlandsflughafen von Moskau. Nur das Tbilissi nun kein Inland mehr ist. Die Flüge dorthin gehen trotzdem noch von Scheremetjewo 1. Es gibt keine schicken Duty Free Shops und nur wenige westliche Reisende.

Die Gesichter der Menschen hier sehen gezeichneter aus. Sie wissen nicht, was sie vom Leben noch zu erwarten haben, zu vieles ist schon geschehen, was ihre Haut hat dicker werden lassen mit den Jahren. Früher flogen sie nach Georgien in den Urlaub, in den Kaukasus, ans Schwarze Meer, das wie das ferne Paradies erschien. Jetzt können sich das nur noch wenige leisten. Georgien ist Ausland. Dort war Bürgerkrieg. Der Sozialismus ging, die Mafia kam.

Wir steigen in das Flugzeug. Eine alte Tupolew. Pünktlich hebt sie donnernd vom Moskauer Flughafen ab. Wir stoßen durch die graue Wolkenschicht, zurück bleiben die Frauen mit den Funkgeräten, die Uniformierten hinter den Abfertigungsschaltern, zurück bleibt auch die Dicke im Aeroflot-Büro. Ob sie jemals in eins der Flugzeuge steigen wird, deren westliche Insassen sie ständig an sich vorbeiziehen sieht und die sich über fehlende Flaschenöffner oder Weckrufe beschweren?

Mein Himmel hat sich jetzt tiefblau gefärbt. Ich habe es gut, denke ich, in mein Land ist der Westen gekommen. Es gibt Menschen und Völker, die irgendwie immer Glück haben. Ich schließe die Augen und lasse die Morgensonne mein Gesicht wärmen.

Dann kommt eine Durchsage der Stewardess, dass leider kein Kaffee und keine warmen Getränke serviert werden können, weil die entsprechende Anlage kaputt ist. Ich hätte gerne einen Kaffee getrunken, besonders jetzt, wo es keinen gibt. Die Nacht steckt mir noch in den Gliedern. Man merkt immer besonders, dass einem etwas fehlt, wenn es auf einmal nicht mehr da ist. Die Freiheit oder der Kaffee.

Aber eigentlich ist es auch nicht so wichtig. Warum muss man Kaffee in einem Flugzeug trinken, hoch über den Wolken? Ein Flugzeug ist schließlich keine Kaffeemaschine!

Es fliegt, was will man mehr.

(2004)

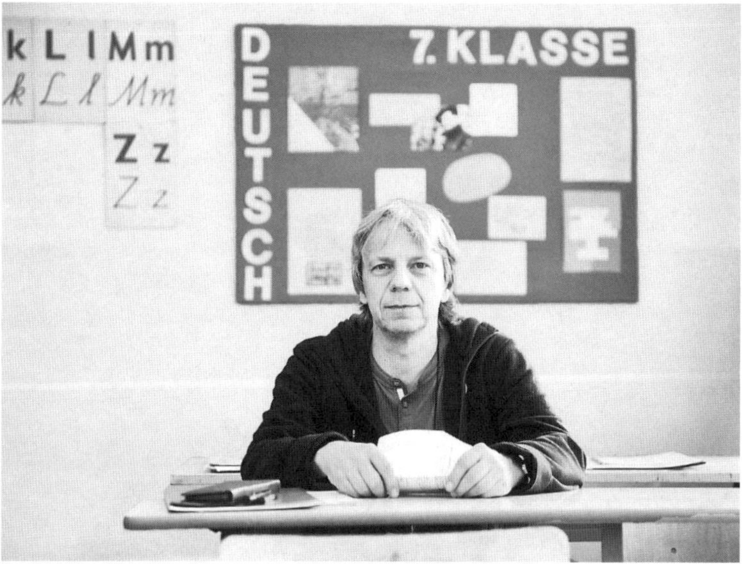
k L l Mm
k L l Mm
Z z
Z z
DEUTSCH
7. KLASSE

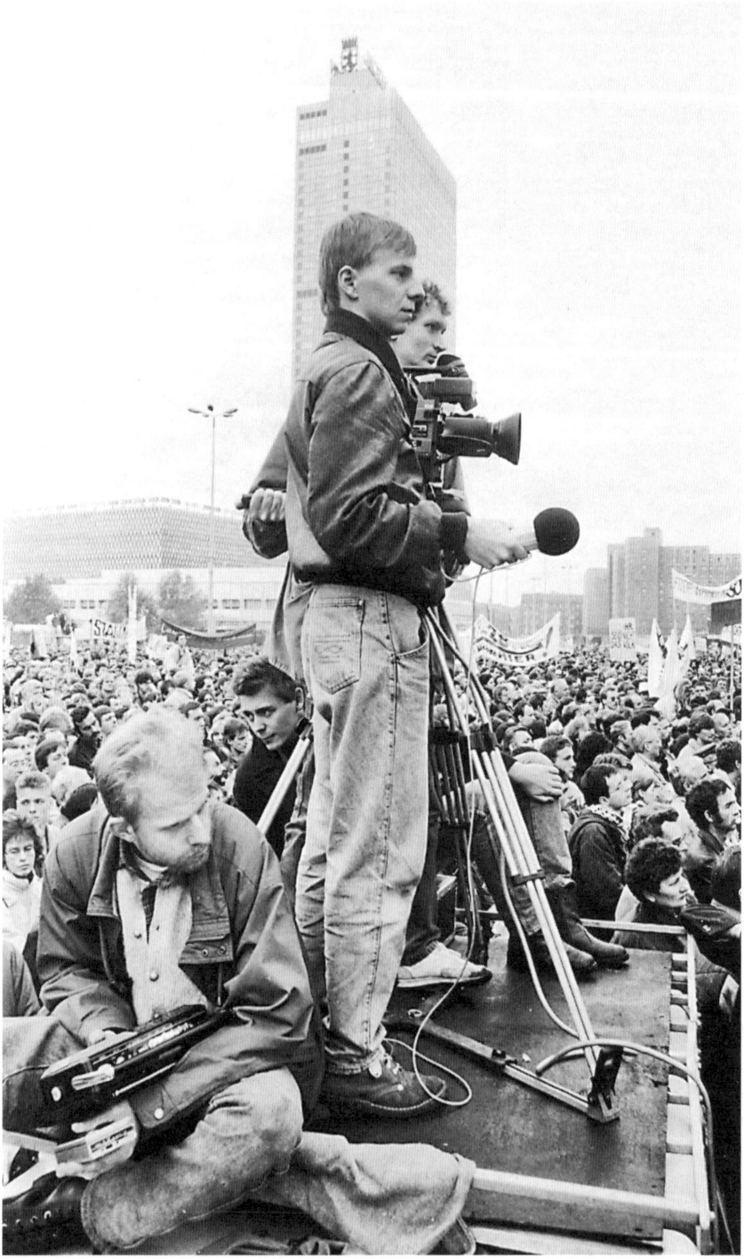

Das fünfte Gespräch

über

Highlife mit Currywurst
Wong Kar Wais Provokation
Michael Gwisdeks Nachtgestalt
Immobilien und Kunst
Die einsame Arbeit des Sterbens
Die Leere zwischen den Sternen
Chaos als Abenteuer
Eine Zukunft mit Radieschen
Fallhöhen und Wahrhaftigkeit

◂ Als Dokumentarist am
4. November 1989 auf dem
Berliner Alexanderplatz

Sie waren schon auf zahlreichen Festivals Jurymitglied – auch bei der »Berlinale«, einem der renommierten Filmtreffpunkte der Welt. Vorsitzender 2013 war der Chinese Wong Kar Wai, einer der Großen des asiatischen Kinos. Kannte er Ihre Filme?

Von der Festivalleitung ließ er sich Filme aller Jury-Mitglieder kommen. Er kannte also unsere Arbeit, als wir mit den »Berlinale«-Sitzungen begannen. Er trat uns sehr akribisch und eingeweiht entgegen. Das war beeindruckend.

Genießen Sie so eine Parallelwelt, wie sie ein Festival nun mal darstellt?

Ja. Die Wirklichkeit ist für ein paar Tage tatsächlich weit weg. Riesige Hotelsuite, riesige Limousinen, riesiger Aufwand fürs Wohlbefinden. Es war so schön, dass ich es am allerschönsten fand, am Tag nach Festivalschluss, einem Sonntag, aus Berlin wegzufahren und am Montag sofort in die Gummistiefel zu steigen und nach Welzow zu fahren, vom Roten Teppich in den Tagebau. Für den Dokfilm, von dem ich Ihnen erzählte. Schneller Wechsel also, damit man nicht noch auf die Idee kommt, so ein Festival mit dem Leben zu verwechseln.

Fühlt sich ein Juror als Richter?

Ich nicht. Wenn ich Filme sehe, bin ich in jedem Falle ein Lernender; nichts ist inspirierender, als guten Filmen zu begegnen. Ich bekomme dann heftige Lust auf meine eigene Arbeit. Was bei der »Berlinale« bedauerlich war: Durch meine Zugehörigkeit zur Jury durfte ich mich mit niemandem außerhalb unserer Sitzungen über die Filme austauschen – das darf ich nicht mal jetzt, da das Festival längst vorbei ist. Die Schweigepflicht gilt weiter.

Dürfen Sie wenigstens verraten, wie lange die Abschluss-Sitzung dauerte?

Sieben Stunden, voller komplizierter hoher Diplomatie und Taktik.

Wong Kar Wai stieß zu Beginn des Festivals eine interessante Diskussion los, er gab die Devise aus, die Jury sei nicht dazu da, richterlich aufzutreten, gar abzuurteilen, sondern ihre Aufgabe sei es, zu loben.

Er sagte: »Lasst uns demütig sein! Wir müssen uns wie ein Publikum verhalten und die Filme erfühlen. Ich möchte deshalb nach jedem Film, dass jeder von uns bei den Sitzungen zuallererst das benennt, was ihm an dem jeweiligen Werk gefallen hat.« Und zu welchem Film uns das Meiste einfiele an Lob, ja, der würde am Ende der Preisträger sein. Das ist eine wunderbare Umgangsart, kein bisschen Gehässigkeit oder Messerschärfe oder Distanz. Prinzipiell also: Zuneigung – diese in Abstufungen, klar, aber gleichsam als Grundgesetz. Auch wenn manchmal dann jemand in den Sitzungen sagte, am meisten an einem Film mochte er das Auto des Hauptdarstellers.

Angesprochen ist mit Wong Kar Wais Äußerung ein Grundproblem der öffentlichen Kunstbetrachtung – in einer Welt des Niederreißens, der Enthüllung, der Gier nach Rangordnungen und dem Willen, diese Rangordnungen so zu kreieren, dass auf den jeweiligen Rangordner das gleißendste Licht fällt.

Journalisten können Filme verreißen, das Publikum kann pfeifen, das aber war nicht unser Jury-Job. Wir sollten Filme – erheben. Im Grunde geht es über den Film hinaus: Es geht um die Freundlichkeit als philosophische Kategorie.

Wie war in der Jury Ihr Umgang miteinander?

Ich hatte mir Wong Kar Wai kühl, reserviert vorgestellt, man kennt ihn ja mit dieser ewigen Sonnenbrille. War er überhaupt nicht. Ein charmanter, witziger, herzlicher Typ. Wir sind mal gemeinsam zu einer Currywurstbude geflüchtet, denn Festivaldirektor Dieter Kosslick bevorzugte die vegetarische Küche, und wenn man über Tage hin nur mit Gemüsesticks verköstigt wird, bekommt manch einer eben die Krise. Wir kamen aus dem Kino, und Wong Kar Wai sagte nur: »He, Andreas, we need a currywurst«. Also sind wir rüber in die Potsdamer-Platz-Arkaden, Treppe runter, da ist der »Heiße Wolf« – es schmeckte fantastisch. Er nahm noch einen Schweinekrustenbraten, ein Bier dazu … die anderen Jury-Mitglieder riefen wir an, ob wir ihnen was mitbringen sollten. »Bitte!«, lautete es im Chor. Schauspieler Tim Robbins ist zwar Veganer – aber er pfiff sich vor meiner Nase drei Currywürste rein. Und in der Nacht der Abschlussfeier sind wir vom Diner abgehauen, die komplette Jury zog's zur Imbissbude »Curry 36«.

Jedes Festival ist Bekräftigung: Das Kino lebt. Zugleich bleibt doch aber das Ticken der Angst hörbar: Wie lange noch hält sich im Rumor von Hightech und Kommunikationswandel das traditionelle Lichtspiel?

Widerständigste Filme werden auch weiterhin tapfer rufen: Die existenzielle Wahrheit ist dem Menschen zumutbar.

Aber wird die Technik nicht doch Steigerungsformen hervorbringen, die das Kino der guten alten Geschichten abtöten?

Ach, was ist denn die entscheidendste Steigerungspraxis? Unser Traumvermögen, unsere Fantasie. Gewiss, Technik erhöht den Reiz des Kinos. Aber Wolfgang Kohlhaase sagte schon 1977 auf einem DDR-Filmkongress: »Wir können es nicht teurer machen, nicht bunter, nicht nackter, nicht modischer, wir können keine größeren Autos von höheren Brücken stürzen lassen. Was also dann? Wir können Filme machen, die von uns selbst handeln. Es hört sich so selbstverständlich an, wie es schwierig ist: Wir können, auch im Kino, miteinander ehrlich sein.« Das gilt noch heute. Man kann eine Geschichte mit Effekten zuballern noch und nöcher – aber wenn diese Geschichte nicht bewegt und erschüttert und fesselt, ist alle Hightech für die Katz. Immer nur laut, das geht nicht.

Auf jedem Festival kämpft das Lautere gegen das glitzernd Laue. Der Event-Betrieb kreischt beschwingt: Schein statt Sein!

Dass das Kino unsterblich sei, entscheidet sich nicht auf Festivals.

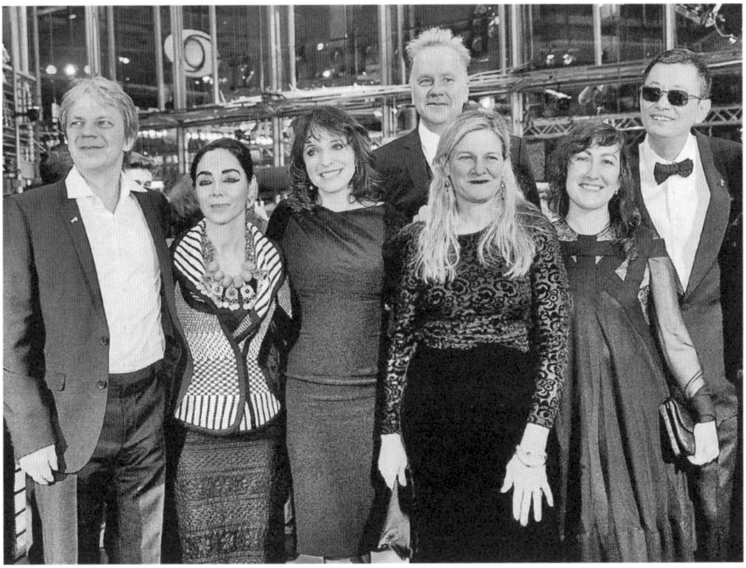

Die Wettbewerbsjury der »Berlinale 2013«, von links: Andreas Dresen, Shirin Neshat, Susanne Bier, Tim Robbins, Ellen Kuras, Athina Rachel Tsangari, Wong Kar Wai

Mit der »Berlinale« ist einer Ihrer Erfolge verbunden: der Episodenfilm »Nachtgestalten« – es gab 1999 einen Silbernen Bären für den besten Darsteller, Michael Gwisdek. Jener Geschäftsmann Peschke, den Gwisdek spielt – ich gestehe gern, er ist eine meiner Lieblingsgestalten im Kino. So ironisch nah am traurigen Leitbild unserer Zeit: dem taffen Typen, dem aber doch das Weiß der Angst in den Augen steht; ein Gejagter des Leistungsdrucks – aber tief im Innern die Partisanenarbeit seiner ganz anderen Seele. Peschke in »Nachtgestalten« empfindet sich als einen total Gescheiterten. Er verliert an einem Abend sein Auto an eine junge Diebesbande, und er hat seinen, wenn man so will, gesellschaftlichen Auftrag nicht erfüllt, nämlich eine japanische Geschäftsfrau vom Flughafen abzuholen. Gewiss wird er am anderen Tage von seinem weit jüngeren Boss wegen der Japanerin und des Autos mächtig zusammengestaucht, vielleicht sogar entlassen – dabei vollbringt Peschke in dieser Nacht etwas ganz Großes: Er wird einem afrikanischen Jungen, der allein und hilflos auf dem Flughafen Berlin-Tegel ankam, zum Helfer und Beschützer. Gegen seinen eigenen Willen!

Gegen seinen Willen, aber nicht gegen sein Gemüt, das er aus Nützlichkeitszwang nur leider ständig unterdrücken muss.

Wir reden über einen Film – und reden doch übers Hauptdilemma der modernen verwendbaren Arbeitskraft.

Wahrscheinlich ist diese Hilfsbereitschaft, gegen die sich Peschke den gesamten Film über immer wieder ruppig wehrt, der wahre Grund seines unterbliebenen Aufstiegs in der Firma: Er ist »bedauerlicherweise« ein guter Mensch. Michael Gwisdek spielt das wunderbar trocken, unwirsch; seine Vernunft rebelliert ständig gegen sein Herz: Da möchte ein Mensch funktionieren, ganz im Sinne der hierarchischen Übereinkünfte, er kommt aber letztlich nicht erfolgreich an gegen sein Mitgefühl, gegen sein Fürsorge-Gen. Das schlägt durch und ist umso intensiver, je derber er lospoltert gegen den immerfort schweigenden schwarzen Jungen. »Was mache ich hier schon wieder? Scheiße«, denkt er laut und macht rassistische Sprüche – und ist doch im gleichen Moment das Gegenteil eines Rassisten. Durch Regen und Aufregung löst sich sein Maskendasein zunehmend auf, er gleicht mehr und mehr jenen Randgestalten, die diesen Film hauptsächlich bevölkern und von denen er sich absetzen möchte. Also: Der Mensch ist nicht immer das, was er sagt, und er sagt nicht immer das, was er ist. Das Gute setzt nicht automatisch ein gutes Motiv voraus. Dieser Peschke ist unfreiwillig eine anarchische Gestalt. Innerhalb einer getrimmten, ordnungs- und leistungsgeprägten Kultur lehnt sich die Psyche des Mannes auf und macht nicht, was er soll. Bei ihm läuft das Menschliche übers Unterbewusste, er steht sich ständig selber im Weg, das macht ihn so komisch wie tragisch.

»Nachtgestalten« ist ein Episodenfilm. Gab es bei der Entwicklung des Stoffes die Absicht, diese dominante Peschke-Geschichte vielleicht zur einzigen des gesamten Films zu erheben?

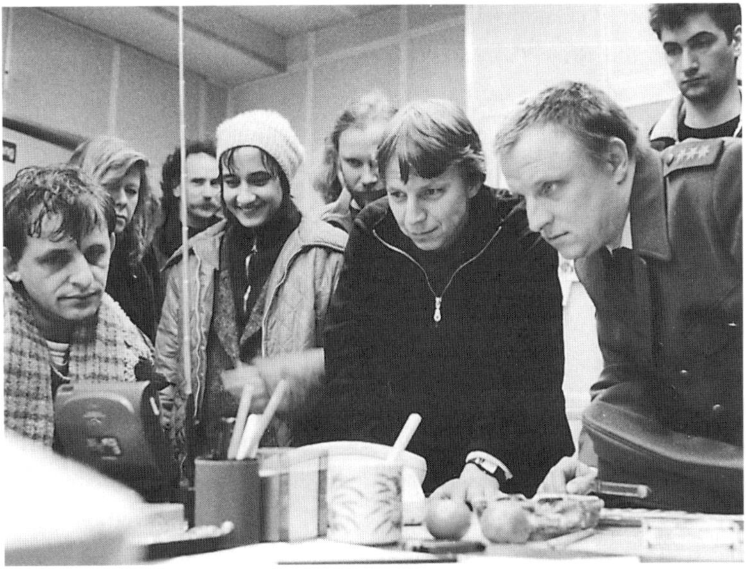

Blick auf Muster: »Nachtgestalten«, mit Dominique Horwitz (l.), Meriam Abbas, Axel Prahl

Sie war der Ursprung – und zwar für einen Kinderfilm im ZDF. Bei einer Recherche war ich in Treptow auf ein Heim für alleinreisende Asylbewerberkinder gestoßen. Es gab zu jener Zeit erschreckend viele solcher Kinder in Berlin. So kam es zur Idee, eines dieser Schicksale zu erzählen – ein Kind stößt auf dem Flughafen auf einen wartenden Geschäftsmann, und beide müssen unfreiwillig eine Nacht miteinander verbringen. Ich schrieb die Geschichte auf und wollte sie schnell irgendwo unterbringen, denn ich war damals ziemlich in Geldnöten. Das ZDF stellte einen knapp halbstündigen Film fürs nachmittägliche Kinderprogramm in Aussicht. Ich griff zu, aber je näher die Produktion rückte, desto mehr verschoben sich mir die Aspekte. Plötzlich war es weit mehr die Geschichte des Erwachsenen als des Kindes, und dann nur fünfundzwanzig Minuten? Schweren Herzens rief ich die Redaktion an, sie war so freundlich, mir meine Geschichte zurückzugeben. Ich trabte mit der Story zum Produzenten Peter Rommel, ihm gefiel sie sehr, aber für einen abendfüllenden

Film reichte es eben nicht. Irgendwann schließlich entstand im Gespräch mit Peter das Projekt eines Episodenfilms. Eine der Ideen lieferte Laila Stieler, sie hatte beim Zahnarzt die »Brigitte« gelesen, ein Interview mit einer obdachlosen Frau, und darin der Satz, sinngemäß: »Ich habe an einem Abend plötzlich einen Hundertmarkschein in meiner Bettelschachtel gefunden, natürlich wollte ich mir mit meinem Freund einen schönen Abend mit dem Geld machen, aber das war gar nicht so einfach.« So kam eine Geschichte zur anderen, nicht alle sind gleich stark, das weiß ich.

Das Buch zum Film schrieben Sie selbst.

Ja – und ich hatte große Probleme, die dritte Geschichte zu finden. Ich fuhr an die Ostsee, nahm ein Hotelzimmer, schloss mich ein und schwor mir, es erst wieder zu verlassen, wenn ich diesen Baustein gefunden hätte. Nach zehn Tagen war es so weit und die Gesamtkonstruktion stand. Allerdings klapperte sie noch – und so richtig ins Fließen, finde ich noch immer, habe ich das alles bis zum Schluss hin nicht gebracht. Mancher Wendung merkt man an, dass sie sich in den Ablauf dieser Nacht einfügen musste. Ich habe geschrieben und zusammengefügt und wieder auseinandergerissen, alles neu verschränkt und erneut gesägt und verbunden – das Ganze zog sich über sechs, sieben Jahre, es war ein langer Weg, zwischendurch mit Phasen nah am Aufhören.

Zum Schreiben fuhren Sie extra an die Ostsee – Sie hätten doch auch in der Abgeschlossenheit Ihrer Wohnung bleiben können.

Ja und nein. Man vermutet an einem fremden Ort nicht ganz zu Unrecht inspirierende Kräfte. Prinzipiell ist es so, dass ich sehr ungern schreibe. Ich sitze vorm rauschenden Computer, starre auf die helle Monitorfläche und lauere auf die erstbeste Ablenkung. Ich bin brauchbar im Überarbeiten, in der Zusammenarbeit mit Leuten; ich bin jemand, der erst in der Gruppe am besten zu sich selber und zu seinen Qualitäten findet. Aber in der Einsamkeit der Ideenlosigkeit? Da fängt man plötzlich an, Wäsche zu waschen und alles Mögliche aufzuräumen. Einzig nur, um sich nicht zur Selbstdisziplin zwingen zu müssen. Wenn das Schreiben

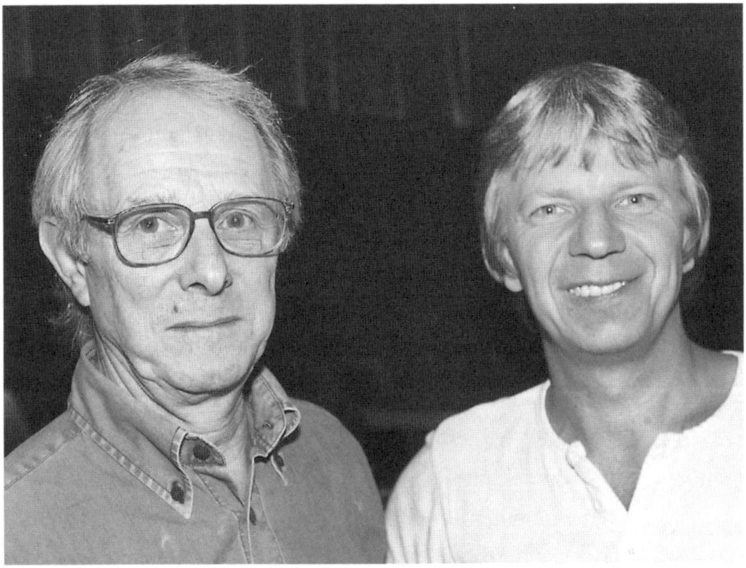

Mit Ken Loach

Wenn man den Namen Andreas Dresen hört, denkt man an Ostdeutschland, so wie man bei Ken Loach an die Arbeiterklasse denkt. Während das Westdeutsche im Kino in Regionalismen zerfällt - das Bayern Steinbichlers und Rosenmüllers, das Hamburg Fatih Akins, die Norddeutsche Tiefebene bei Christian Petzold -, sind Dresens Filme die Summe des Ostdeutschen als Stimmung, Haltung und Stoff. Das ist natürlich ein Klischee, aber es hat einen Geruch von Wahrheit, denn in der DDR gab es kein regionales Kino; alle Strömungen liefen bei der DEFA zusammen und erreichten erst von dort wieder die Peripherie. Eine zentralistische Filmwirtschaft also, wie sie die Franzosen haben und die Deutschen wohl nicht mehr hinkriegen werden, ein Kinoland mit nur einem Gravitationspunkt. Heute sucht man die leere Mitte mit dem Schlagwort vom Hauptstadtkino zu füllen; aber es ist ein Kulissenbegriff, das Geld liegt nach wie vor in der Provinz und wartet auf jene, die es holen.
(Andreas Kilb in der »Frankfurter Allgemeinen Zeitung«, 2007)

dann irgendwann nicht mehr zu vermeiden ist, dann arbeite ich am konzentriertesten im Café oder in anderen öffentlichen Räumen. Da stört mich das Nebengeräusch nicht, das zu Hause absolut nervös macht. Seltsam, zu welcher Selbstüberlistung man greift, um arbeiten zu können. Oder um sich vor Arbeit zu drücken.

Wir wollen in unseren Gesprächen keine Filmanalysen betreiben, aber doch darüber reden, dass mancher Film sein besonderes Schicksal hat. »Nachtgestalten«, so haben Sie einmal gesagt, sei eine »mürbende Prüfung« gewesen. Vorwiegend doch wohl finanziell, oder?

Die Finanzierung von drei Millionen Mark setzte sich aus acht verschiedenen Geldquellen zusammen. Dazu kamen noch beträchtliche Ablehnungen, das war schon rein verwaltungstechnisch ein Volumen, das mich beängstigte – meinen Produzenten Peter Rommel auch, der damals nur zwei oder drei Mitarbeiter beschäftigte. Aber wir hielten durch, obwohl es mitunter nicht einfach war: Wenn man nämlich finanziell in der Klemme steckt, aber plötzlich ein interessierter Verleiher kommt, dann gibt man leicht nach.

Sie wehrten sich gegen das Wichtigste: einen Verleiher?

Natürlich nicht. Wir wollten sehr gerne mit einem Verleiher arbeiten. Aber leider war das Interesse dieses Verleihers an eine hohe Prominenz der Schauspieler gebunden. Wir sollten die Stars der damals erfolgreichen Komödien besetzen – als Berliner Randgestalten. Unmöglich! Rommel sagte ab, und mit dem entsprechenden Verleiher verschwand viel Geld, das uns geholfen, aber die Geschichte garantiert ihre Glaubwürdigkeit gekostet hätte. Der erste Sender, mit dem wir koproduzieren wollten, hatte übrigens für den Schluss jeder Episode ein Happy End gefordert – was für uns ebenfalls nicht in Frage kam.

Charakterisieren Sie bitte Peter Rommel.

Am besten ist er durch die Filme charakterisiert, die ich mit seiner Hilfe drehen durfte. Er ist freundlich, klug, und für einen Film würde

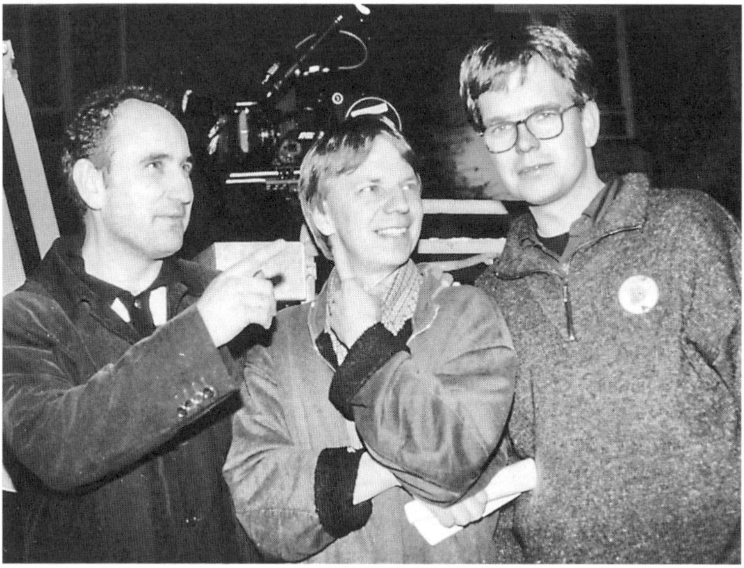

Nahezu unzertrennlich: mit Produzent Peter Rommel (l.) und Produktionsleiter Peter Hartwig

er das letzte Hemd verkaufen. Ein Besessener. Ein wirklicher Freund. Er kommt aus Stuttgart, und er kam nach Berlin nicht wegen der schnellen Mark und um sich reich zu sparen. Das Großartige ist: Als Produzent, der doch sehr aufs Geld achten muss, ermuntert er zum Risiko. Bei »Nachtgestalten« wurde durch Improvisationen und Handkamera – eine damals für uns noch ungewohnte Arbeitsweise – weit mehr Filmmaterial als üblich verbraucht. Es drohte unweigerlich eine Überziehung des Budgets. Als das offenbar wurde, machte ich sofort den Rückzieher und bot eine Praxis an, die Material sparen, aber freilich auch künstlerische Einbußen bedeuten würde. Peter Rommel lehnte kategorisch ab. Künstlerische Einbußen? Da mache er lieber Schulden. Er hat dann für die Finanzierung der »Nachtgestalten« das Ferienhaus seiner Eltern quasi an die Bank verpfändet. Plötzlich hatten wir die Denkweisen getauscht. Ich benahm mich wie ein zu Vorsicht verpflichteter Produzent, Peter aber verhielt sich wie der Regisseur, der einzig nur seinen Film im Blick hat und dafür jedes finanzielle Wagnis eingeht. Dieser Austausch der Gemüter prägt unsere Freundschaft: Jeder denkt auch an die Interessen des jeweils anderen. Wirklich: Jeder ist sozusagen der Feind im eigenen Bett – das genau ist ja Freundschaft. (*Lacht.*) Bei »Nachtgestalten« war auf diese Weise eine schlimme, gefahrvolle Situation entstanden. Wir steckten, bevor der Film es in die Welt hinaus schaffte, tatsächlich in beträchtlichen Schwierigkeiten. Budget überzogen, kein Verleih. Ich erfuhr plötzlich, wie sich das anfühlt: seine Haut zu Markte tragen zu müssen. Als mehrere Verleiher den fertigen Film gesehen hatten, hörten wir viel Lob – und dann eine einzige Frage: Wie soll dieser Film auf dem Markt platziert werden? Die Frage war im Grunde eine Antwort: keine Chance. So viele Jahre Arbeit, und dann diese Demütigung. Wenn es nicht so überraschend mit der »Berlinale« geklappt hätte, wären wir, wie es so unschön heißt, weg gewesen vom Fenster. Das Festival war unsere letzte Chance, wir kamen uns vor wie Zocker, deren Existenz auf dem Spiel steht und die einen letzten Einsatz wagen. Peter Rommel hatte eines Tages gesagt, und es klang verzweifelt abschließend: »Wir versuchen es auf der ›Berlinale‹.« Er hätte auch sagen können: Andi, wir wollen Amerika entdecken!, und weißt du, ich hab auch schon ein tolles Boot: nämlich eine leere Streichholzschachtel – oder noch besser: Wir trinken den Ozean aus … Also: Ich erschrak zutiefst, zumal das Berliner Filmfestival damals gerade eine Schlachtbank für deutsche Filme war. Im Jahr zuvor war der bedauernswerte Michael Gwisdek im Zoopalast mit seinem »Mambospiel« in ein Debakel hineingestolpert, ein Buh aus tausend Kehlen!, ich hatte das live miterlebt, es war grauenvoll – und das sollte ich mir jetzt auch antun? »Ja!«, antwortete Peter sehr ruhig. Das war Anfang November, die Sichtungen fürs Festival im darauffolgenden Februar fanden gerade statt, abends schaffte man die Kopie hin, am nächsten Morgen holte man sie wieder ab. Das machten wir also, und noch am gleichen Tag kam die Antwort für uns: Der Film wird im Wettbewerb laufen! Bis Januar durften wir mit niemandem darüber sprechen. Ich hatte während dieser Wochen eine unglaubliche Angst. Meine Fantasie malte die schrecklichsten Bilder von der Aufführung des

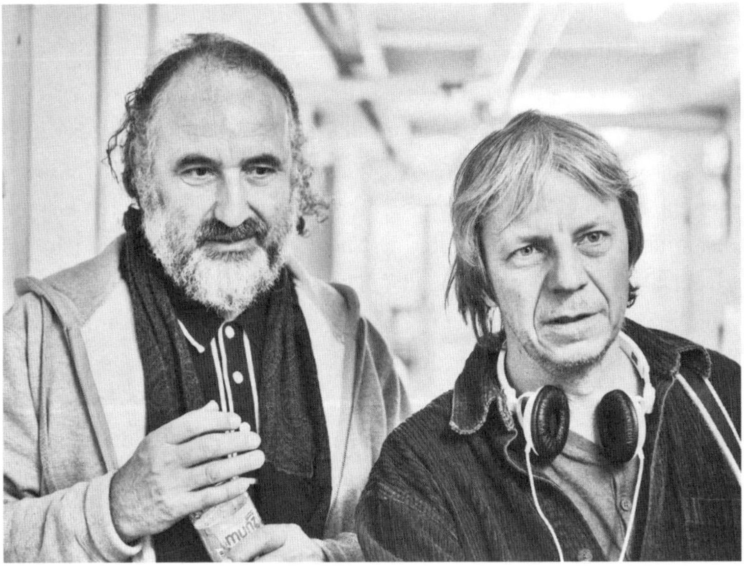

Mit Peter Rommel

Films, ich erlebte in traumatischen Bildern lauter Hinrichtungen. Irgendwann kommt der Punkt, da bist du drauf und dran, den Film aufzugeben, dich der Meinung der anderen anzuschließen: unverkäuflich das Ding, misslungen eben – und jetzt noch Berlin? Blanker Masochismus. Also: Nein. Also: Doch! Es kam unaufhaltsam der Tag der Tage. Ich glaube, es war ein Sonnabend. Alle warnten mich, bloß nicht zur morgendlichen Pressevorführung zu gehen: müde Journalisten, verärgert, verkatert und früh um neun zu nichts Gutem aufgelegt. Ich ging trotzdem – aber nur bis in die Nähe des Zoopalastes, von dort sah ich die Kritikerschar in das Kino schlurfen, drehte doch wieder ab und trabte in den Tiergarten, ich habe mir die Enten und Schwäne angeschaut und sie um ihr glückliches, film- und festivalloses Leben beneidet. Danach lief ich, gezwungenermaßen, ins Hotel Intercontinental, dort fanden die obligaten Pressekonferenzen statt. Jetzt war der Gang vors Hinrichtungskommando nicht mehr zu vermeiden. Die Pressekonferenzen für Wettbewerbsfilme sind

Großveranstaltungen mit Hunderten Journalisten und Kamerateams. Berüchtigt! Meine Dramaturgin, Redakteurin und Freundin Cooky Ziesche kam auf mich zu, an ihrem erschrockenen Blick erkannte ich, wie ich ausgesehen haben muss: bleich wie ein Bettlaken, das man noch zusätzlich geweißt hatte. Und plötzlich sagt Cooky: »Du, es war schön. Die Leute im Kino haben gelacht und applaudiert, sie waren bewegt.« Ich klappte zusammen, fiel an ihre Schulter und heulte. Fix und fertig war ich. Als ich aufs Podium ging, kam Beifall. Ich verstand die Welt nicht mehr. Aber wenn man die Welt nicht mehr versteht – manchmal ist sie da am schönsten. Sie war's. Nicht eine einzige boshafte oder gemeine Frage kam. Ich merkte regelrecht, wie mir Boden unter die Füße wuchs, eine dünne Haut Boden vorerst, aber die Kruste wuchs und sie wurde dicker. Dann gab es noch eine groteske Situation kurz vor der offiziellen Festival-Premiere des Films. Man fuhr traditionell mit einer riesigen Limousine die paar Meter vom Hotel zum Zoopalast, und dort, am roten Teppich, wurde man dann vom Festivaldirektor feierlich begrüßt. Ich sagte zu Peter Rommel, mich bekäme keiner in dieses Auto – da drehen wir einen Film über soziale Außenseiter und fahren mit einem pompösen Schlitten vor! Unmöglich! Dazu noch im Berufsverkehr! Ich maulte und schimpfte, ich sei doch nicht bescheuert, ich würde zu Fuß gehen! Das Konfliktchen schaukelte sich hoch, bis es tatsächlich bei der Festivalleitung angelangt war. Die entschied: Ritual bleibt Ritual! Es fiel sogar die Drohung, den Film abzusetzen, wenn wir weiter so herumzickten. Peter Rommel flehte mich inständig an und fand dann den entscheidenden Satz: »Jetzt sei doch bitte nicht so humorlos!« Das zog dann doch, ich gab nach und stieg grummelnd in dieses Auto, in dessen Sitzen wir versanken. Natürlich war Stau, zu Fuß wären wir dreimal so schnell am Ziel gewesen. Und wie wir so beim Versinken in den Sitzen sind, klingelt Peters Handy. Dran ist der Mann, der sämtliche Plakatflächen rund um den Zoopalast bewirtschaftet. Ich sehe, wie Peter immer blasser wird. Er hatte mit irgend so einer Wildplakatiertruppe aus Prenzlberg überall Plakate unseres Films anbringen lassen. Nun tobte der Mann am Telefon und drohte mit höchsten Strafsummen, wenn wir nicht bis zum Morgen des nächsten Tages unser illegales Papier abkratzen würden. Also auch das noch! So kamen wir am roten Teppich an. In einen Schweißfilm getaucht, Sorgen über Sorgen, kurz vorher hatten sich zudem unsere Freundinnen von uns getrennt. Peter wohnte zu der Zeit in einer total leeren Wohnung, irgendwo in der Friedrichstraße, als Bett eine Matratze, mehr nicht. Wir waren ein wirklich sehr morbide angehauchtes Gespann. Immer, wenn ich seitdem Leute auf dem roten Teppich sehe – lächelnd, vermeintlich überglücklich, dem äußeren Eindruck nach Ausbunde an gelingendem Leben –, denke ich an Peter und mich und weiß einmal mehr, wie viel Fassade da vorüberprominiert; wer weiß, was diese Lächelnden da gerade mitschleppen im Gemüt. Denn gelächelt haben wir auch, und wenn es so etwas wie Erwartung gab, dann doch nur die Erwartung an ein baldiges Ende dieser Tortur. Und schon zwei Stunden später, am Ende der Premiere, schlug diese Stimmung in totale Euphorie um. Ich sehe noch, wie Peter den ganzen nächsten Tag im Hotel saß und Gespräche mit Verleihern führte. Plötzlich waren all diese Typen wieder da und beteuerten, wie sehr sie schon immer an den Erfolg des Films geglaubt hatten.

Wir sind, Herr Dresen, jetzt mitten in der Chronik Ihrer etwas größeren Katastrophen. Die als Anekdoten überleben – freilich erst, nachdem sie für genügend Angstschweiß sorgten.

Ein wenig gelassener bin ich schon geworden, aber das Leben stößt einen doch immer wieder mal an Kanten, wo es mulmig wird. Krass war das bei »Halt auf freier Strecke«, im Moment der unmittelbaren Produktionsvorbereitung. Knapp eine Woche vor Beginn der Dreharbeiten brach uns das Hauptmotiv weg: jenes Haus der Krebstragödie, wo der Todgeweihte und seine Familie leben. Ein Haus bei Teltow, schöne Lage, wunderbare Außenblicke. Vorm Fenster die Natur, deren ewig gleichmütiger Jahreszeitenwechsel so melancholisch macht und die immer gnadenlos mit ihrem Realismus hereinwinkt: Stirb und werde, konkret: Du stirbst, anderes wird. Der Blick aus dem Fenster war darüber hinaus so wichtig, weil die letzte halbe Stunde unserer Geschichte ja zwangläufig um das Bett des Kranken herum in einem Zimmer spielt. Da war dieser Außenblick, noch dazu auf einen wundervollen Baum mit seinen kahlen Ästen wie einer Hirnstruktur, ein riesiges Geschenk. Susanne Hopf, die Ausstatterin, hatte das Haus über einen Makler gefunden, es gab auch einen Käufer, aber uns gelang eine beruhigende Absprache: Wir drehen, bezahlen für diese Zeit Miete, und danach renovieren wir das Haus. Plötzlich stellte sich aber heraus, es gab noch einen zweiten Makler, der hatte das Haus bereits an eine Frau verkauft, die aber auf keinen Fall vermieten wollte, und der ursprüngliche Hausbesitzer meinte, wer schneller bezahle, bekomme das Haus. Die Frau wollte sofort bezahlen und sofort rein in die gute Stube – und wir waren damit draußen. Wieder stand ein Film am Abgrund, ehe die erste Klappe gefallen war. Wo sich doch alles Wesentliche der Geschichte auf dieses Haus gründete! Wir saßen ratlos, verzweifelt, schweigend herum, ein enormer logistischer Aufwand war bis dahin betrieben worden. Aus. Plötzlich sagte Susanne Hopf, na ja, sie hätte etwas Geld auf die sogenannte hohe Kante gelegt, und wir könnten doch alle zusammenlegen – und das Haus kaufen, noch schneller als die Frau, die uns das alles vermasselt hatte. Verrückte Idee. Wir riefen den Besitzer an und fragten, ob er sein Haus denn auch an uns verkaufen würde. Er bejahte – wir müssten halt nur schneller sein. Peter Rommel und ich verständigten uns kurz, es kam für uns überhaupt nicht in Frage, das Team in dieses Verschuldungsabenteuer mit hineinzuziehen, also kratzten wir beide unsere Ersparnisse zusammen, Peter nahm einen Kredit auf, ein Notar wurde eingeschaltet, alles innerhalb eines einzigen Tages. 150.000 Euro! Abends saßen wir erschrocken zusammen: »Um Gottes Willen, was haben wir getan?! Wir haben ein Haus gekauft.« Und hatten den Schlüssel schon in der Hand. Das Erschrecken wich einer tollen Energie, denn natürlich beflügelte dieser Hauskauf das gesamte Team. Während der Dreharbeiten dachten wir logischerweise kein bisschen an unsere Last als Immobilienbesitzer. Später das böse Erwachen: Wir sind nämlich das Haus entgegen unserer Erwartung, es natürlich mit Gewinn verkaufen zu können, lange überhaupt nicht losgeworden. Als sich nach Monaten schließlich überhaupt ein Interessent fand, fiel uns ein Stein vom Herzen. Wir verkauften es zum gleichen Preis, zu dem wir es erwarben. Also wieder Minus, denn da waren noch Grunderwerbssteuer und Geld für den Makler und tausend Nebenkosten fällig.

Sie belastet so etwas?

Ja. Ich bin eben doch der Ossi mit unbezwingbarer Sehnsucht nach geordneten Verhältnissen. (*Lacht.*) Schulden mag ich überhaupt nicht.

Ist das etwas typisch Deutsches an Ihnen?

Mag ich nicht, solche Typisierungsfragen. Wolfgang Niedecken hat mal gesagt, er fände es typisch deutsch, etwas typisch deutsch zu finden.

Die Frage zielte auf das, was Sie unter Lebensqualität verstehen.

Zumindest gehört für mich zur Lebensqualität, dass es eine gewisse Verlässlichkeit geben muss. Ich bin nicht gern unpünktlich, ich lasse Leute nicht gern warten und verplempere also nicht leichtfertig fremde Lebenszeit. Wenn man häufig in Lateinamerika unterwegs ist, freut man sich ungemein über das dortige Erlebnis anderer Kulturen, freut sich dann aber auch über die Rückkehr in eine Gesellschaft, wo schlichtweg vieles besser funktioniert. Die Fremde öffnet – und zugleich relativiert sie allen hiesigen Ärger. Das sehe ich alles sehr pragmatisch, ohne jede nationale Betonung.

Sind Sie ein sparsamer Mensch?

Ich freue mich darüber, sorglos meinen Freunden ein Bier ausgeben zu können, bin weder sparsam noch verschwenderisch. Ich brauche nicht viel. Ich benötige kein dickes Auto, und den Kühlschrank kriege ich voll. Außerdem achte ich darauf, möglichst ein paar Rücklagen zu haben, denn ich bin selbstständig und muss mich also allein über filmfreie Zeiten bringen. Und die Bücher füllen in meinen Regalen so viel Platz aus, dass es gleichsam zum Gesetz erhoben werden musste: Kommt ein neues hinzu, muss nunmehr ein anderes dafür weichen.

Zurück zum Krebsdrama »Halt auf freier Strecke«. Andreas Borcholte notierte im »Spiegel« über Ihren Film: »Es sind die stillen, kleinen Szenen, die diesen Film so bewegend und fast schon unerträglich traurig machen – die Umarmung des Todgeweihten durch seinen überforderten Vater, ein mühsam, mit letzter Kraft hervorgestoßenes ›Frohe Weihnachten‹ des Ausgezehrten, der mehr und mehr zur hilflosen Geisel seines gierigen, inoperablen Hirntumors wird.« Wussten Sie, als Sie mit dem Film begannen, was da auf Sie zukommen würde?

Nicht in dieser Tragweite. Natürlich ahnt man, dass die Beschäftigung mit Sterben und Tod etwas außergewöhnlich Forderndes sein wird. Aber wahrscheinlich war ich zunächst sehr naiv und sah nicht voraus (vielleicht zum Glück!), dass es uns widerfahren würde wie im Märchen: Nach und nach gehen Türen auf, suchend und neugierig und vorwitzig geht man weiter, angezogen von unbekanntem Gelände, plötzlich drückt man auf die Klinke einer Tür, von der man genau weiß, sie führt in ein verbotenes Zimmer. Lange hat man das Verbot beherzigt, aber jetzt steht man drin und erfährt den Sinn des Verbots: Man bleibt nämlich nach Schwellenüberschreitung nicht derjenige, der man vorher war. Also: Wenn ich vorher gespürt hätte, wie es mich durchrüttelt – ich weiß nicht, ob ich überhaupt angefangen hätte mit dem Film. Naivität schützt.

Können Sie beschreiben, warum es Sie überhaupt zu dieser Geschichte hintrieb?

Da gibt es wohl zwei mögliche Lesarten, eine für die damalige Situation und eine, die sich im Nachhinein, im Rückblick, aus der Distanz anbietet. Ich assoziiere bei dieser Frage natürlich auch, dass mein Vater vor über zehn Jahren an einem Hirntumor starb – obwohl ich gleichzeitig sagen muss, das hat mit dem Film eigentlich gar nichts zu tun. Aber man summiert plötzlich auch ferner liegende Anzeichen. Auf jeden Fall kam das Thema 2010 von verschiedenen Seiten sehr prononciert auf mich zu. Der Vater von Cooky Ziesche starb, sie hat seine letzte Zeit zu Hause begleitet. Auch der Vater von Peter Rommel starb, dann die Mutter eines guten Freundes – der Tod mischte sich unversehens und überstark in unsere Gespräche. Was mich an den Erzählungen der Freunde so sehr berührte, war das scheinbar überhaupt nicht zur Trauer passende Undramatische, ja sogar Tröstliche und Versöhnende. Peter schilderte die letzten Momente am Bett seines Vaters als sehr leichte Augenblicke; fast so etwas wie Beglückung und Befreiung teilte sich mit. Das bewegte mich tief, und ich fragte mich, wieso wir das Sterben stets so tabuisieren und dämonisieren, es ist doch Teil unseres Lebens.

Teil? Vernichtung!

Ja, aber wenn man sich dem Unabwendbaren offen stellt, vielleicht kann man dann ganz anders damit umgehen.

Muss man denn damit umgehen können? Übersteigt das Sterben, übersteigt der Tod nicht unser Fassungsvermögen?

Dieses Bewusstsein davon, dass etwas unfassbar ist, wäre doch schon ein anderer Umgang mit dem Problem! Wir tun doch oft so, als bewältigten wir eine so furchtbare Situation. Wir verkrampfen, und dann tun wir so, als beherrschten wir das Unfassbare, wir verstellen uns und spielen richtiges Verhalten, das es eigentlich nicht geben kann, wenn der Tod unsere Szene betritt. Wir gestehen so verflucht selten das einzig Ehrliche ein: Fassungslosigkeit.

Wo etwas uns die Sprache raubt, meldet sich die Stimme plötzlich am eifrigsten. Wo wir ins Bodenlose des Unerklärlichen sinken, jagen sich die Erklärungen.

Wo der Tod das Leben zerreißt, versuchen wir mit Worten sofort wieder Herr der Lage zu werden. Wir wollen immer so gerne alles kontrollieren, im Griff haben. Aber in der Liebe und im Tod kann das glücklicherweise nicht gelingen. Die Natur ist stärker.

Es darf noch im Erschütterlichsten keinen »Riss im üblichen, gewöhnlichen Bemerken« geben, wie es Ernst Bloch formulierte. Ein hilfloses Luftschnappen können wir nicht ertragen.

Fassungslosigkeit gestatten wir uns nicht, denn sie wäre ein Indiz dafür, mit etwas zu tun zu haben, dem wir nicht genügen, das zu groß ist, um es ganz zu begreifen. Die besagten Erzählungen meiner Freunde über ihr familiäres Leid offenbarten mir jedenfalls, dass Fassungslosigkeit nicht in Lähmung enden muss, sondern umgeleitet werden kann in, ja: in Leben. So, dass eine Tapferkeit entsteht, die den Umgang mit dem Unausweichlichen noch als Lebens-Zeit begreift und den Tod nicht schon siegen lässt, bevor er eintritt. Ich weiß, das klingt von draußen entsetzlich klug und irgendwie auch unzumutbar, aber ich dachte damals: Warum wird das im Kino so wenig behandelt? Drehbuchautorin Cooky Ziesche und ich sahen uns daraufhin alle möglichen Filme zum Thema an und fühlten uns von Mal zu Mal mehr bestärkt, etwas Eigenes zu versuchen. Ein einziger Film hat mich allerdings sehr, sehr getroffen, er besitzt Szenen, die ich mein Lebtag nicht vergessen werde: »Sein Bruder« von Patrice Chereau. Zum Beispiel, als der Held des Films vor der Operation am gesamten Körper rasiert werden muss, sein Bruder ist mit dabei, und er liegt also nackt auf diesem Bett, und zwei sehr hübsche Schwestern rasieren ihn. Die Szene dauert lange, es ist ein schier unerträglicher Widerspruch zwischen dieser erotischen Ausstrahlung der beiden jungen, liebevoll-freundlichen Frauen und diesem liegenden Mann, der wie ein Objekt hin und her gerollt und geschoben wird. Das ist auf eine furchtbare Art demütigend, und es ist trotzdem, auf erhebende Art, rührend. Letztlich eine toll würdevolle Szene! Aber insgesamt stellten wir nach Ansicht vieler Filme fest: Das, was wir wollten, gibt es noch nicht, und so gingen wir an die Arbeit.

Stand schon zu Beginn fest, die Spielfilmhandlung mit dokumentarischen Einschüben zu versehen, also Leute aus der medizinischen und sterbebegleitenden Sphäre einzubeziehen?

Ja, in dem Sinne, dass wir den Film über Improvisation erarbeiten wollten. Wie das konkret aussehen würde, war nicht sofort klar.

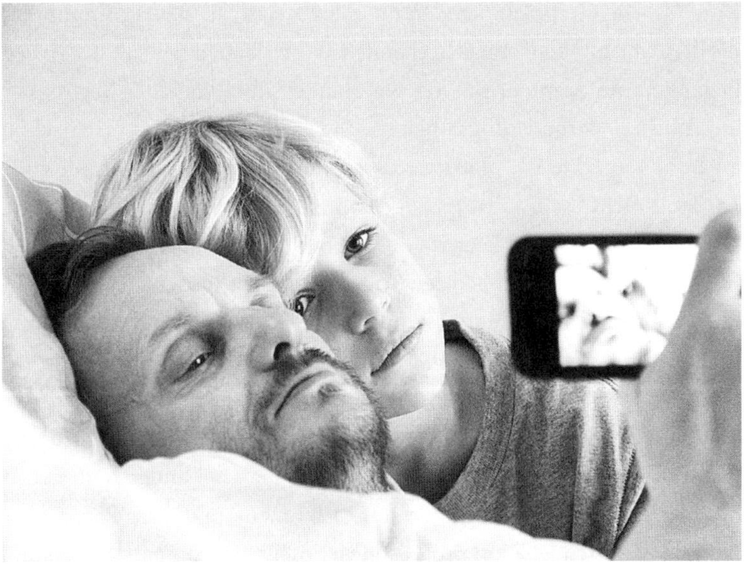

»Halt auf freier Strecke«: Milan Peschel und Mika Nilson Seidel

Als Regisseur gestaltet man den Film, man formt, man ist letztlich Herr der Dinge. Wie merkten Sie unmittelbar: Hier wird's anders?

Schon vor dem Drehen, schon bei der Recherche. Mit Cooky besuchte ich als erstes ein Hospiz in Neukölln. Ich hatte Angst davor, ich stellte mir ein dunkles, verschattetes Gebäude vor – Unsinn, wir betraten ein lichtdurchflutetes, freundliches Dachgeschoss, und alles strahlte eine fast heitere Atmosphäre aus, da herrschte also überhaupt nicht das befürchtete bedrückende Klima. Ich war perplex. Von dort aus ergaben sich weitere Kontakte. Wir sprachen mit Leuten aus der ambulanten Pflege und dann mit Menschen, die sterbende Familienangehörige zu Hause begleitet hatten. Viele von ihnen erzählten zum ersten Mal so ausführlich, gleichsam in ganzen Bögen ihre Geschichte, es war ergreifend, es flossen Tränen, aber es gab auch fröhliche Augenblicke. Wir spürten, dass den Erzählenden das Erzählen etwas bedeutete, wir waren für sie nicht einfach nur fremde Materialsammler, sondern in gewisser Weise Partner, wichtige

Zuhörer. Die Gespräche fanden oft abends statt, sie dauerten mitunter bis drei Uhr morgens. Im ausgehenden Winter hatten wir mit der Arbeit begonnen, im Sommer dann – wir standen kurz vor dem Beginn der eigentlichen Vorbereitungsarbeiten, und die Schauspieler waren schon an Bord – merkte ich plötzlich, dass es mir überhaupt nicht gut ging. Ich fand nicht mehr richtig in meinen Alltag zurück, das Thema legte sich wie eine schwere bleierne Glocke über mich. Ich geriet in Atemnot. Ich grübelte nur noch über den Tod, fühlte mich umschattet, umnachtet, wie eingepresst. Geradezu hypochondrisch hörte ich auf jede Regung meines Körpers und interpretierte sie als böses Vorzeichen. Ich war infiziert von einem psychischen Elend, das alle Zeichen auf Sterben und Tod gestellt hatte. Ärzte und Hospiz-Mitarbeiter bestätigten mir dieses Syndrom: Man zieht böse Krankheiten, die man bei anderen zu heilen oder zu lindern versucht, geradezu in sich hinein, und diese Phase muss man durchlaufen, ehe ein professioneller Schutzpanzer entstehen kann. Ich verzweifelte fast an dieser unaufhaltsamen Durchlässigkeit. Cooky und Peter stellten mir anheim, weiter am Film dranzubleiben oder das Ganze erstmal zu stoppen. Es war tatsächlich zur entscheidenden Frage geworden, ob ich genügend Energie aufbringen und sie auch halten könnte. Es stand alles, bevor es richtig losgegangen war, auf der Kippe. Ich wusste nicht mehr, wie es weitergeht. Schließlich schaute ich mir das recherchierte Material noch einmal an, fand es so interessant und eben auch so ermutigend – und dachte: Nee, du kannst jetzt nicht aufgeben, du kannst die Leute und auch dieses Material nicht im Stich lassen, reiß dich zusammen! Der Startschuss fiel, und nichts war mehr aufzuhalten. Ich glaube, durch dieses düstere Tal der Verzweiflung, durch diesen Moment der tiefen Unsicherheit ging jeder aus der Crew auf die eine oder andere Weise. Es ist sozusagen die gefährliche Anziehungskraft des Abgrunds, dem man freilich nicht zu lange und zu intensiv in die Augen schauen darf – aber nur wenn man ihm intensiv in die Augen schaut, entsteht bei einem Kunstwerk etwas wie Wahrhaftigkeit. Es gehört für mich zu den Erlebnissen dieser Arbeit, dass wir einander festhielten, ja, so kann man das sagen. Und seltsam: Nach dem Film starben von zwei Mitgliedern des Teams sehr enge Verwandte, und ohne jetzt Fiktion und Wirklichkeit, Arbeit an einem Film und Erfahrung in realer Existenz grob vermischen und leichtfertig verwischen zu wollen, das wäre töricht, dumm und unzulässig – ich glaube trotzdem, wir haben uns mit diesem Film und in den Gesprächen mit Ärzten und Psychologen so eine Art Rüstzeug erarbeitet, das früher oder später hilfreich sein kann, wenn uns das Leben mit Sterben und Tod wieder mal überfordert.

Sie sprachen vorhin von zwei Motiven, den Film zu drehen. Was war neben der akuten Bedrängung durch das Thema der zweite Beweggrund?

Es ist etwas, das mir erst im Nachhinein bewusst wurde und auf den ersten Blick nichts zu tun hat mit dem unmittelbaren Impuls für den Film. Es gibt offenbar Lebenskoordinaten, die laufen ohne unsere aktive Steuerung aufeinander zu, kreuzen einander, bestimmen unsere Existenz unterschwellig, aber mit Wirkung. Die Arbeit am Film fiel in die Zeit einer bitteren, traurigen persönlichen Trennung. Ich lebte mit einer Lehrerin aus Rostock zusammen, es war eine lange, schöne Beziehung, sie hatte äußerlich Entfernungen zu überbrücken, aber sie erfüllte uns. Im Herbst 2009 wurde meine Freundin schwanger, sie hatte schon einen erwachsenen Sohn, nun freuten wir uns auf dieses gemeinsame Kind. Sie verlor es in der zehnten Woche, es ging ihr sehr schlecht, mir logischerweise auch. Letztlich stürzte sie durch diese Situation in tiefe Verzweiflung, ich rannte da plötzlich wie gegen eine Wand, konnte mit der Verzweiflung nicht umgehen, fühlte mich zurückgestoßen. Wir trennten uns nach zermürbenden Monaten, ich litt, wurde regelrecht krank, ging zu allen möglichen Ärzten und landete schließlich bei einem Neurologen hier in Potsdam. Das war genau in der Vorbereitungszeit für »Halt auf freier Strecke«. Der Arzt hörte sich an, was ich ihm an körperlichen Symptomen aufzuzählen hatte, er gestand, sich auf das Ganze keinen Reim machen zu können, dann sah er mich lange an, ein schon etwas älterer Mann, und plötzlich fragte er, ob er sich nach etwas sehr Persönlichem erkundigen dürfe. Nachdem ich bejaht hatte, fragte er nur, sehr lapidar, erschreckend knapp und punktgenau: Wie geht es Ihnen denn eigentlich so? In diesem Moment klappte ich zusammen, fing an zu weinen, war fix und fertig. Die Frage war wie ein Stich; es war, als bräche das ganze Gebäude falscher Zuordnungen und fadenscheiniger Begründungen für Fasson und Fassade zusammen. Ich war an meinem verwundeten Kern getroffen worden. Das Glück bestand darin, dass dieser Arzt nicht nur Neurologe war, sondern auch Psychotherapeut und Psychoanalytiker. Er diagnostizierte eine Depression – was ich nur als wunderbare Kunstgelegenheit für Woody-Allen-Filme kannte. Aber ich musste einsehen: Meine totale Antriebslosigkeit, meine Schlafstörungen, die Unlust auch dann, wenn ich meine Arbeit scheinbar normal weitermachte, dieser ständige Schatten der Kraft- und Energielosigkeit – das war Ausdruck meiner seelischen Verfassung, also die eigentliche Krankheit. Dieser Arzt meinte, es müsse sofort was getan werden, ich schüttelte energisch und abwehrend den Kopf, denn in zwei Wochen würde Drehbeginn sein. Na klar, erwiderte er, können Sie alles machen, aber ich prophezeie Ihnen: Den Film werden Sie in Ihrem jetzigen Zustand nicht zu Ende bringen. Und so begann eine Gesprächstherapie, parallel zu den Arbeiten an ausgerechnet diesem aufwühlenden Filmstoff. Jede Woche einmal, immer früh am Morgen – oft ging es dann vom Sprechzimmer direkt zum Drehort. Diese Zeit beim Arzt wirkte natürlich nach, das schüttelst du nicht einfach weg, ich hatte große Mühe, dies alles unter einen Hut zu bekommen – aber es sollte ja endlich nichts mehr unter einen Hut kommen, es ging um die Bewusstwerdung einer tiefen Zerrissenheit und deren bewusste geistige und emotionale Durchdringung. Ganz davon abgesehen, dass ich mir so eine Therapie völlig anders vorgestellt hatte. Ich vermutete ein Gespräch, aber der Arzt fragte kaum, er saß einfach nur da und hörte zu. Ich selber war also gefragt, mich selber zu fragen. Ich redete nicht zu jemandem, sondern vor jemandem – zu mir. Ich, vertieft ins laute Selbstgespräch. Mit allen Befugnissen, mich weiter zu belügen – aber doch nun endlich in der Erkenntnis lebend, wie total sinnlos das wäre. Zu Anfang kam ich damit überhaupt nicht klar, aber das ist schon ein wesentlicher Teil des Sinns: dieses Zurückgeworfensein auf sich selbst. Der Therapeut ist nicht aufgerufen, mit einem rumzukumpeln, sondern aus der Distanz zu hören und dann Verbindungslinien zwischen den Erzählsträngen aufzuzeigen. Aber ohne Bewertungen, ohne praktische Tipps. Ich glaube, ich bin damals durch einen glücklichen Zufall an den richtigen Menschen geraten. Diesem Arzt bin ich sehr dankbar. Nach einem Jahr waren meine körperlichen Beschwerden, als Ausdruck einer beschädigten Psyche, verschwunden. Manchmal dachte ich, in meinem typischen Ost-Widerwillen gegen das medizinisch scheinbar bloß Ungefähre, na ja, die Schmerzen wären wahrscheinlich auch ohne die Gespräche vergangen. Aber ich denke es nicht mehr wirklich. Ich erzählte dem Arzt logischerweise auch von den Dreharbeiten, und als der Film beendet war, sagte er: Herr Dresen, Sie glauben doch nicht im Ernst an einen Zufall, dass Sie gerade jetzt zu diesem Filmstoff fanden. Dieser Stoff habe mich sozusagen gefunden, weil auch mein Leben auf ihn zulief. Er sagte: Sie erzählen über den größten Verlust, den ein Mensch zu erleiden hat, und erlitten selber zwei unermessliche Verluste, Sie haben nämlich ein Kind verloren, und Sie haben eine Frau verloren – beides, so sagte er, sei auf jeweils andere Art der Eintritt des Todes in mein Leben gewesen.

Brachen Sie die Gesprächstherapie von sich aus ab?

Der Arzt fragte mich nach diesem einen Jahr, ob wir uns weiter treffen wollten. Ich gestand, dass ich nicht sehr viel mehr zu erzählen hätte, fürchtete aber gleichzeitig, es könnte mir wieder schlechter gehen. Ich schlug Sitzungen in vergrößerten Abständen vor, er jedoch meinte, aus seiner Sicht sei das nicht nötig. Seitdem habe ich ihn nicht wiedergesehen. Seltsam, nicht? Man erzählt einem wildfremden Menschen sehr, sehr viel Persönliches, dann verabschiedet man sich – Punkt, Ende, Aus.

Wussten die Schauspieler von Ihrer Therapie?

Ich glaube, ich hab's irgendwann erzählt. Aber ich habe es nicht auffällig vor mir hergetragen. Meinen Produzenten und meinen Produktionsleiter weihte ich auf jeden Fall ein. Und den Therapeuten hatte ich um eine langsame Steigerung der Gesprächsintensität gebeten. Denn meistens stürzt der Patient erst mal, wenn die Behandlung beginnt, nur noch tiefer in seine Krise, das wollte ich unbedingt vermeiden, ich brauchte Stabilität für die Dreharbeiten. Man geht schließlich bei so einem Film gemeinsam auf eine Reise, da muss der Reiseleiter schon gewappnet und kräftig genug sein, die Unternehmung erfolgreich zu Ende zu führen. Peter reagierte als Produzent wieder mal großartig: Es sei doch nur ein Film, und wenn ich an eine persönliche Grenze käme, bräuchte ich vor einem Abbruch keine Angst zu haben. Aber je länger wir drehten, desto besser ging es uns allen. Komisch geradezu, denn wir drehten halbwegs chronologisch, und zum Ende hin werden die Szenen immer drastischer, trauriger. Aber wir fühlten uns, als die Sache dann am Laufen war, innerlich befreit. Es war kurz vor Weihnachten, es schneite, es wurde still, es legte sich ein mildes Licht über alles.

Wenn er mit Schnee kommt, tut der Winter, was einzig er kann: die Welt verändern mit einem Schlag – dem sanftest möglichen Schlag.

Schnee ist was Herrliches! Wenn es so schön unter den Füßen knirscht, alles weich und sanft wird, wie in Watte gepackt. Wenn sehr viel Schnee fällt, dann ist es, als drücke eine große Fülle auf die Leere der Welt, und jetzt machen Leute auch außerhalb der Kirchen ein frommes Gesicht (*lacht*), genauer: ein irgendwie frommes Gesicht. Also wirkte auch die Welt, in der wir diese bittere Geschichte zu gestalten versuchten, plötzlich sehr friedvoll.

Das wirkte auch auf Ihr eigenes Gemüt?

Ich fühlte mich aufgehoben in dieser Filmfamilie, und noch im Nachhinein ist mir die Erfahrung, die ich während der Arbeit machte, weit wichtiger als der Film selbst.

Das könnte jetzt missverstanden werden.

Ich will den Film nicht kleinreden: Schön, dass er so wurde, wie er ist, und schön, dass er erfolgreich war, aber das ist wahrlich nicht das Entscheidende gewesen. Wir alle begaben uns auf eine Reise zu uns selbst, und ein Mensch, der zu sich selbst kommt, der gerät in absolute, schutzlose Einsamkeit. Wo dann wieder unbedingte Sehnsucht nach Geborgenheit wächst.

Hat Ihr Therapeut den Film gesehen?

Ja. Ich habe ihn eingeladen, ich sah ihn im Kino sitzen, bei einem Filmgespräch in Potsdam entdeckte ich ihn im Publikum. Aber wir redeten nicht miteinander. Ich weiß also nicht, wie er über den Film denkt. Ist auch gut so – ein Therapeut, der Nähe aufbaut zu einem Patienten, macht wahrscheinlich etwas falsch.

Sterben sei eine einsame Arbeit, haben Sie gesagt.

Ja.

Verallgemeinerungsversuch: Hat die Schwere dessen, was man privat durchleidet, einen befördernden Einfluss auf die tragödischen Fähigkeiten eines Schauspielers?

Um Gottes Willen! Das zu Ende gedacht, müsste man die genialsten Darsteller von Richard III. oder Othello im Knast suchen. Als wir »Halt auf freier Strecke« drehten, sind Steffi und Milan abends zurückgefahren nach Berlin, zu ihren jeweiligen Familien, und ich denke, sie haben diese reale Gegenwelt in den Wochen der Dreharbeiten ganz besonders genossen. Sie streiften die Arbeitshaut ab und lebten auf. Die Fahrt anderntags zum Drehort war dann jedes Mal wieder eine Fahrt zurück, durch einen Tunnel, an dessen Ende eine andere Wirklichkeit wartete. Ich glaube, gerade die Fallhöhe zwischen dem Privaten und der dramatischen Situation des Films schuf die Grundierung für die Wahrhaftigkeit des Spiels. Also nicht die Ähnlichkeit, sondern der Gegensatz.

In Cannes dann die Uraufführung.

Schon im Schneideraum, als wir den Film zum ersten Mal mit ein paar Leuten angeschaut haben, merkte ich, was die Geschichte an Wirkungen entfaltet. Aber natürlich ist das unvergleichbar mit einer Präsentation vor 1.200 Journalisten bei einem Spitzenfestival. Es war ein Sonntagmorgen,

11 Uhr, ich starrte die gesamte Zeit wie hypnotisiert auf die Leinwand, aus Angst vor technischen Pannen, denn wie gesagt, die Endfertigung musste Hals über Kopf geschehen, ich hatte die fertige Kopie bis dahin nicht ein einziges Mal komplett sehen können. Als die Leute am Ende rauskamen und ich verheulte Gesichter sah, wurde mir einiges klar – aber so richtig begriff ich die Situation erst, als wir bei der eigentlichen Uraufführung am Nachmittag mitten unter den Zuschauern saßen. Da ging eine Bewegung durch den Saal, die auch mich ergriff. Eine Stille, man hätte die berühmte Stecknadel fallen hören. Dazwischen immer wieder vereinzeltes Schluchzen. Das war ein unglaublicher Moment. Ich sah den Film als eine Art Flaschenpost – man steckt zu Hause so viel an Gefühlen, Schmerzen, Erfahrungen da hinein, verkorkt das, und an ferner Küste wird der Film an den Strand gespült und geöffnet. Und auf seltsame Weise leben die Gefühle und Schmerzen plötzlich wieder, sie sind in völlig fremden Gesichtern ablesbar. Zum Glück kann man nur sehr dosiert solche Filme machen, die an neuralgische Punkte des eigenen Lebens rühren und etwas von einer offenen Wunde haben.

Hatten Sie Phasen, da Sie nicht mehr an die Kraft der Geschichte glaubten?

Ja, denn was ist dieser Film? Eine fortwährende Leidensgeschichte, bei der man doch vom ersten Moment an weiß, wie sie verläuft und wie sie endet, keine klassischen Wendepunkte, keine Überraschungen. Ein Mann bekommt die Diagnose, dass er stirbt, und dann stirbt er. Das ist der ganze Film. Mein längster zudem: fast zwei Stunden. Wer soll sich das über so lange Zeit anschauen?! Eigentlich erst beim Schnitt kam mir das Vertrauen zurück, Vertrauen, dass in der Geschichte trotz allem eine treibende, bannende Kraft liegen könnte. Und dennoch: Was genau an diesem Film anzieht, wodurch er dramaturgisch funktioniert – das weiß ich bis heute nicht. Die Skrupel, die ich beim Drehen hatte, sind bei mir nicht gänzlich ausgeräumt.

Den Film kümmerte es nicht, er hatte Erfolg.

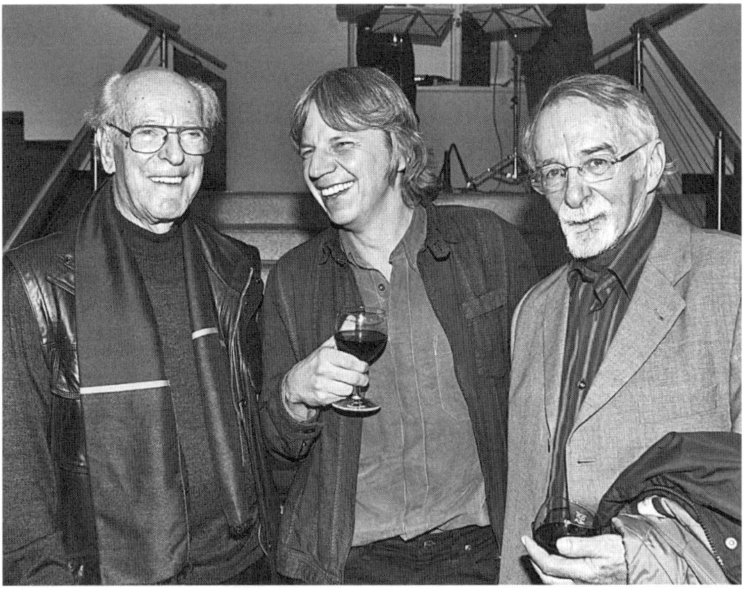

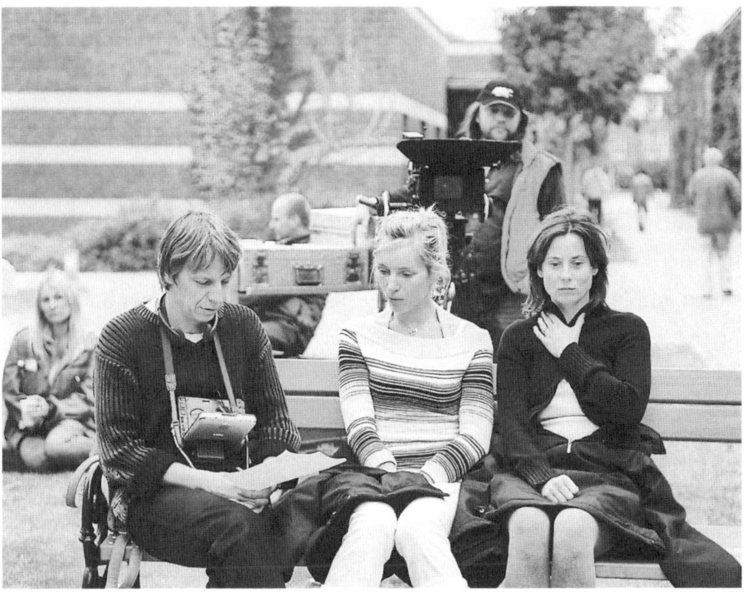

Lehrer, Vorbilder: mit Kurt Maetzig und Günter Reisch (r.) und »Sommer vorm Balkon«: mit Nadja Uhl und Inka Friedrich (r.)

Wahrscheinlich gehen bei jedem Zuschauenden Türen auf, die mit dem eigenen Unbewussten zu tun haben. Ich merkte das im Schneideraum, bei den ersten Rohschnittvorführungen, wo ich selber, beinah peinlich berührt, mit Tränen dasaß. Dem Schnittmeister ging es ähnlich. Wir haben darüber gesprochen. Du denkst bei bestimmten Szenen dann prononciert an etwas anderes, um nicht schon wieder zu heulen – wenn es gelingt, erwischt's dich plötzlich an anderer Stelle. Verrückt. Da wird etwas heraufbeschworen, dessen man nicht Herr ist. Das ist der Abgrund, an dem wir leben.

Gab es in Ihrer Laufbahn Momente, in denen Sie als Regisseur aus Gründen unglücklich waren, die Sie selber total überraschten?

Es gab mal eine Situation, die mich ziemlich tief hinunterzog, und mehr Klischee geht jetzt wirklich nicht: Ich verliebte mich unglücklich in eine Hauptdarstellerin. Man fühlt sich da wie angeschossen. Selbstredend soll das Team nichts merken, und das Bitterste: Man muss nach den aufwühlenden Erfahrungen mit dieser Frau so weiterarbeiten, als sei da nichts. Man kann ihr, was das Heilsamste wäre, nicht aus dem Weg gehen. Die Nähe wird zu etwas leider Unüberwindlichem. Interessant, dass die Mannschaft doch mitbekam, dass ich mich sehr schlecht fühlte – sie wusste zwar nicht, woran ich konkret litt, aber es entstand plötzlich eine ganz deutlich spürbare Atmosphäre der Rücksichtnahme, der Fürsorge und der Disziplin. Es bildete sich ein schützender Kreis um mich. Emotional empfand ich diese Zeit als psychische Folter. Etwa ein halbes Jahr brauchte ich, um wieder zu mir zu finden.

Wir sprachen über Katastrophen, etwa die Turbulenzen um »Nachtgestalten« und das Haus bei »Halt auf freier Strecke«. Drohte je bei Ihren Filmen ein Abbruch oder die Gefahr eines Abbruchs aus rein künstlerischen Gründen?

Abbruch? Nein. Unterbrechung – ja. »Halbe Treppe«, dieses erste große Improvisations-Abenteuer, unterbrach ich so etwa nach der Hälfte der Arbeit. Aus dieser Zeit gibt es eine Art Audio-Tagebuch; abends im Bett sprach ich täglich noch zehn, fünfzehn Minuten auf Band, völlig erschöpft und meist auch schon ziemlich betrunken. Später hörte ich mal hinein in diese Aufzeichnungen: grauenvoll! Chaotisch! Der Grund der Krise: Ich fühlte mich total überfordert von besagtem Prinzip der Improvisation. Bislang gewöhnt an genaue Vorarbeit und sichere Sortierkräfte, war ich von Angst besetzt, sämtliche Kontrolle zu verlieren. Was wir früh am Morgen begannen, ging fortwährend andere, eigene Wege, ich ruderte wie ein Ertrinkender, der Kompass war längst auf den Meeresgrund gesunken, mir stand das Wasser bis zum Hals. Dazu kamen manchmal Diskussionen mit den Schauspielern, die sich bei improvisierten, in Echtzeit gedrehten Szenen langweilten, jegliche Dramatik vermissten und mich mit fortwährender Skepsis nervten. Es gelang mir bald nicht mehr, sie mit Vertrauen zu infizieren, aber wie sollte ich ihnen deutlich machen, dass die Wirkung des Films wesentlich später, erst durch die Montage zustande kommen würde. Ich war mir ja selbst nicht so recht sicher. Zu allem Überfluss sahen die Darsteller die Muster, das gedrehte Material, und das war in seiner profanen Ablichtung alltäglicher Vorgänge nun wahrlich nicht immer prickelnd. Ich zog die Reißleine. Die Schauspieler und das kleine Team wurden nach Hause geschickt, wir verabredeten eine Woche Pause. In dieser Zeit, so vereinbarten wir es, würde eine Schnittfassung des bisher gedrehten Materials hergestellt, wir alle würden uns das gemeinsam ansehen und dann endgültig entscheiden, ob wir weiterdrehen oder den Film beerdigen. Tag und Nacht saßen Jörg, der Schnittmeister, und ich in dieser Zwischenphase in Frankfurt im Schneideraum, und: Es wuchs allmählich und überraschend ein Gefühl der Sicherheit: Die vielen Puzzleteile ließen sich tatsächlich montieren! Es lag zwar ein Hauch Anarchie auf dem gesamten Rhythmus, aber die Sache könnte funktionieren. Nach besagter Pause kamen alle zurück, schauten sich den Schnitt der ersten halben Filmstunde an – die Reaktionen waren wohlwollend. Also drehten wir weiter.

Im Nachhinein spricht man abgemildert über so eine Situation, weil man den fertigen Film vor Augen hat, der von den einschneidenden Problemen nichts mehr erahnen lässt.

Ja, aber ich stand tatsächlich, wie schon bei »Nachtgestalten«, vor einer erneuten Grundsatzentscheidung für mein weiteres Leben. Ich fühlte mich bezwungen, zurechtgewiesen, zurückgeschickt aufs mir zustehende Maß: Nimm dir nicht das Falsche vor, bleib bei deinem beherrschbaren Handwerk! Wieder muss ich jetzt vom Glück reden, dass mich Freunde bestärkten, ermunterten, ermutigten. Erneut muss ich so viele nennen – und sage stellvertretend nur wieder einen Namen: Peter Rommel. Mann, wo wir doch schon bei »Nachtgestalten« das Dilemma der Kosten durchlitten hatten, ein Dilemma, das mit dem Improvisieren und einem für mich neuen Drehstil zusammenhing. Also, zum Beispiel, Szenen am Stück durchzudrehen und diese nicht in Pickups aufzuteilen, bei denen Darsteller sich gleichsam von Satz zu Satz vorwärts spielen. Nein, Szenen als Einheit, als Ganzheit, mit Handkamera beobachtet, und die Schauspieler können sich, müssen sich innerhalb der Sets relativ frei bewegen.

Gab es denn jemals Zweifel, die Sie bis an den schmerzhaftesten Punkt führten? An das Schreckensgefühl, womöglich den falschen Beruf ergriffen zu haben?

Sie meinen die Krise, die jedes Leben, jeden Beruf irgendwann erfasst? Bei mir gab es schon während des Studiums an der Filmhochschule eine Phase, in der mich starke Zweifel daran plagten, ob ich der richtigen Profession entgegenlebe. Mit einem Male zogen sich alle Begeisterungen und Bejahungen aus meinem Körper zurück, ich war gefährlich leer. Das legte sich wieder, aber es blieb im Innersten ein Vorbehalt und eine innere Bereitschaft, alles noch einmal auf den Prüfstand zu bringen. Das würde dann sein, wenn der erste große Film anstünde. Dann würde ich mich genau beobachten und sehen, ob die Angst, die Qual größeren Raum einnähmen als die Entdeckerfreuden und die Lüste. Das ist wie in einer Beziehung: Wenn man in einer Beziehung irgendwann angreifbarer, unzufriedener, bemühter, also hässlicher aussieht als ohne die Beziehung, sollte man sein Leben ändern.

Krisen haben es bei Ihnen nie geschafft, Ihre Lust an der Selbstironie zu brechen.

Denken Sie an das Beckett-Zitat vom Scheitern. Jeder Film ist Ausdruck der eigenen Unvollkommenheit zum Zeitpunkt seiner Entstehung. Punkt. Das heute so große, das übermorgen noch größere, das nächste Woche dann allergrößte Lebensziel, dem du hinterherjagst – du erreichst es nicht. Wer das bei der Arbeit vergisst, wird verkrampfen. Verbissenes Wollen stemmt keine Werke. Stemmen geht überhaupt nicht. Als wir »Wolke 9« oder »Halt auf freier Strecke« drehten, da haben wir immer gesagt, wir seien die Videogruppe – die Videogruppe Treptow bei dem einen, die Videogruppe Teltow bei dem anderen Film. Spaßvokabular hilft, wenn es bei der Arbeit ernst wird. Videogruppe – das suggeriert einen gewissen Grunddilettantismus. Wir waren fröhliche Abenteurer in schwierigstem Gelände. Nicht zufällig sind Mediziner die derbsten Witze-Erzähler – es gibt einen menschlich verständlichen Zynismus, der die schwer belastete Psyche entlastet. Nun geht es beim Film wahrlich nicht um Leben oder Tod, aber Spaß musste trotzdem sein.

Gern erfinden Ensembles deshalb während der Dreharbeiten absurdeste Filmtitel.

Haben wir auch gemacht. Sie kennen doch den lustigen DEFA-Film »Der Mann, der nach der Oma kam«?

Von Roland Oehme, mit Rolf Herricht, Marita Böhme, Winfried Glatzeder.

Ja. »Wolke 9« hieß bei den Dreharbeiten für uns, unter anderem, »Der Mann, der auf der Oma kam«. Oder »Oma macht Sachen«. Teilweise stand das auch auf der Klappe.

Hatten Sie eine Midlife-Crisis? Es gibt Menschen, die kommen mit dem Altern überhaupt nicht klar.

Über die Probleme bei »Halt auf freier Strecke« sprachen wir bereits. Aber Krise? Dass die Vorstellung, eine Familie zu haben, zerrann, dies einzig und allein ist ein wirklich schmerzhaftes Defizit in meinem Leben. Das weiß ich. So wie ich weiß, ich wäre ganz gut als Vater und im praktischen Zusammenleben.

Was macht dieses Wissen mit Ihnen?

Es ist Wissen. Es macht mich aber nicht auf eine Weise schwermütig, die zu behandeln wäre.

Wie sagt man? Glück im Spiel …

Ja ja. Es wird sich schon alles finden. Wenn ich denn irgendwann noch die notwendige Kraft und Entschlussfestigkeit dazu habe. Als griesgrämiger Einzelgänger möchte ich nicht sterben. Denn im Grunde bin ich ein sehr geselliger Mensch. Ich will den Austausch. Es gibt Glücksformen, die man genießt, aber trotzdem als mangelhaft empfindet, wenn man sie nicht mit anderen Leuten teilen kann. Wenn noch das Schönste nur immer auf den isolierten, sich abkapselnden Menschen zuläuft, dann würde ich nicht von Glück reden.

Ich und der auffliegende Vogel im Baum, das reicht nicht zum Glück?

Doch, natürlich. Zunächst. Aber ich will es irgendwann jemandem sagen. Wenn ich es nur mir selber sagen kann, tritt ein Vereinsamungseffekt ein.

Bekommt man als Regisseur über fünfzig eine Ahnung vom bevorstehenden Alterswerk?

Na Hilfe! Was unmittelbar oder mittelfristig vor mir liegt, das möge genügen, um mich nach jetzigen Maßgaben glücklich zu machen. Auch ich besitze kein Fernglas für die Zukunft und möchte auch keines haben. Weiß einer, wohin ihn das Leben treibt? Vielleicht drehe ich in fünf Jahren gar keine Filme mehr. Vielleicht entdecke ich plötzlich das schon beschworene Familienleben und habe keinen Bock mehr auf den ganzen Kram. Vielleicht kommt eine reiche Frau über mich (*lacht jetzt das lauteste Lachen während unserer Gespräche*), und ich fühle mich auf sehr andere Art frei und erlöst. Das Leben ist in jedem Moment eine Sache mit sehr offenem Ausgang. Mein Metier ist die Nahdistanz – dann sehen wir weiter.

Was denn, Sie spielen damit, eines Tages keine Filme mehr zu drehen?

Spielen lässt sich mit allem. Ich drehe leidenschaftlich gern Filme. Es ist mein Leben. Aber: Ich habe keinen Vertrag in der Tasche, der mich vor Überraschungen schützt, vor Beben, vor Zufällen, vor Schicksalsschlägen oder Schicksalswinken außerhalb dessen, was ich momentan tue. »Das Leben geschieht, während du mit anderen Plänen beschäftigt bist«, singt John Lennon. Der Schicksalsschlag, dieser Einbruch ins sogenannte normale Leben, er ist letztlich der Nährboden aller Kunst, die wahrhaftig sein will – soll ich mich selber davon ausnehmen? Ich bin bei dieser Bemerkung keinesfalls fatalistisch, ich bin grundheiter. Ich will nur sagen: Wenn die Lust am Film nachlassen sollte – ich werde deshalb am Leben nicht verzweifeln.

Das wissen Sie?

Das glaube ich.

Und was tun Sie dann?

Vielleicht werde ich mein Interesse für Gartenarbeit entdecken; sicher kann man auch mit dem Anbau von Radieschen Geld verdienen. Vielleicht unterrichte ich nur noch. Ich arbeite gern mit Studenten. Ich kann dem Kino eines Tages möglicherweise mehr geben, wenn ich unterrichte und meine Erfahrungen weitergebe, als eigene Filme anzuhäufen, die nur noch müde Abgesänge sind. Man überschreitet seinen Zenit nicht freiwillig, aber man sollte schon genau auf den Zeitpunkt achten, in dem man lieber loslässt, um ehrlich gegenüber sich selbst zu bleiben. Durchhalteparolen sind der Tod der Kunst. Aber noch einmal: Im Moment denke ich darüber nicht wirklich ernsthaft nach.

Werner Herzog sprach von der Lust, an drei oder vier Filmen gleichzeitig zu arbeiten. Den ersten vorbereiten, den zweiten schreiben, den dritten drehen, den vierten schneiden.

Ich bin nicht so ein Arbeitsmotoriker, der sich überfordern muss, um Existenz zu spüren. In bestimmten Phasen arbeite ich viel und intensiv und bin völlig besetzt, aber ich bin auch froh, mal durchatmen zu können. Ich möchte schon mit irgendeiner anderen Lebensart zwischen die Produktionszeiten kommen, einfach, um dann auch wieder den Wert der Arbeit zu empfinden. Vielleicht werden diese Phasen, da man dem ganzen Trubel lieber den Rücken kehrt, mit wachsendem Alter sogar länger.

Warum?

Weil all die Filme, die man dreht, noch so verschieden sein können – die logistischen Abläufe ähneln sich doch letztlich, und man muss aufpassen, dass man nicht zu technisch wird, gar zynisch: Man weiß, wo und wie es langgeht. Also, man muss enorm aufpassen und stets dafür sorgen, dem so wertvollen Geschichtenerzählen höchste Ehrfurcht und tiefsten Respekt entgegenzubringen. Das funktioniert aber nur, wenn man nicht in Filmsammelgier verfällt und nicht zu sehr an Broterwerb oder an Öffentlichkeit denkt.

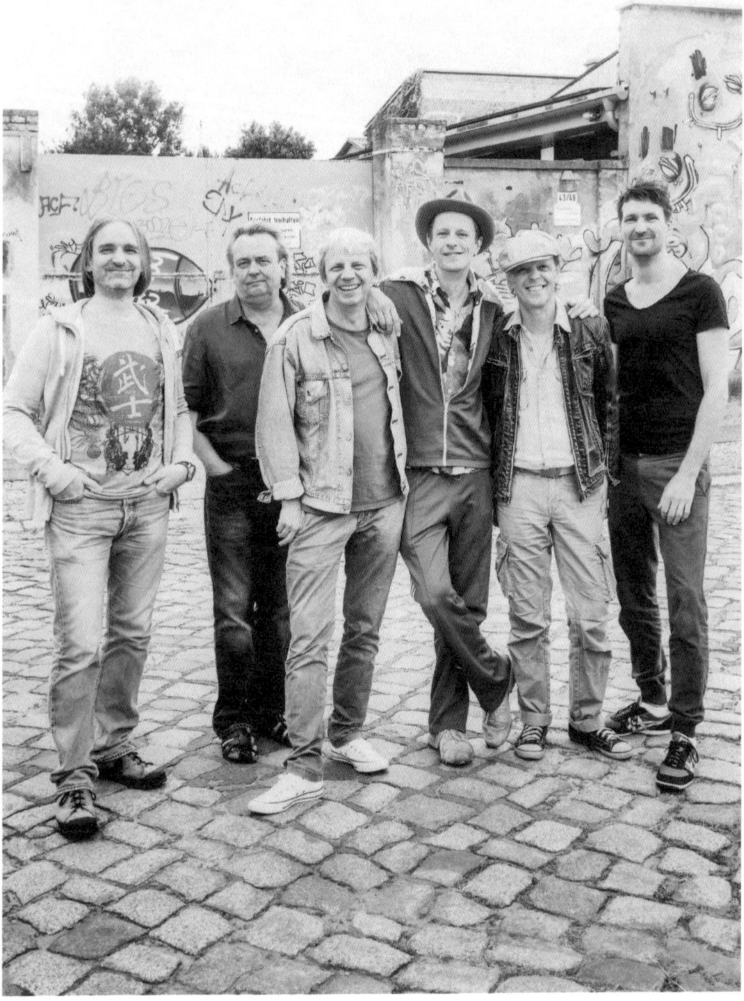

Das sechste Gespräch

über

Weltenwechsel mit Mikrowelle
Die Melodie der Polizeisirene
Mochito und Whisky
Das Ziehen in der Herzgegend
Hochgestellte Stühle des Sozialismus
Schwejk, Schlawiner, Schelme
Untote, kalkweiß, mit stechendem Blick
Ein Märchenhotel fürs Wochenende
Glücks Spiel, das weitergeht

◂ Die Band (von links): Jens Quandt, Harry Rosswog, Andreas Dresen, Alexander Scheer, Jürgen Ehle, Nicolai Ziel, 2019

Summiert man Ihre bisherigen Filme, so sind sie den Nachtgestalten näher als den Machtgestalten. 2015 kam »Als wir träumten« in die Kinos, nach dem gleichnamigen Roman von Clemens Meyer. Ihr Film war offizieller Wettbewerbsbeitrag der 65. Filmfestspiele Berlin. Das Drehbuch schrieb wieder – Wolfgang Kohlhaase. Meyers Buch erzählt die Geschichte einer Gruppe von Jungs, die in einem Moment ihres Erwachsenwerdens in die deutsch-deutsche Zeitenwende geraten. Und die diesen Moment als Möglichkeit zum Aufbruch begreifen. Man schlägt sich durch, man schlägt sich rum, man schlägt über die Stränge. Man schlägt ordentliche Wege aus, aber unbotmäßige Pfade ein.

Es gab eine Zeit des Träumens, sagt der Titel. Und er sagt auch: Sie ist vorbei. Die Jungs geraten in einen Strudel von Gesetzlosigkeit und auch ideeller Haltlosigkeit. Man wittert Chancen und erleidet Verletzungen. Beides. Das Buch ist zärtlich und wütend, es ist verzweifelt und hoffnungsvoll. Es ist aber keine Geschichte ideologischer Verwicklungen – dazu ist diese Generation nicht angetan. Wolfgang Kohlhaase, Jahrgang 1931, erlebte in seiner späten Jugend das zerstörte Deutschland und den beginnenden Wiederaufbau – offenbar gibt es Berührungspunkte zwischen der rauen Romantik dieser Nachkriegsgeneration in Berlin und jener Nachwendegeneration in Leipzig. Ich stehe generationstechnisch zwischen Kohlhaase und Meyer. Diese Konstellation fand ich interessant.

Kohlhaase ist durchs zerstörte Berlin gestromert, er schrieb damals den DEFA-Film »Berlin – Ecke Schönhauser«. Das Leipzig von Dani, Rico, Paul, Pitbull und Mark besteht vorwiegend aus Stadtrand und Ruinen.

Und in den Seelen geschieht ein Umsturz der Weltbilder. Die Kinder finden Pornohefte im Schlafzimmer der Eltern. Umsturz heißt eben: neue Dinge im Haus – in der Küche zum Beispiel eine Mikrowelle, da legen die Kinder ein rohes Ei hinein, um das Gerät auszuprobieren. Das ist Zeitenwandel, da brauch ich keine Bilder von der Montagsdemo. Gestern gaben die Lehrer Staatsbürgerkunde, nun erzählen sie dir was vom Grundgesetz. Darf man denn das Gegenteil dessen denken und empfinden, was man gestern dachte und fühlte?

Ihr erster Film »Stilles Land« spielt vor und kurz nach dem Mauerfall, es ging eine Welle Hoffnung durch die Zeit. »Als wir träumten« aber setzt später an, da alle Erwartung in eine, sagen wir: sozialistische Erneuerung unwiderruflich verflogen ist.

Ja, es gibt keine gesellschaftlichen Stützen mehr, das Boot trudelt auf offenem Meer, keiner hat einen Kompass dabei. Das war der ungewohnte Effekt von Freiheit: Junge Leute besetzen die finsteren, bisher von Industrie benutzten Räume. Was früher Jugendzentren waren, sind jetzt illegale Techno-Klubs. Das Regelwerk, das dann plötzlich eingriff, trug den Namen Markt. Was die Freiheit brachte, beendete sie auch.

Wolfgang Kohlhaase verstand sich sehr schnell mit dem Buch von Clemens Meyer?

Absolut. Nicht nur, weil im Buch geboxt wird, was ein Leben lang auch die Leidenschaft von Wolfgang war. Es ist eine handfeste Geschichte, sie spielt auf den Straßen, in dunklen Gegenden, es wird geliebt, gegründet und geprügelt. Die Anarchie des Aufbruchs herrscht. Ich habe mir damals noch mal die frühen Scorsese-Filme angeschaut, »Mean Streets«, »Who's That Knocking at My Door« – das ist genau jene Räudigkeit, die uns vorschwebte, und die sich traditionellen Erzählweisen verweigert. Scorsese, das ist ja oft ein raffiniertes Mosaik der Gegenschnitte, und offenbar wird bei ihm, wie Menschen in einer Einsamkeit zugrunde gehen, die doch mit größtmöglicher Sanftheit erzählt wird. Der Lebenswille pirscht mit nervöser Wachheit durch diesen realen, erfundenen Dschungel New York. Unterm Eis der Überlebensgesetze pulsiert das Blut.

Lebt in diesem Buch von Clemens Meyer eine Welt, nach der Sie eine heimliche Sehnsucht hatten?

Ja, weil sie mir sehr fremd war und ich nicht in der Lage wäre, diese Welt zu leben. Das Ungestüme fasziniert mich, aber dem steht meine Furcht gegenüber – die sich bei aller Neugier gegen das Chaos, das Wilde zu schützen versucht.

Was Sie sagen, erinnert an den frühen Brecht, an den Schluss aus dem Stück »Im Dickicht der Städte«: »Das Chaos ist aufgebraucht, es war die schönste Zeit.«

Das genau ist es. Unser Film endet mit der Prognose: »Das Beste kommt noch« – und dabei wird einer verhaftet. Das Leben, das ist der Tod und das Gefängnis und der Drogensumpf und das Pornogeschäft. »Sie spielen unser Lied«, sagen sie, als eine Polizeisirene ertönt. Es ist etwas zu Ende, vielleicht sogar viel – aber nicht alles. Oder? Keine Ahnung. Jeder Zusammenbruch ist Übergang. Nach dem Gewitter wartet ein neues Vorgewitter auf seine Stunde. Es liegt etwas in diesen Jungs, das eine Hoffnung sein könnte.

Hoffnung worauf?

Weiß ich nicht so genau. Diese Generation ist weitgehend unideologisch, das ist schon mal gut. Sie hat eine spezielle, ganz eigene Erfahrung, gesellschaftliche Bruchstellen zu verarbeiten. Sie weiß, dass der Schritt in eine Freiheit auch der Schritt in die Fremde ist. Es wird interessant sein, wenn sie in Positionen kommt, in denen sie die Gesellschaft mitgestaltet.

Vorausgesetzt, man schafft es bis dorthin. Dresen-Gestalten haben da gemeinhin ihre Schwierigkeiten.

Vorausgesetzt, man schafft es, ja.

Also so eine Art Weg durch die Institutionen.

Ganz anders und doch vielleicht ähnlich wie die Achtundsechziger.

Versprochen werden einem vom Leben sehr oft die blühenden Landschaften. Aber ins harte, kalte Reale übersetzt, heißt die Botschaft meist nur: Du wirst schon sehen, was dir blüht.

Diese Jungs in »Als wir träumten« geraten in asoziale Räume. Eine Welt, die zu ordentlich ist, hat keine Spielräume für Neues. Neues entsteht auch aus asozialem Denken. Aber jede Gesellschaft wehrt sich schnell gegen solches Denken, sie fühlt sich ungut provoziert – von etwas, das aber nötig ist. Im Mai 1968 schrieben Studenten in Paris an die Hauswände: »Eine Gesellschaft, die jedes Abenteuer abgeschafft hat, macht ihre eigene Abschaffung zum einzig noch möglichen Abenteuer.« Das Beharren auf einem Maximum an Sicherheit erstickt jede Spontaneität und Kreativität. Was sich das Leben allerdings nicht bieten lässt. Jedes destruktive Sicherheitsideal sorgt für eine verschärfte Disziplinierung, die wiederum setzt bei den Kontrollierten Aggressivität frei, löst bei den Kontrolleuren Angst und noch stärkere Sicherheitsmaßnahmen aus. So führt jede Lösung des Problems nur zur Wiederkehr des Problems in noch radikalerer Form. Erleben wir das nicht jeden Tag?

»Als wir träumten« wurde kontrovers aufgenommen. Andreas Platthaus freilich schrieb in der FAZ, der Film »würde jedes Festival der Welt zieren. Weil es sich um Weltklassekino handelt.«

Ein gewisses Stammpublikum, glaube ich, wurde von uns vor den Kopf gestoßen. Die Gewalt, der Wechsel der Lautstärken, das Grelle und Finstere, das alles hat Empathie gekostet. Als wir die große Schlägerei mit den Neonazis gedreht hatten, war ich selber fix und fertig. Sowas nimmt mich mit. Ich krieg das nur schwer getrennt: Dieses Brüllen, das Alarmfrequenzen in dir auslöst, du möchtest einschreiten, musst aber als Regisseur ermuntern, noch doller zuzuhauen … Wie lang muss so eine Szene sein, wie lang darf sie sein? Ich schlepp das dann mit in die Nacht.

In »neues deutschland« schrieb Martin Hatzius über Clemens Meyer: »Dem Leipziger Schriftsteller, 1977 geboren, ist die Rolle des Outlaws eingebrannt: Tätowierungen, Alkohol, Schlägereien, Jugendarrest und dann – Studium am Leipziger Literaturinstitut. Der Roman ›Als wir träumten‹ (2006): sein gewaltiger Durchbruch durch das Ende der sozialen Sackgasse in den Literaturbetrieb. Wo andere die Nichtigkeit des Normalen wähnen und daran verzweifeln, irren Meyers Blicke verstört umher, als hätte er drei, vier, fünf Augen und mehr. Nichtig? Nichts. Da war doch was, da ist was, und da und da und da. Inmitten des Nichts.«

Es ist wie die Gedichtzeile meines Vaters: »Ich bin die Leere zwischen den Sternen«.

Eigentlich hatte eine andere Produktionsfirma ihre Hand auf dem Buch Meyers.

Das stimmt. Clemens wünschte sich zwar, dass ich den Film drehe, aber es hat gedauert, bis die Option frei wurde. Wir haben in Leipzig manche Nacht in Bars verbracht, er bei Mochito, ich bei Whisky. Wir haben wenig geredet, unser Schweigen hat uns erzählt *(lacht)*, einmal saßen wir in so einer halbleeren Bar, auf einem großen Fernsehbildschirm lief ein Live-Konzert von AC/DC, früh um fünf stützten wir uns für den Treppenweg hinauf und hinaus in die morgendämmernde Stadt, Stunden später schickte mir Clemens eine SMS: »Die Hells Bells läuten immer noch in meinem Schädel.« Als Clemens den fertigen Film das erste Mal sah, war ich mächtig aufgeregt – und froh über dessen Reaktion. Wie sagt man so schön? Es hat ihn gerissen. Witzig, dass er selber mitspielt, eine kleine Rolle als Polizist, der am Ende auf der Polizeiwache seine eigenen Figuren nach einer Nacht in der Zelle ins Leben entlässt. Er sagt: »Auf Wiedersehen, Freunde!« Sie antworten: »Nee, lass mal.«

Der Sound der Jungs, dieser spezielle musikalische, rauschbegierige Ton der Umbruchszeit – auch er hatte in Ihrem jüngeren Leben nicht wirklich Platz?

Ich war eine Generation erwachsener als unsere Helden und beizeiten erfasst von Lebenspragmatismus. Aufdrehen, abdrehen, sich wegdrehen, die betörende Umdrehung wagen? Eine schöne Sehnsucht, nachdem alle Ordnung sich auflöste. Aber ich bekam in jener Zeit das Angebot, mit »Stilles Land«, meinen ersten großen Film, zu drehen – und habe mich dafür entschieden. Das war absolut richtig, aber wahr ist auch, dass ich damit einen anderen, unwiederbringlichen Moment der Freiheit verpasst habe, gleichsam für immer. Denn manches lässt sich nicht nachholen. So bleiben wir, zu uns kommend, doch immer auch Fremde, denen unerfüllte Wünsche ankleben. Ich bin also schnur-

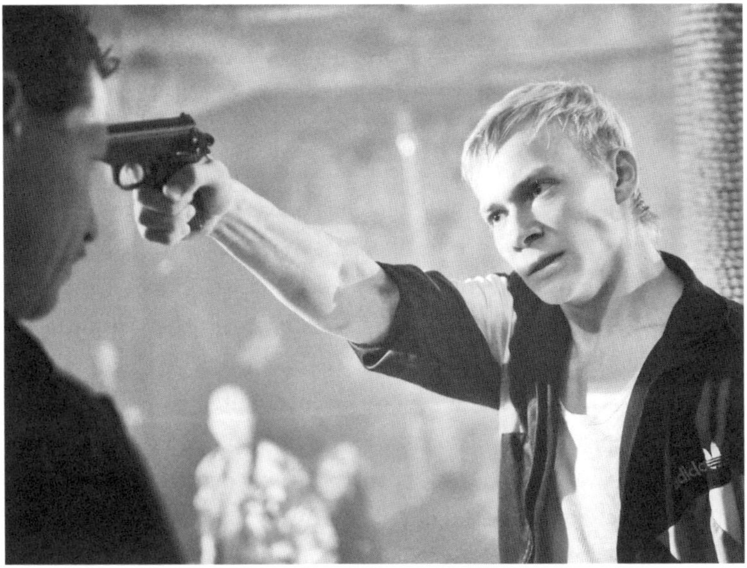

»Als wir träumten«: Jugend – der Wunsch, Sieger zu sein (Julius Nitschkow)

stracks ins Berufsleben rein und, wenn man so sagen will, dort hängen geblieben. Die Weltläufigkeit, dieses Kosmopolitische, ach, jetzt einfach mal zwei Jahre dort leben oder woanders, jedenfalls weit weg von einzwängender Verpflichtung – diesen Traum, der mit dem Fall der Mauer plötzlich Wirklichkeit hätte werden können, ich habe ihn versäumt. Nicht, dass ich meinen Weg bereue, keinesfalls, aber so ein Ziehen in der Herzgegend ist manchmal zu spüren.

Also: Herzschmerz einer Generation, die aus praktischen Erwägungen gelernt und trainiert hat, ihre wilden Gefühle zu bändigen.

Ja, und ich bin froh, dass ich wenigstens einen Beruf habe, der diese Beziehungen zur Wildnis der Seele nicht abtöten, sondern, um im Beruf zu bestehen, sogar pflegen muss. *(Lacht.)* Als wir Meyers Geschichte drehten, gab es eben auch jene besondere Techno-Atmosphäre, die mich in besonderem Maße ergriff. Zweihundert Komparsen auf engem

Raum in einem Leipziger Brauereikeller, mit Stroboskopgewitter, Nebel und aufputschender Hitze. Das Dröhnen der Klänge, das Dunkel, die Drogen, das Tanzen als Trance, gleichsam jeder für sich allein. Wir sind mit zwei Kameras da rein, dokumentarisch gewissermaßen, wir haben eine Viertelstunde lang am Stück eine einzige Szene gedreht, die sich zur Zeitspanne dehnte, die für mich plötzlich irgendwie real wurde. Das Inszenierte bekam unerwartet die Intensität von etwas Tatsächlichem, und ich fühlte, wie es mich da hineinzog. In die Kontrolle der Szene sickerte das Empfinden jener Sehnsucht, der ich aus beschriebenen Gründen vor Jahren nicht nachgegeben hatte. Und die mir gar nicht mehr so richtig bewusst war. Nun spürte ich am eigenen Unterbewusstsein, ja am eigenen Körper einmal mehr, was Film sein kann: Du rauschst, beim Drehen, im Crashkurs durch Lebenserfahrungen oder Lebensträume, du machst bei der Arbeit das durch, was du als Zuschauer vom fertigen Film erhoffst: dass dir etwas widerfährt, das dir im realen Leben versagt bleibt. Der DJ war ein Freund von Clemens. Hinterher haben sich ein paar Komparsen bei mir beschwert: Hier würden Drogen verkauft, und Nazis seien auch da, man müsse Angst bekommen. Das war der Flow! Der Nachbau von Welt – nichts anderes ist Filmemachen – wird selber zur Welt. Du fühlst mit, du fühlst dich versetzt. Das ist ein Geschenk, und das kann dich mächtig durchrütteln. Das kann Glück sein, aber auch Unglück.

Unglück?

Erschütterung. Am massivsten war dieses Erleben für mich bei »Halt auf freier Strecke«, wir haben darüber gesprochen: ein Spiel übers Sterben. Spiel und Sterben – grausame Paarung, aber Kunst wagt so etwas, Kunst will, Kunst kann das Unerträgliche lebbar machen. Angriffe auf das eigene Ich hat man eigentlich nicht gern – und gleichzeitig geht man wegen so etwas ins Kino. In den stärksten Momenten schaust du in ein Schauspielergesicht und begegnest einer unfassbaren Wahrhaftigkeit.

Wer fällt Ihnen jetzt spontan ein?

Otto Mellies, der vor Kurzem gestorben ist. Als er den Preis für die beste Nebenrolle in »Halt auf freier Strecke« erhielt, erfasste mich eine große warme Welle.

Mellies spielt den Vater des Krebskranken. Sein Moment im Film dauert zwei, drei Minuten.

Aber 1.400 Akademiemitglieder haben das gesehen, und die Mehrheit entschied: Das ist die zu krönende Szene. Aus vierzig Filmen herausgesucht! Ich war zutiefst berührt von diesem Augenblick. Er zusammen mit Milan Peschel – zwei Schauspieler, die sich komplett ausliefern. Mellies am Deutschen Theater Berlin: eine Legende – jeder Abend die reinste Ballnacht für Vokale. Brüchig oder voll Klang. Er konnte ganz Wohllaut sein, aber er hatte auch eine vertrackte, fuchslistige Komik. Ich fand immer, dass er gnadenvoll ambivalent ist. Er konnte königlich und spießig, väterlich und verschlagen sein.

»Halt auf freier Strecke« – Mellies spielte die schlimmste Erfahrung von Eltern: wenn das Kind vor ihnen stirbt. Er spielte es mit markerschütternder Stille und Hilflosigkeit, so bebend unsentimental.

Das hat mich umgehauen: wie dieser Vater zusammenklappt, und wie also bei großer Kunst für Sekunden, auf eine unerklärliche Weise, der poetische, der künstlerische Moment auch der persönliche Moment ist.

Ähnlich ging es mir im Film »Gundermann« bei der Szene mit dem alten Genossen und Gundi. Peter Sodann spielt den SED-Erfahrenen, der so viel Verständnis für den jungen Rebellen aufbringt – besser: nur scheinbar aufbringt, denn das zugewandte Gesicht erweist sich als Maske eines kalt Abrechnenden. Da maßt sich ein Veteran das Aburteil an, die Entfernung eines jüngeren Unbotmäßigen aus der Partei, wie ein alter kalter Gott, der aber ganz warm lächelt.

Ich liebe diese Szene auch. Sie ist von herzrührender Bitterkeit. Der letzte Satz des Alten: »Leute wie du machen auch den Sozialismus kaputt.« Das »auch« stand nicht im Text, es war ein Vorschlag von Peter

Sodann. Es ist aber ein entscheidendes Wort. Es nimmt dem Satz gewissermaßen das Ausrufezeichen, er wird ambivalenter. Es macht den Satz etwas weich, und dadurch wirkt er umso härter. Überhaupt wollte ich diesen alten Kämpfer weich. Die ganze Szene weich, die zunächst so angelegt war, dass man sich anschrie. Nein, es sollte nicht geschrien, die Situation sollte leise und leiser werden.

Ein Lauern auf Samtpfoten.

Einen Tag vorm Dreh haben wir das Kostüm geändert. Der Alte trägt nicht Anzug und Parteiabzeichen, sondern die Cordjacke, darunter den Wollpullover. Er hat nichts Steifes, sondern geradezu etwas Häusliches an sich. Vertrautheit, fast Gemütlichkeit. Als hätte er die Klamotten an, in denen er schon 1933 für seine Ideale eingetreten war. Ausgesetzt den Stürmen. Abgetragen, abgekämpft. Man könnte meinen, das Wichtigste, was er den Nachkommenden mitzugeben habe, sei die Kraft und der Mut zum Zweifeln.

Wie es Hannah Arendt gesagt hat: »Kein Mensch hat das Recht, zu gehorchen«. Aber er ist leider der anheimelnde Scharfrichter. Also besonders gefährlich.

Peter Sodann, Bjarne Mädel, Alexander Scheer: der Veteran, der Parteisekretär, der angeblich Abtrünnige. Drei Kommunisten am Tisch, die sich nichts mehr zu sagen haben. Wir drehten in der Kantine der Werft in Dessau – rundum im unwirtlichen Versammlungsraum sind die Stühle mit den Stahlbeinen schon hochgestellt: Die große Party ist beendet. Da sieht man, so empfinde ich das, die ganze Tragödie der DDR, die Tragödie eines Menschen, der noch aus einer Zeit kommt, da Entscheidungen im eigenen Leben wirklich Konsequenzen nach sich zogen, die Tragödie eines Menschen, der nicht unbehelligt durch die Verhältnisse kommen wollte. Der sich einsetzte. Und der längst im Dogma erstarrt ist. Peter Sodann spielt so, dass man nur den Kopf darüber schütteln kann, aber er spielt auch so, dass man traurig wird.

Regisseur Frank Beyer hat gesagt: »Was einem das Herz zerriss, war die Tatsache, dass man gegen ehrbare Antifaschisten auftreten musste, wenn man gegen ehrlose Stalinisten auftrat.«

Wir drehten nachmittags, Peter Sodann kam schon mittags, und er gestand mir, dies sei wohl der letzte Drehtag seines Lebens. Ich musste schlucken. Ja, sagte er, ihm sei das alles zu aufregend geworden, und er blicke auf so ein reiches Schauspielerleben zurück. Mit dieser Szene in »Gundermann« ist ihm, wenn er es denn so will, ein grandioser Abgang gelungen. Es war berührend, wie Alex und er füreinander, miteinander in diese Szene und durch diese Szene gingen. Einander zugetan, zueinander einfühlsam, geduldig. Ein Engel flog durch den Raum.

Ihre Filmografie – von »Stilles Land« bis zu »Als wir träumten« und dem Glanzpunkt »Gundermann« – lässt den Schluss zu, das Thema DDR sei nun abgearbeitet.

Ich arbeite nichts ab! In jüngster Zeit habe ich mich öfter mit »Flake« Lorenz getroffen, dem Keyborder von Rammstein. Gerade diese Truppe hat ihre Wurzeln in einer fröhlichen Anarchie, die ebenfalls zur DDR gehörte. Wie etwa auch Feeling B. Mit der Nische wird meist nur das kleinbürgerliche Ambiente assoziiert, aber es gab auch diese andere Nische: wo sich die Schwejks und Schlawiner und Schelme und Simplicissimusse tummelten. Rammstein, Ostjungs aus der Punk-Szene, die sind links am Kapitalismus vorbeigerannt. Deren Konzerte sind Aufführungen, sind Kostüm, Schminke, harte heftige Clownerie, die führen ihr Leben als räudige Kunstfiguren. Du brauchst einen Code, um die Truppe zu entziffern. Die sind herrlich närrisch, strecken dir die beschmutzte Zunge raus. In der »Zeit«, im Jahr 1996, schrieb Thomas Mießgang über das erste Rammstein-Album: »Jetzt habt ihr es. Erst habt ihr den Osten geknechtet und geschändet, fiese Investoren und Import-Export-Leute rübergeschickt, der Treuhand die Lizenz zur Abwicklung erteilt, doch unter dem plattgemachten Land rumoren die Untoten in ihren Gräbern. Nun sind sie da, kalkweiß, hohlwangig, mit stechendem Blick, und holen sich eure Kinder.« Wie es in einem ihrer Songs heißt: »Sie kommen zu euch in der Nacht/ Dämonen, Geister, schwarze Feen/ Sie kriechen aus dem Kellerschacht/ Und werden unter euer Bettzeug sehen/ Nun liebe Kinder gebt fein acht/ Ich bin die Stimme aus dem Kissen/ Ich hab euch etwas mitgebracht/ Hab es aus meiner Brust gerissen«. Das gefällt mir, diese Heiterkeit des Horror-Trips: jedes Klischee des Bösen und Andersartigen auf die Bühne holen, die Hässlichkeit durchziehen. So sind diese Jungs Weltstars geworden. Also: Über die besagte fröhliche Anarchie im »plattgemachten Land« ließe sich eine lustige, unbekümmerte, möglichst freche Narrengeschichte erzählen. Nichts ist erledigt, nur weil es vorbei zu sein scheint.

Andreas Dresen, sind Sie bisweilen überrascht und erstaunt über die Vielfalt Ihres Lebens? Spielfilm, Dokumentarfilm, die Verfassungsrichter-Aufgabe in Brandenburg, Professor für Filmschauspiel in Rostock. Also diese Spannweite gesellschaftlicher Erfahrungen. Der Wechsel von Einbindung und Entrückungsmöglichkeiten.

Was Brandenburg betrifft: Jeder dritte Freitag im Monat ist dauergeblockt, da ist Sitzung des Gerichts. Wir sind neun Richter, mit sechs sind wir beschlussfähig. Und übers Jahr verteilt bin ich etwa acht Wochen in Rostock. Es ist alles übersichtlich. Immer wieder empfinde ich es als großes Geschenk, so viel erfahren und kennenlernen zu dürfen! Toll, sich in etwas hineinzurecherchieren …

Klingt wie: sich hineinwerfen, sich hineinwühlen, sich hineinvergessen.

Ja, was denn sonst.

Verfassungsrichter für Brandenburg – was reizt Sie daran? Und was ließ Sie anfangs möglicherweise zögern?

Zuerst habe ich mich erschrocken. Aber dann dachte ich an Brechts »Kreidekreis« und den Dorfrichter Azdak, der ja auch nie Jura studiert hat und trotzdem weise urteilt. Ich bin ein neugieriger Mensch, und es wäre eine schöne Möglichkeit, sich ins Gemeinwesen einzubringen. Aus dem Konjunktiv ist Realität geworden, die mich bereichert. Gezögert hatte ich damals wegen der Arbeitsbelastung, ich wollte ja weiter Filme drehen. Aber wie gesagt: Es ist zeitlich eine überschaubare Aufgabe geblieben.

Fürchteten Sie Beeinträchtigungen Ihrer künstlerischen Unabhängigkeit?

Warum sollte ich? Die Kollegen im Gericht reden mir doch nicht in meine Arbeit rein und die politischen Parteien schon gar nicht. Es ist eine andere, reizvolle Perspektive im Hin-Blick auf das Leben im Land.

Was ist für Sie Demokratie?

Friedlicher, offener Interessenstreit. So eine Art Psychotraining, bei dem diejenigen, die bei einer Entscheidung das Nachsehen haben, mit der Lust versorgt werden, bei der nächsten Entscheidung wieder aktiv mitzureden. Jede Mehrheitsentscheidung beendet einen Optionenstreit – das eröffnet aber zahlreiche neue Optionen. Die sind wie ein Berg, darin der Kompromiss verborgen liegt, der immer neu gefunden werden muss. Dazu gehört auch Gelassenheit.

Sind Sie denn ein gelassener Mensch?

Gelassenheit ist das schönste Lernziel – man muss vor allem lernen, sie nicht mit Gleichgültigkeit zu verwechseln. Und so, wie wir Dinge beeinflussen, werden auch wir beeinflusst von vielen Dingen. Ein Wechselspiel, bei dem man auch mal zulassen muss, was einem so geschieht. Man kann mächtig unglücklich werden im Mühen, alles um sich herum zu steuern. Das Gelingen ist keine mathematisch ausrechenbare Größe. Die schönsten Dinge passieren im Vorbeigehen. Und oft ohne das eigene Zutun. Was nicht heißt, man müsse fürs Gelingen nicht arbeiten. Die Arbeit besteht darin, einen Raum zu schaffen, ein Klima zu produzieren, in dem Gelingen möglich wird. Herbeigezwungen werden kann nichts.

Und wenn aus Recherchen, aus Geschichten mal kein Film würde?

Ist oft genug passiert. Bei »Gundermann« gab's die Gefahr ja auch. Ich beklage keine verlorene Zeit, denn ich habe doch, ob's ein Film wird oder nicht, jeweils eine Menge Neues erfahren, habe Menschen kennengelernt,

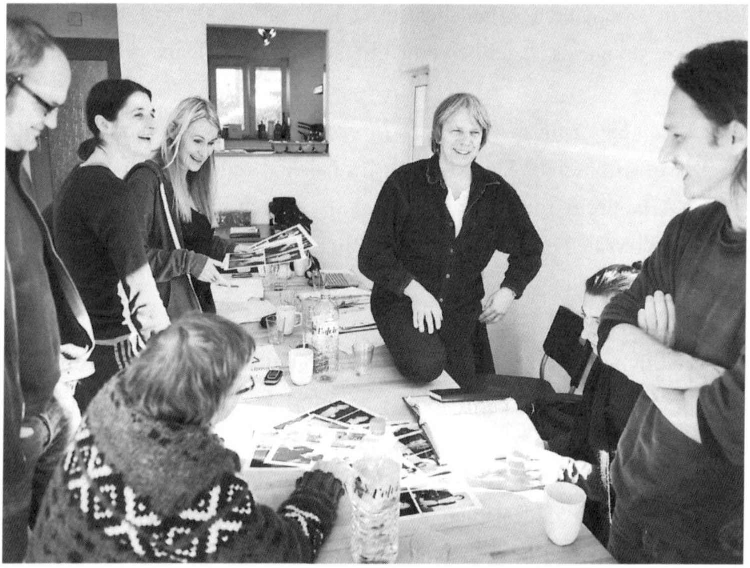

Arbeit in der »Dresen-Familie«

durfte mich im besten Sinne – ja: bereichern. Man muss nur darauf achten, dass genügend Raum und Zeit bleibt, diese so verschiedenen Dinge zu verarbeiten. Bis jetzt bekam ich das alles immer gut hin.

Das Spiel ist Ihr Glück.

Wir können zum Schein lieben, morden, Wahnsinn zulassen – dann ist alles abgedreht, und wir gehen ein Bier trinken. Ich arbeite in einem Sandkasten, wir bauen Luftschlösser. Zum Beispiel haben wir lange nach dem Grand Hotel für den Film »Timm Thaler oder Das verkaufte Lachen« gesucht, sind wie Scouts durch Europa gereist und fanden doch nichts. Überall stießen wir natürlich auf die Unmöglichkeit, so ein Haus bei laufendem touristischem Verkehr für unsere Kunstwelt zu blockieren. Der Corona-Virus kann das, eine Filmfirma nicht. Plötzlich, nach verzweifelten Erkundungsfahrten, kam unser Szenenbildner Uli Hanisch genial auf etwas sehr Naheliegendes: das Kammergerichtsgebäude in Berlin-Mitte, in der Littenstraße. Ein wunderbar stattliches Treppenhaus, fantastisch geeignet fürs märchenhaft Mondäne. Man sagte uns zu, aber nur unter der Bedingung, den Gerichtsbetrieb nicht zu stören. Das hieß, von Freitag 15 Uhr bis Montag 7 Uhr gehörte das Haus uns, nicht eine Minute früher, nicht eine Minute länger. Für zwei Wochenenden, also: Aufbau und Abbau, eine Woche später das Gleiche. Mir war ganz mau zumute, denn wie sollte das gelingen. Freitagnachmittag rückten Vierzigtonner an, innerhalb weniger Stunden wurde das Gerichtsfoyer ins Foyer eines Grandhotels verwandelt, Palmenkübel, Wohlgerüche, Möbel, Rezeption, helle Ecken, schummrige Ecken, Teppiche, Treppenverzierungen. Zudem waren Tag- und Nachtszenen zu drehen. Nachtszenen? Sonntagabend mussten wir wegen des Abbaus ja schon wieder raus, dann wäre ja nur noch eine Drehschicht vom Wochenende übrig geblieben. Das Originalfoyer hatte aber riesige Fenster, mongolische Kletterer wurden engagiert, sie zogen mit gewaltigen Planen eine zweite Decke zur Verdunkelung ein. Ab Freitag 15 Uhr schickte mir Uli im Stundentakt Fotos aufs Handy, auch nachts, ich konnte kaum schlafen. Am Sonnabendmorgen um sechs wurde ich abgeholt, wir fuhren zum Set, und ich traute mich fast nicht, hinzugucken. Wenn jetzt der Riesenstab anrückte, und die Verwandlung hat nicht geklappt … Aber nein!, es roch nach schweren Lilien, ich betrat ein Märchen. Die Komparsen saßen zum Teil schon kostümiert in der Szenerie. Diese Uniformen und Anzüge und Kleider, so liebevoll handgeschneidert von Sabine Greunig und ihren Kolleginnen! Unsere Herstellungsleiterin Christine Rothe nahm mich in die Arme, wir hatten Tränen in den Augen, und sie sagte: Siehst du, Andi, deshalb machen wir das alles, das genau ist Kino! Alles falsch, alles nur Kulisse, alles nur Schein, alles nur künstliches Licht – aber für die Momente unserer Arbeit ist diese Welt aus Attrappe ganz real. Die Leute vom Gericht guckten natürlich verzaubert, aber auch misstrauisch – würde das alles am Montagmorgen um sieben Uhr wieder weg sein? Es war weg, das Märchen verschwand, wie es gekommen war – und am kommenden Wochenende gelang die Nummer ein zweites Mal, ich war gerührt wie zuvor. Denn man ist doch auch selber gefangen in einer Schablone. Dieses Kammergericht, das zum

Märchenhotel wurde: Du atmest auf, machst große Augen – endlich mal nicht nur die Sozialwohnung am Rande einer großen kalten Stadt!

Den Film wollte Bernd Eichinger produzieren.

Leider starb er vorher. Er war ein beeindruckender Mann. Erfolg, Anerkennung, ja Ruhm. Aber immer umschattet von Neidern und Leuten, die ihm die Nähe zum großen Geld vorwarfen. Man verlangte von ihm, dass sich seine Stärke nicht als Stärke äußere.

Frank Schirrmacher schrieb in der FAZ: »Die Anerkennung, die Eichinger fand, war in Wahrheit immer eine Aberkennung. Sein Sündenfall: die angebliche Nähe zum Kommerz. Als wäre großes Kino nicht gerade das: der einzige Ort noch, wo die Welt des Kapitals bereit ist, für Phantasie zu zahlen.«

Irgendwie verkörperte er in diesem Sinne das Kino. Nach »Halbe Treppe« hatte er mich angesprochen, seitdem haben wir uns oft getroffen. Nach außen war er der große Zampano. Seine Begeisterungsfähigkeit war wild und laut, ja, aber im Grunde ist er eine feinfühlige Künstlernatur gewesen, filmverrückt durch und durch. Nicht immer war ich glücklich mit seinen Filmen, ich hab da auch nicht hinterm Berg gehalten, man konnte großartig mit ihm streiten. Einmal saßen wir in Berlin im Restaurant des Hotels »Hyatt«, eher nicht meine Gegend. Am Abend vorher hatte ich »Ballermann 6« im Fernsehen gesehen. Eine Eichinger-Produktion, ich war fassungslos – und habe ihm das auch gesagt. Er als Produzent von »Last Exit Brooklyn« und »Der Name der Rose«, und dann so einen Rotz!? Bernd sprang auf, er wurde im stimm-gedämpften Schickimicki-Restaurant zum lodernden Ausrufer, er erzählte uns den ganzen Film, steigerte sich im ohnehin lauten Ton, und wie er so erzählte, wurde die Geschichte, die ich so ätzend fand, wirklich lustig. Er war nicht wütend, er winkte auch nicht ab wie einer, der weiß, welchen Scheiß er da wegen des billigen Erfolgs beim Publikum produziert hat – nein, er verteidigte seinen Film, das fand ich sehr respektabel, und die Situation des Abendessens am kleinen Vierertisch litt überhaupt nicht. Auch beim »Untergang« haben wir gestritten, er hielt das aus, er forderte geradezu heraus zur Offenheit, das können in der Branche nicht viele, ich weiß, wovon ich rede. Ja, und dann fragte er mich, wozu ich Lust hätte. Ich gestand ihm meinen Herzenswunsch: einen klassischen Märchenfilm für Kinder, auch für die Kinder in den Erwachsenen. Und als ich »Timm Thaler oder Das verkaufte Lachen« von James Krüss nannte, meinte Bernd nur: »Da haben wir die Rechte.« Volltreffer. Aber wie das so ist beim Film, die Vorbereitungen zogen sich hin, im Januar 2011 dann die traurige Nachricht: Bernd Eichinger ist in Kalifornien gestorben. So kam ich zur Constantin. Oliver Berben hat den Film produziert.

Die erste Erfahrung mit einem Kinderfilm. Wie ging's Ihnen danach?

Ich glaube nicht, dass ich mich in der Einschätzung meiner Filme belüge. Wir wissen also nach jedem Film, so wie jeder Mensch nach einer Arbeit, die ihm wichtig ist, was gelang und was nicht. Denken Sie bitte an den Beckett-Spruch und daran, warum er mir so viel wert ist. Gern hätte ich den Film im Tempo ein wenig heruntergedimmt, mir ist die komplexe Geschichte anfangs zu schnell. Es mussten zwei Hürden genommen werden: Das Kinderpublikum hat vielleicht nicht so ein geduldiges Sitzfleisch, aber den Erwachsenen in der Familie möchte man auch was bieten – so entstehen Kompromisse, die nicht in jedem Falle guttun. Kurzum: Ich hätte besonders am Anfang gern die bescheidene Welt Timms ausführlicher, intensiver, berührender erzählt.

Wie weit planen Sie vor?

Glücks Spiel geht weiter. Es gibt eine ganze Bugwelle von Stoffen; man muss aufpassen, dass sie nicht zu groß wird. Andererseits: Ich habe Zeit.

Zeit? Irgendwann in der sehr weiten Ferne des Lebens: das Ende. Wie möchten Sie in Erinnerung bleiben?

Die Nachwelt ist nicht meine Sache. Wie schreibt Woody Allen am Ende seiner Autobiografie: »Statt in den Köpfen und Herzen der Menschen würde ich lieber in meiner Wohnung weiterleben.«

Jeder möchte unsterblich sein.

So? Jeder? Eine Illusion. Und ein total nutzloses Wünschen. Unsterblichkeit wäre schrecklich. Denn ewiges Leben würde den inneren Motor des Menschen, etwas zu tun, völlig lahmlegen: Man könnte, was man morgen tun möchte, ja noch ganz beruhigt in hundert Jahren tun. Als bekannt wurde, dass der Sänger Reinhard Lakomy tödlich an Krebs erkrankt war, gab er ein Interview und sagte aufschreckend nüchtern, jeder müsse sterben, nun sei eben er dran. Das hat mich tief berührt.

Sind Sie denn nicht neugierig auf die Zeit nach Ihnen?

Na klar, aber es ist wohl nicht zu ändern: Ich werde das nicht erleben. Ich werde halt verschwinden, so, wie irgendwann auch meine Filme verschwinden und vergessen sein werden. Irgendwann verschwindet ein Mensch wie ein Stein, den man ins Wasser geworfen hat. Wie man auf die Welt gekommen ist, so verschwindet man aus ihr. Es kümmert die Welt überhaupt nicht, dass wir sie für eine geringe Zeit mit unserem kleinen Gewicht belasten. Das entscheidende schlichte, aber sehr praktische Wort, das alles auf den Punkt bringt, heißt: Haushaltsauflösung. Was gestern bedeutsam schien, landet morgen auf dem Müll. Da gibt es von Element of Crime dieses schöne Lied: »Bring den Vorschlaghammer mit: Der ganze alte Schrott muss raus, und neuer Schrott muss rein.«

Wissen Sie, welchen ich als einen Ihrer ergreifendsten Filmschlüsse empfinde?

Ach, wir kommen zum Schluss?! (*Lacht.*)

»Nachtgestalten« endet mit dem Bild eines brennenden Autos, des Autos von Peschke, vor Meeresufer. Die abgerissenen Jugendlichen, die den Wagen, den sie gestohlen haben, in Brand steckten, schauen durch die Flammen ins Ferne. Ein Mädchen aber blickt direkt in die Kamera. Ein aufwühlender Blick. Mahnung. Flehen. Wer weiß. Dann fährt die Kamera hoch. Panorama der Szene. Die Flammen. Der Horizont. Musik. Große Emotion.

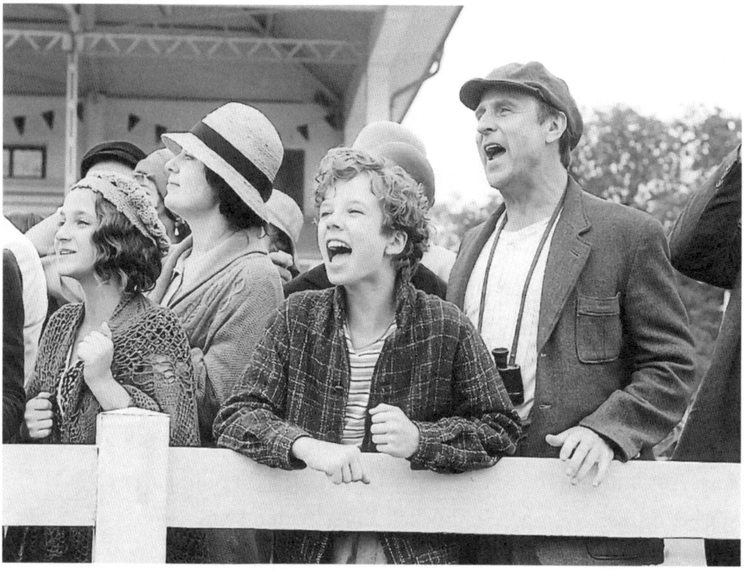

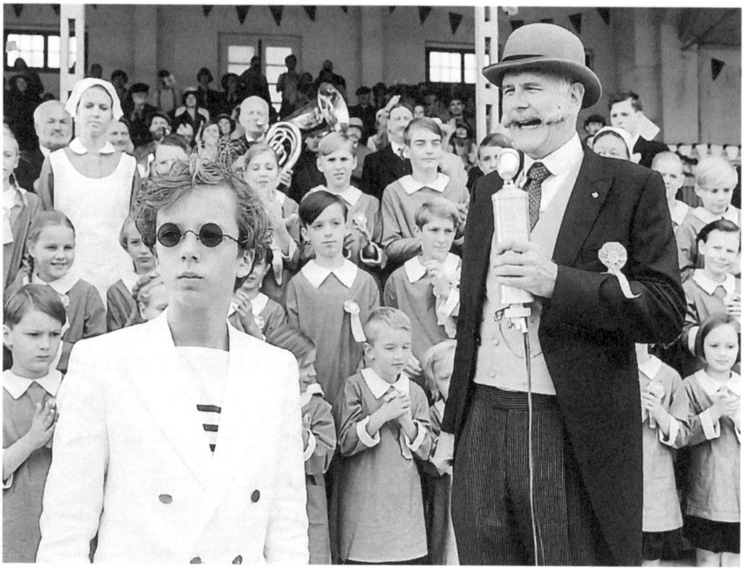

»Timm Thaler«: Wie die Unbeschwertheit verkauft wird – Hauptdarsteller Arved Friese mit Bjarne Mädel (o.) und Harald Schmidt

Das entstand beim Drehen. Wir schwenkten auf die Gruppe, und ich sagte zu dem Mädchen: »Guck mal in die Kamera.« Der Film hätte mit diesem intensiven Blick enden müssen.

Nicht mit diesem zusätzlichen Panorama-Schwenk?

Nein. Heute würde ich radikaler schneiden.

Kein großes Kino zum Schluss?

Nee, härter. Weniger melodramatisch. Das lernt man mit den Jahren: puristischer zu erzählen. Am Ende von »Halt auf freier Strecke«, am Ende dieser Krebstragödie, steht die Tochter am Fenster des Sterbezimmers, dreht sich in den Raum und sagt: »Ich muss jetzt zum Training«. Schnitt. Aus. Abspann. Keine Totale, kein Haus von außen, nicht noch mal das Sterbezimmer. Weniger Schnörkel! Entschieden sein!

Macht Kunstproduktion a priori glücklich?

Glück ist ein Empfinden, das in jedem Menschen, so denke ich, das Gleiche stiftet. Und das gleich vergänglich ist. Auf große Künstler blicke ich mit Respekt und bewunderndem Staunen, aber ich vermute nicht, dass ein Meisterwerk seinen Schöpfer so ganz anders, also herausgehoben glücklich macht. Es schützt auch den Meister nicht davor, unglücklich zu sein. Du liebst und wirst geliebt, du liebst nicht und wirst nicht geliebt, du liebst und wirst nicht geliebt, du liebst nicht, wirst aber geliebt … die wilden, rücksichtslosen Rezepturen des Lebens. Die schlimmsten Träume sind die komplett unerfüllbaren – in die man sich aber trotzdem verbeißt. Es ist gut, wenn man das verhindern kann. Ich werde mich also zum Beispiel hüten, von einer Besteigung des Cerre Torre in Patagonien zu träumen. Anders gesagt: Indem ich mit krankhaftem Ehrgeiz durchs Leben jagte, würde ich kein glücklicherer Mensch.

Denn wie schrieb einst der junge Dichter?

»Man kann ebend nicht alles haben.«

Nach-Sätze

Diese Ausweglosigkeit,
wo findet die statt?
In den Köpfen
oder in den Umständen?

(aus dem Film »Stilles Land«)

LAILA STIELER

Das Naheliegende und Fernzüge

Wie ist er denn so? Werde ich hin und wieder gefragt von Leuten, die ihn nicht kennen. Anspruchsvoll, sage ich dann, immer wie aus der Pistole geschossen. Anspruchsvoll. Und die Frager sehen mich daraufhin meist überrascht an, weil ich nicht gesagt habe: humorvoll, nett, großzügig, die Freundlichkeit auf zwei Beinen oder so ähnlich. Immerhin fragen sie nicht weiter.

Als ich ihm das erste Mal begegne, ist er schon so was wie ein Star. Das war vor dreißig Jahren beim Geburtstag seines Freundes und späteren, langjährigen Kameramannes Andreas Höfer. Man munkelte, er habe gerade in Argentinien einen Hauptpreis erhalten für einen seiner Super-8-Filme. ARGENTINIEN! Man ahnt kaum mehr, was das für einen Klang hatte damals in der DDR. Jedenfalls traue ich mich nicht, ihn anzusprechen, obwohl ich sonst keine Probleme damit habe. Aus einer Ecke heraus bestaune ich seine Jungenhaftigkeit. Wir hatten einen anderen angehenden Regisseur im Volontariat, einen mit Affären, Alkoholexzessen und anarchischen Gedichten, der eher meinem Bild eines Spielfilmregisseurs entsprach, obgleich dieser dann nie einer geworden ist.

Zum Julklapp beim Weihnachtsfest des ersten Studienjahres schenkt Andi mir ein Foto, auf dem er selbst im Schattenriss zu sehen ist, und darauf steht: künftiger Kollege. Meint der wirklich mich? Offenbar. Und das war nicht nur für mein Selbstverständnis als Dramaturgin ein Schub. Ähnlich reagiert er übrigens, als ich ihm eine Idee für unseren zweiten Film antrage und mit ihm zusammen das Drehbuch schreiben will. Aber dazu später.

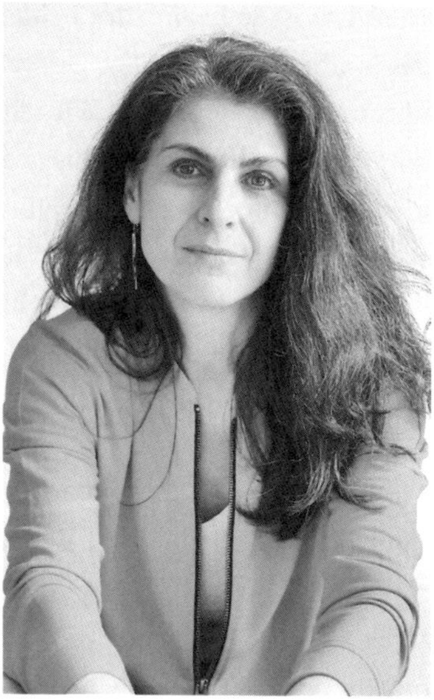

Drehbuchautorin Laila Stieler

Anlässlich einer Abschlussübung im 1. Studienjahr sollen die Regiestudenten ein fünfminütiges Porträt eines Werktätigen in einem Industriebetrieb drehen. Andi sucht sich dafür ausgerechnet einen jungen Mann aus, der gerade kündigt und eine gesicherte Existenz mit gutem Geld und langem Urlaub aufgibt, weil ihm die Arbeit zu monoton ist. Einen, der ausschert, sich nicht zufrieden gibt. Einen, der sich auf die Suche macht nach mehr Erfüllung.

Das ist der Kammerton seiner/unserer späteren Arbeit.

In »Was jeder muss«, einer Dokfilmübung des 2. Studienjahres, an der ich mitarbeite, porträtiert er Dieter, einen jungen Mann, der zur Armee muss – kurz nachdem seine Frau ein Baby bekommen hat. Andi interessiert das »Spannungsfeld zwischen individuellem Glücksanspruch und den oft diametralen gesellschaftlichen Erfordernissen« und: »Wie wird ein junges Paar mit einer Extremsituation fertig und warum«. Als er mir diese Gedanken aufschreibt, sitzt er selbst als Reservist in Seelingstädt, während ich in Bernburg ein fünfwöchiges Zivilverteidigungslager absolviere. Das ist zu Beginn des 2. Studienjahres obligatorisch und Bestandteil des Studiums. Es ist 1987. Gorbatschow leitet in der Sowjetunion Glasnost und Perestroika ein. Wir selbst haben gerade den mutigen und uns sehr zugewandten Lothar Bisky als Rektor der Filmhochschule bekommen. Und nun dieser Anachronismus! Die fünf Wochen Drill in Seelingstädt und Bernburg sind wie ein Rückfall in die Zeiten des Kalten Krieges. Unsere Wut fließt auch in den Film. Dieters Schwanken zwischen Auflehnung und Resignation, Zweifel und Einsicht kennzeichnet auch unsere Stimmung. Im Grunde porträtieren wir unsere eigene Situation.

In »Zug in die Ferne«, einem Kurzspielfilm unseres 3. Studienjahres, wartet ein älterer Herr auf einem Provinzbahnhof auf den Zug nach Paris. Ein Hohn eigentlich. Paris! Wie sarkastisch hätte man das erzählen können! Aber Andi wirft einen zärtlich respektvollen Blick auf diese Figur – keinen Verrückten, sondern einfach einen, der etwas sieht, was andere nicht sehen, was nur in seinen Träumen existiert. Ein wehmütiger Film. Ich will Andi keine Hellseherei unterstellen, aber es ist immerhin Oktober 1989. Etwas liegt in der Luft.

Der besondere Blick auf scheinbar einfache Themen und Vorgänge – das zeichnet seine Arbeit aus. Er dreht und wendet eine Sache so lange, bis er den Fokus findet, der ihn zufriedenstellt. Anstrengend, kann ich nur sagen. Meist sind es Überlegungen, die aus einer ganz anderen Ecke kommen, als ich erwarte. Wie etwa: »Man müsste mal eine Geschichte über Liebe und Sex unter alten Leuten erzählen – aber so, als wären es Teenies.« Oder: »Man müsste mal über eine Polizistin erzählen – aber keinen Krimi.« Oder auch: »Man müsste mal über 1989 erzählen, über den Mauerfall – aber nicht aus Berlin, aus den Zentren, wo die großen Demos stattfanden, sondern aus der Provinz heraus.«

Nach dem ersten abendfüllenden Film, den wir gemeinsam geschrieben haben, tritt eine ungewollte Pause ein. Der »Zweite-Film-Effekt«. Der Druck ist groß. Wir haben Angst, was zu versauen. Da kommt eine Ausschreibung vom SWR ins Haus geflattert. An alle Debütanten des Jahres '92. Der Sieger erhält die Chance, mit Etat und hauseigenem Team einen Fernsehfilm zu drehen. Eher spielerisch nehmen wir daran teil – und gewinnen. Doch wir freuen uns nicht richtig. Um den Film in Baden-Baden drehen zu können, einer Stadt, die uns mehr als fremd ist, haben wir uns trickreich ein Kammerspiel ausgedacht. (Ein Kammerspiel kann man überall drehen, auch in Baden-Baden.) Eine Krankenschwester heiratet aus Mitleid einen Schwarzafrikaner und ermöglicht ihm dadurch das Asyl in Deutschland. Der Mann verunglückt jedoch und wird arbeitsunfähig. Wieder tut er ihr leid, und sie pflegt ihn bei sich zu Hause, was ihr ohnehin schweres Leben beinahe zerstört. Aber die Geschichte gefällt uns nicht mehr. Sie ist irgendwie blutleer. Während eines Recherche-Wochenendes in Baden-Baden verlieben wir uns in das Casino, dem schon Dostojewski verfiel. (Nein, wir sind beide sehr ängstliche Spieler und setzen nur 50 Mark, die wir nach meiner Erinnerung umstandslos verlieren.) Ein Afrikaner in weißem Anzug in dieser mondänen Umgebung! Das wär's! Wir setzen uns hin und schreiben eine Hochstapler-Geschichte. Sie ist lustig und weit, weit weg von uns. Zurück zur sozialen Genauigkeit durchläuft die Geschichte mehrere Phasen der Komödie und des Krimis und rückt uns doch nicht näher. Kurz vorm Aufgeben habe ich eine Idee, die plötzlich alles neu und einfach strukturiert. Eine Geschichte über vier Leute, die das Glück suchen und daran vorbeilaufen, wenn es ihnen begegnet. Einer von ihnen ist Schwarzafrikaner und muss geheiratet werden. Das gefällt auch Andi, und als ich ihm vorschlage, nun wieder gemeinsam das Drehbuch zu schreiben, sagte er: Nee, mach mal alleine. Du kannst das. Wieder so ein Schub.

Mit Andi verbinden mich extreme Projekte. An einigen schreibe ich allein, an anderen arbeiten wir zu zweit oder auch mal zu viert. Mein wohl anstrengendstes Projekt mit ihm ist »Die Polizistin«. Es dauert sieben Jahre.

Es fängt an wie immer. Wir treffen uns und gehen im Park spazieren. Ich bin motiviert und habe ein paar Ideen, aus denen sich schon irgendwas machen lässt. Er ist skeptisch. Wir laufen und laufen, und am Ende bin auch ich skeptisch. Und gegen Abend, kurz vorm Verzweifeln, wenn eigentlich gar nichts mehr geht, kommt dann die Idee. In diesem Fall ist es ein Buch, das ich gerade lese. Hat mich irgendwie interessiert. »Meine

Nachtgestalten« von Annegret Held, Tagebuch einer Streifenpolizistin. Es ist nach all den Ideen und Ansätzen, die wir schon gewälzt haben, das Letzte, was mir einfällt – und das Naheliegende.

Andi fährt am selben Abend mit mir nach Berlin, um das Buch abzuholen. Die Tour ist mir deshalb noch in Erinnerung, weil er nur ein paar Tage zuvor seinen Führerschein gemacht hat und es seine erste größere Fahrt ist. In seinem großen, alten VW-Bus umrunden wir wohl mehrmals den Ernst-Reuter-Platz, weil wir nicht wissen, wo und wie wir abbiegen sollen.

Zwei Tage später notieren wir: »Wir möchten uns dem Alltag, der Gegenwart stellen, mit einem Schwarz/Weiß-Film, ohne riesiges Budget und gewaltige Produktionsapparate, mit einem Film, in dem Schauspieler und Laien gemeinsam agieren, mit einem poetisch-sozialen Film, der an die besten Traditionen realistischen Kinos anknüpfen sollte, mit einem Film über die Erlebnisse einer jungen Frau, die in einer Großstadt eine Arbeit als Polizistin aufnimmt.«

Wer den Film kennt, wird vielleicht sagen: Na ja, na gut, so ähnlich ist er ja auch geworden. Aber was hat so verdammt lange gedauert? Alles Andis Schuld, könnte ich antworten. Weil er so anspruchsvoll ist. Ich hätte mich wohl früher schon zufrieden gegeben. Aber dann wäre es ein anderer Film geworden. Oder gar keiner.

Das Tagebuch der Polizeimeisterin Annegret Held beginnt am 27. März 1987 und endet am 3. August 1987. Die Heldin beschreibt, was sich in ihrem Dienst ereignet und reflektiert dies mit einem konsequent weiblichen, liebevollen Blick. Sie ist fürsorglich, warmherzig und gefährlich naiv.

Wir versuchen zunächst, das Buch so zu übernehmen, wie es ist. Nur in einer gekürzten Version mit etwas weniger Personal. Unter den vielen Episoden wählen wir die schönsten aus und hängen sie hintereinander. Funktioniert nicht, stellt Andi fest. Auch als wir größere Sprünge wagen und einiges weglassen, liest es sich wie eine Nummernrevue. Eine Episode reiht sich an die nächste, es fängt irgendwo an, hört nirgendwo auf, uferlos, man weiß nicht, worauf die Geschichte hinausläuft.

Vielleicht brauchen wir eine Begrenzung, meint Andi. Wir könnten erzählen, dass alles in einer Nacht passiert. Eine junge Polizistin, gerade frisch von der Polizeischule, erlebt ihre erste Nachtschicht. Eine Nacht kann auch exemplarisch sein, man tritt kraftvoll und neugierig an und ermüdet im Laufe der Zeit, man durchlebt Höhen und Tiefen des Dienstalltags. Die Idee ist schön, wir versuchen es erneut – ohne Erfolg. Wieder Nummernprogramm.

Vielleicht muss man doch ein bisschen dramatisieren, meint er.

Ich baue eine Liebesgeschichte ein. Die Polizistin hat ein Verhältnis mit einem verheirateten Kollegen. Nicht genug dramatisches Potential, findet Andi. Eine Liebesgeschichte mit einem Kriminellen vielleicht? Und zur Verschärfung ein fieser Kollege, der sie mobbt? Die Alltagsbeobachtungen aus dem Tagebuch schiebe ich dazwischen. Aber nun entsteht der Effekt, dass man wissen will, wie die Liebesgeschichte weitergeht und ob die Polizistin den Kampf gegen ihren Gegenspieler auf dem Revier gewinnt. Ihre Einsätze, ihr Dienst, ihr Alltag – all das, was uns an Annegret Helds Tagebuch so gut gefällt, wird plötzlich nebensächlich.

Ich verändere den kriminellen Liebhaber, den mobbenden Kollegen, rücke mal den einen, mal den anderen ins Zentrum, lasse die Hauptfigur mal mehr, mal weniger tough auftreten, verliere zwischenzeitlich ganz und gar den Blick für die Geschichte. Und immer wieder schüttelt Andi, mein unbestechlicher Andi, traurig den Kopf und sagt: Schon besser, aber irgendwie ist es das noch nicht. Ich weiß auch nicht, vielleicht müsste man …

Ich bin ratlos. Ich will die Sache hinschmeißen. Wir treffen uns. Ich weiß, dass da was drinsteckt, sagt Andi.

Inzwischen haben schon mehrere Produzenten und Fernsehsender das Handtuch geworfen. Unser neuer Producer hat gute Kontakte zum NDR und schlägt vor, die Geschichte dort unterzubringen. Nur müsste sie dann auch im dortigen Sendegebiet spielen. Hamburg? Wir sehen uns an, sind skeptisch. Rostock vielleicht. Warum nicht Rostock?

Ich fahre nach Rostock. Da gibt es eine Baracke irgendwo zwischen den Neubaublöcken, ein holpriger Parkplatz, ein paar Polizeibusse – das

Polizeirevier. Die Polizisten dort sind nett und offen und resigniert. Sie haben sich damit abgefunden, auf verlorenem Posten zu sein. Als ich Andi davon erzähle, verliebt er sich sofort in diesen Ort.

Nun wird die Geschichte stimmungsvoller, in sich geschlossener, aber leider sind wir immer noch nicht am Ziel. Irgendwas stimmt mit der Hauptfigur noch nicht, meint Andi. Ich habe schon einiges versucht, habe sie als warmherzige Person geschildert, die sich im Laufe der Handlung eine dickere Haut zulegt, als robuste Frau, die sensibler wird, als Gutmensch, der zum Arschloch wird und umgekehrt. Welche Entwicklung könnten wir ihr noch geben? Hauptfiguren brauchen ja eine Entwicklung. Oder? Wieso braucht sie eigentlich eine Entwicklung? Frage ich eher verzweifelt als konstruktiv in unsere kleine Runde. Der Producer runzelt die Stirn, und Andi sieht mich an. Da geht wieder ein Licht an.

Auf einmal sortiert sich alles wie von selbst. Die Hauptspannung wird durch ein Konfliktfeld rund um diese Figur gehalten. Kann sie so bleiben, wie sie ist? Wird es ihr gelingen, in diesem Umfeld ihre Warmherzigkeit und Menschlichkeit zu bewahren? Die Alltagsbeobachtungen passen sich wieder ein. Auch die Liebesgeschichte mit einem Kriminellen, die Affäre mit dem verheirateten Kollegen und das Mobbing werden erzählbar, aber durch die defensive, liebevolle Art unserer Hauptfigur entdramatisiert.

Es ist meine 14. Drehbuchfassung, die zur Grundlage des Films »Die Polizistin« wird.

Es war eine schöne Zeit, die ich nie wieder erleben möchte.

Versteht man nun, warum ich immer sage, er ist anspruchsvoll?

Ich vergaß bisher zu erwähnen, dass er mir in all den Jahren nicht ganz klaglos, aber tapfer bei diversen Umzügen mein Sofa in Dachgeschosse und wieder herunter schleppte, dass er sich geduldig meinen Liebeskummer anhörte, manchmal sogar schon um sieben Uhr morgens, dass er mir Alibis verschaffte, wenn ich sie benötigte, dass er meine Hochzeit mitfeierte, obwohl er wusste, dass es nicht ewig halten würde (zum Polterabend schenkte er mir ein Messer mit der Bemerkung, das könne man gut brauchen in der Ehe, und ein Beil wäre zu groß und zu schwer gewesen), und dass er natürlich humorvoll, großzügig, nett und die Freundlichkeit auf zwei Beinen ist.

Nachtrag Juni 2020: Den vorstehenden Text schrieb ich vor einigen Jahren.

Habe ich da behauptet, Polizistin sei unsere anstrengendste Arbeit gewesen? Muss ich korrigieren. »Gundermann«! Ich sage nur: 12 Jahre Arbeit, Recherche, Gespräche, Schreiben, wieder Gespräche, wieder neu schreiben. Auch das Drehbuch zu diesem Film durchläuft Metamorphosen, wechselt Produzenten, muss Gegenwind aushalten und mit seinem für einige Förderer sperrigen Thema überzeugen. Wieder steht die Frage: Werden wir diesen Film tatsächlich realisieren können? Müssen wir denn immer kämpfen? Um es kurz zu machen: Wir drehen diesen Film. Im Frühjahr 2018 sehe ich den ersten Rohschnitt von »Gundermann«, habe Tränen in den Augen und bin erleichtert. Wird er auch anderen gefallen? Andi und ich sehen uns an und sagen: Wissen wir nicht. Ist uns auch egal. Diesen Film mussten wir machen. Wir mussten es. Ein kostbarer Moment.

Nach der Premiere im Sommer 2018 erhalten wir monatelang Post, wir reisen mit Filmvorführungen und Buchlesungen durch Dörfer und Städte, durch In- und Ausland. Wir kommen mit Menschen ins Gespräch über ein Leben in einer anderen Zeit, über Leben heute, über Widersprüche, über Anpassung und Rebellion. Manchmal ist es, als hätte sich eine Schleuse geöffnet. Hast du dir das vorgestellt, Andi? Nee, ich glaub nicht.

WOLFGANG KOHLHAASE

Regie: Andreas Dresen

Ein Drehbuch, sage ich manchmal, ist das Notieren einer Geschichte zum Zwecke ihrer Verfilmung. Es ist zu Ende erzählt und doch ein Zwischenprodukt. Der Autor ist sein Absender, der wichtigste Empfänger der Regisseur. Ich fühle mich wohl, wenn auf dem Briefkasten, und sei es der elektronische, Andis Name steht. Fast alle, die mit ihm gearbeitet haben, nennen ihn Andi. Da mischt sich Respekt mit Zärtlichkeit und mit der Erinnerung an sinnvoll verbrachte Zeit. Wer vorbei kommt, wo Dresen einen Film dreht, der findet ihn nicht als den Lautesten. Eher steht er am Rand, in kurzen Hosen, wenn es warm genug ist, ein stiller Beobachter der Szene, ein Wächter über die Nuancen. Er weiß, was er will, aber er weiß nicht alles besser. Das macht den Leuten Lust, die dabei sind, im Kern ein immer gleiches Team, und ermutigt ihre Fantasie.

Was uns betrifft, so will er lieber etwas lesen als hören. Was aufgeschrieben ist, verlässt den heiteren Bezirk der guten Absichten und macht sich auf den Weg zur Form. Ein Drehbuch, versteht sich, braucht einen Anfang, eine Mitte und ein Ende, einen weiterreichenden Gedanken, eine Tonlage, sogar eine Erwägung der Kosten. Aber einige Fragen, keine Kleinigkeiten, versuchen wir gleich zu besprechen. Wir erwähnen ein paar Filme, die uns nicht gefallen haben und sind schon ein Stück weiter. So wollen wir es nicht machen. Was wollen wir wem warum und wie erzählen? Wir vergleichen unsere Motive.

Ich benötige meine Lebenslage, meinen Blick auf die Welt, wie sie ist und nicht bleiben sollte, und meinen Umgang mit allerlei Kunst und Kino. Zu meinem Vergnügen ähneln sich unsere Gesichtspunkte, obwohl ich schon lange genug nur noch lange Hosen trage. Wir teilen das Interes-

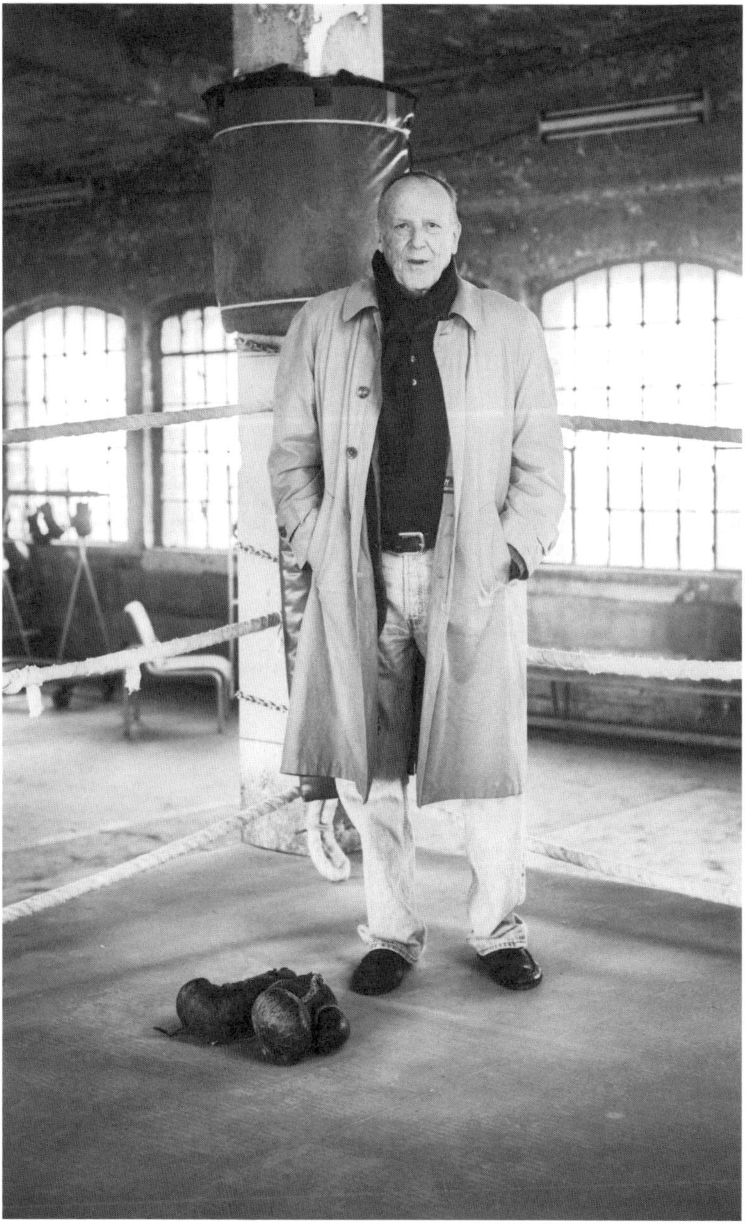

Drehbuchautor Wolfgang Kohlhaase

se an den Leuten, die um die Ecke wohnen. Wir und die Hosenschneider wissen: Der Mensch ist eine Zwischengröße.

Ich denke, ich schulde als Drehbuchschreiber Andi für seinen Teil der Sache eine günstige Ausgangslage. Wenn die Tage in seinen Filmen so aussehen wie im Leben, hat es an vielen Tagen viel Arbeit gemacht. Es sind Andis Erfindungen, und die der anderen schönen Berufe, die dazu gehören.

Er hat das Drehbuch kritisch gelesen, aber er versteht es, sich zu freuen.

Dialoge, unterstellt, sie taugen etwas, nimmt er wörtlich.

Wenn die Handlung zu ihrem Recht, die Szene zu ihrem Licht und die Charaktere zu ihren Gesichtern kommen, dann gehe ich nicht verloren, sondern finde mich wieder.

Und ich bewundere am Schneidetisch, für den Andi sich so viel Zeit wie möglich nimmt, seine Fähigkeit, das gedrehte Material zu formulieren.

Wie ich weiß, wollte er in seine Verträge schreiben lassen, dass es nicht erlaubt sei, im Hinblick auf ihn die Wendung »Ein Film von …« zu verwenden. Regie genüge.

Man hat ihm erwidert, das wäre ein Verlust für die Werbung.

In seinem Fall trifft es zu.

Anhang

Das Leben ist doch
keine Rolltreppe.
Auf Umwegen lernt man
die Landschaft kennen.

(aus dem Film »Willenbrock«)

Andreas Dresen
geboren 1963 in Gera. Schulbesuch in Schwerin. Seit 1979 eigene Amateurfilme. 1982 Abitur. 1982 NVA. 1984/85 Tontechniker am Schweriner Theater. 1985 Volontariat bei der DEFA, Regieassistenz bei Günter Reisch. 1986 Regiestudium an der Filmhochschule »Konrad Wolf« in Potsdam-Babelsberg. 1990 Meisterschüler von Günter Reisch an der Akademie der Künste Berlin. Ab 1992 freiberuflicher Regisseur. Später Mitglied der Akademie der Künste, der Europäischen Filmakademie, Gründungsmitglied der Deutschen Filmakademie. Seit 2012 als juristischer Laie Verfassungsrichter im Land Brandenburg und von 2013 bis 2019 Vorsitzender des DEFA-Stiftungsrates. Theaterregie in Cottbus, Leipzig, am Deutschen Theater Berlin, Oper in Potsdam, Basel, an der Bayerischen Staatsoper München.

Filme (Auswahl):
Unser täglich Brot. Kurzspielfilm 1979
Der kleine Clown. Kurzspielfilm 1985
Schritte des Anderen. Kurzspielfilm 1987
Konsequenzen – Peter/25. Kurzdokfilm 1987
Was jeder muss … Kurzdokfilm 1988
Nachts schlafen die Ratten. Kurzspielfilm 1988
Jenseits von Klein Wanzleben. Kurzdokfilm 1989
Zimbabwe – Dreams of the Future. Kurzdokfilm 1989
Zug in die Ferne. Kurzspielfilm 1990
So schnell es geht nach Istanbul. Kurzspielfilm 1990
Es bleibt alles ganz anders. Kurzdokfilm TV 1991
Die Narren sterben nicht aus. Kurzdokfilm TV1991
Stilles Land. Spielfilm 1992
Krauses Kneipe. Kurzdokfilm 1993
Kuckuckskinder. Dokfilm TV 1994
Das andere Leben des Herrn Kreins. Kurzspielfilm TV 1994
Mein unbekannter Ehemann. Spielfilm TV 1994
Sommergeschichten. Kurzspielfilm TV 1995

Freundin wider Willen. Kurzer Kinderfilm TV 1995
Der Tausch. Spielfilm TV »Polizeiruf 110« 1996
Raus aus der Haut. Spielfilm TV 1997
Nachtgestalten. Spielfilm 1999
Die Polizistin. Spielfilm TV 2000
Halbe Treppe. Spielfilm 2002
Herr Wichmann von der CDU. Dokfilm 2002
Willenbrock. Spielfilm 2005
Sommer vorm Balkon. Spielfilm 2005
Wolke 9. Spielfilm 2008
Whisky mit Wodka. Spielfilm 2009
Halle 101. Kurzdokfilm TV 2011
20x Brandenburg. Dokumentarfilmabend TV 2011
Halt auf freier Strecke. Spielfilm 2011
Herr Wichmann aus der dritten Reihe. Dokfilm 2012
Steigerlied. Kurzdokfilm TV 2013
Als wir träumten. Spielfilm 2015
Timm Thaler oder Das verkaufte Lachen. Spielfilm 2017
Gundermann. Spielfilm 2018

Theater:
Urfaust. Cottbus 1996
Herr Puntila und sein Knecht Matti. Cottbus 1999
Akte Böhme. Leipzig 2001
Zeugenstand. Berlin DT 2002
Don Giovanni. Basel 2006
Kasimir und Karoline. Berlin DT 2006
Le Nozze di Figaro. Potsdam 2011
Arabella. München 2015
La Fanciulla del West. München 2019

GERHARD GUNDERMANN

keine zeit mehr

aus dem blütenkranz auf meinem hut
falln die weißen blätter der jahre
fallen auch die schwarzen blätter der wut
mischen sich in meine haare
seltener verlässt mein herz den mund
zögernd strecken sich die hände
in den straßenstaub für einen fund
langsam lieb ich meine wände

und ich habe keine zeit mehr
im spalier herumzustehen
und im refrain
ein bisschen mitzusingen
und all den bescheidwissern
hinterherzugehn
und jeden tag nach meiner wurst zu springen

und ich habe keine zeit mehr
ich stell mich nicht mehr an
in den langen warteschlangen
wo man sich verkaufen kann
und ich habe keine zeit mehr
ich nehm den handschuh auf
ich laufe um mein leben und gegen
den lebenslauf

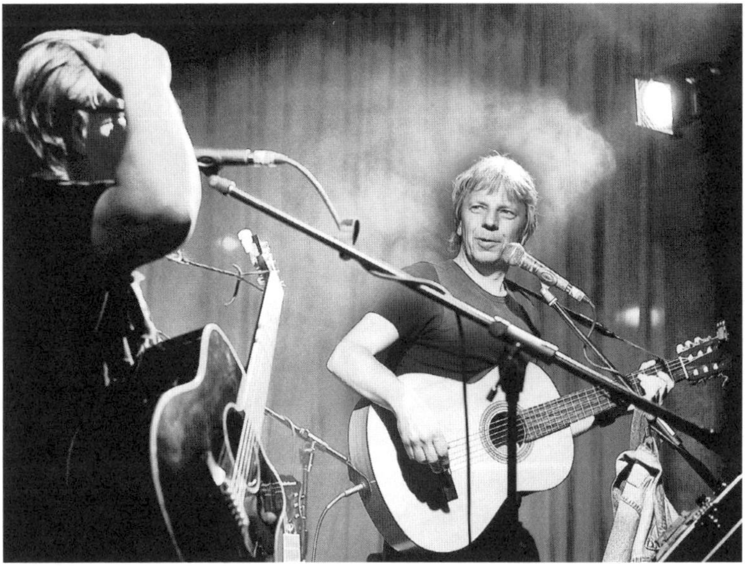

Andreas Dresen als Musiker und Gundermann-Interpret

und ich habe keine zeit mehr
räuber und gendarm zu spielen
den ämtern meine
treue hinzutragen
und rauchende motoren
mit meinem blut zu kühlen
und nochmal eine liebe auszuschlagen

Gundi, dein größter Fehler?
Nicht zu glauben, was ich weiß.

Abspann

Seltsam, dass wir uns den Wahrheiten des Lebens nicht a priori mit Begeisterung und Neugier zuwenden. Weil es wohl zu viele Sager dieser Wahrheiten gibt – und zu wenig Sänger. Aber indem einer, zum Beispiel singend, den ganz eigenen Tönen seiner Existenz nachspürt, kann es geschehen, dass andere erstaunt zuhören und aufblicken und noch erstaunter fragen: Woher weiß der das von mir? So sind Gundermanns Lieder. So sind Dresens Filme.

Gundermann, gefragt, wie man Mut machen könne: »frag mich nicht wie/ frag mich nicht wann/ s ist doch nurn lied/ aber mitm lied/ fang ich erst mal an.«

Oder, immer wieder, mitm Film.

hds

Der Autor

HANS-DIETER SCHÜTT, geboren 1948 in Ohrdruf (Thüringen), lebt als Publizist in Berlin. Zahlreiche Biografien und Interviewbände, u. a. mit Reinhold Messner, Klaus Löwitsch, Frank Castorf, Robert Menasse, Thomas Langhoff, Alfred Hrdlicka, Ursula Karusseit, Regine Hildebrandt, Günter Gaus, Dieter Mann und Christian Grashof. Filmessays (mit Ulrich H. Kasten): »Die Langhoffs«, »Paul Celan«.